청교도 역사

제임스 헤론 著
박영호 譯

기독교문서선교회

A SHORT HISTORY OF PURITANISM

By
James Heron, D. D.

Translated by
Young-Ho Park

1996
Christian Literature Crusade
Seoul, Korea

역자 서문

장로교회의 신학이란 유럽의 칼빈 개혁주의 정통보수신학과 생활화의 신앙을 주장하는 영국의 청교도 사상을 가미한 웨스트민스터 신앙고백의 표준에 구현된 신학이다.

한국 장로교회의 신학적 전통도 이 웨스트민스터 표준에 구현된 영미 장로교회의 청교도 개혁주의 신학에서 전래되고 성장해온 것이다. 그러므로 한국 장로교회의 신앙 맥락은 청교도주의에서 찾아야 한다. 그리고 청교도의 역사를 알아야 한다.

본서는 벨파스트 대학 교회사 교수였던 제임스 헤론(James Heron) 박사가 아일랜드 장로교회의 그리스도인들을 위한 교재로 사용하기 위해 집필한 핸드북이며, 특히 칼빈 탄생의 4백 주년 기념작품이다. 청교도 운동은 칼빈주의의 열매일 뿐만 아니라 칼빈주의의 영구적인 확산과 그 영향의 결과이다.

칼빈을 외경하는 한국 장로교회는 신앙과 신학을 생활화한 청교도들의 역사를 통해서 그 근본적인 원리들을 분명히 깨닫고, 오늘날 우리의 신앙생활을 조명해 보아야 할 것이다.

본서를 통해 장로교회의 뿌리와 그 깊은 신앙고백들을 되찾기를 바라면서 재판에 이어 제3판 수정판을 발행하게 됨을 기쁘게 생각하는 바이다.

계속해서 청교도 작품들을 한국교회 앞에 내놓을 것을 약속하면서 이 귀한 책을 내놓는다.

1996년 9월 20일
박영호 識

목 차

역자 서문
서론 : 청교도주의 역사 연구의 가치성

제1부 명예를 초월한 청교도

제1장 청교도 이름의 기원 ·············· 25
제2장 중세의 청교도 ·············· 31
제3장 헨리 8세 치하의 청교도 ·············· 49
제4장 에드워드 6세 치하의 청교도주의와 그 개념 ·············· 59
제5장 메리 튜더 치하의 청교도주의 ·············· 75

제2부 엘리자베스와 청교도주의

제1장 반대된 법의와 의식들 ·············· 89
제2장 새로운 교회법의 요구 ·············· 109
제3장 청교도 기구의 설정 ·············· 125
제4장 위트기프트의 학정 ·············· 135
제5장 로마 카톨릭의 공격에 대한 보루였던 청교도주의 ·············· 151
제6장 청교도주의의 고등문학 ·············· 163

제3부 스튜어트 왕족하의 청교도주의

제1장 제임스 1세 치하의 청교도주이 ·············· 185
제2장 찰스 1세 치하의 청교도주의 ·············· 205
제3장 찰스 2세 치하의 청교도주의 ·············· 229

서 론
청교도주의 역사 연구의 가치성

　청교도주의 역사는 과연 연구해 볼 가치가 있는 것이며, 우리의 연구에 도움을 줄 수 있는 것일까? 우리가 살고 있는 이 진보된 시대는, 청교도들이 수호하던 원리들이 관심을 끌고 절박하게 느껴지던 그 시대적 상황에서 너무 멀리 떨어져 있는 것은 아닐까? 엘리자베스 시대나 제임스, 찰스, 크롬웰의 시대에 진지하고 종교적인 사람들에게 깊은 영향을 끼친 대부분의 문제점들은, 어룡이나 도도(DoDo)와 같은 과거의 오래된 문제들이라서 현대의 삶 속에 부딪치는 문제들에 밀접하고 생동적인 그 어떤 의미도 주지 못하는 것들은 아닌가? 이러한 의문들에도 불구하고 그 당시에 토론되어졌던 근본적인 원리들은 실질적이고도 긴박한 것으로서 여전히 오늘도 살아 있는 것이다.

1. 복음적 종교와 성직주의의 문제

　청교도들과 그 대적자들 사이에 야기된 문제들은 근본적으로 복음적 종교와 성직주의 사이의 문제이며, 신약적 기독교와 이교적인 종교의식들을 가진 중세주의 간의 문제인 것이다. 후자는 성직의 교황 개넘이나 교황 조직과 불가분하게 연결되어 있으며, 청교도들을 판단할 때 나타나는 그들의 억압은 중세주의를 육성하고 장려하기 위한 것이었다. 그리고 동시에 그것은 로마교에 헌신한 로마주의자들 자신들의 소망이기도 했던 것이었다. 또 보너 감독(Bishop Bonner)은 "그들, 복음주의자들은 지금 우리의 스우프를 마시고 있으나, 곧 우리의 고기를 먹게 될 것이다"라고 했다. 영국국교회의 역사는 이러한 말에 대한 끊임없는 증명의 역사이기도 하다. 청교도들에 의해 제기되었던 토론의 문제점―그것은 오늘날에도 살아 있는 것이다.

2. 도덕적 사회적 개혁을 위한 투쟁

청교도주의는 물론 종교적 개혁은 도덕적, 사회적 개혁을 지향했다. 그들은 인간의 권리를 위해 몹시 노력했을 뿐 아니라 그들의 의무와 책임을 상기시키는 일에도 결코 게으르지 않았다. 전제정치에 대한 완강한 대적, 그것은 곧 악과 사회적 무질서에 대한 단호한 대적이기도 했다. 청교도주의는 인간에게 하나님과 그의 법에 대한 개인적 만남을 가져다 주었으며, "지존하신 주권자"[1]로서의 하나님께 복종하는 것을 가르쳤다. 그리고 엄격한 훈련을 통해 하나님의 법을 가정에서부터 공동체에 이르기까지 확산시키려고 노력했던 것이다.

실로 제네바는 물론 스코틀랜드, 프랑스, 네델란드는 영국 청교도주의의 요람이었다. 장로교회의 체계를 정착시키려고 시도했던 청교도들의 중심된 의도는 도덕적인 것이었으며 성도 육성의 훈련을 위한 것이었다. 맥크리(M'Crie)가 그의 『영국장로회 회보』(Annals of English Presbytery)에서 지적한 것처럼, 만약 청교도들이 그들의 주위

---

1) 도우덴(Dowden)교수에 따르면 청교도주의의 주된 사상은 "보이지 않는 인간의 영과 보이지 않는 하나님과의 관계는 간접적이기보다는 직접적"(Puritan and Anglican., P. 11)이었다는 것이다.

를 둘러보았다면 "배고픈 양들이 먹지 못하고 위만 쳐다보는 동안" 그 양들의 털을 깎아대는 비거주 성직자들과 교회의 성직 겸임자들에게 집중된 교회의 수입을 보았을 것이다. 만약 그들이 그 교회들을 들여다본다면, 글을 제대로 쓰지 못하거나 심지어 자신들의 이름자도 쓸 줄 모르는 사람들에게, 글을 읽을 줄 모르는 교회 서기의 도움을 받아 낮고 분명치 않은 소리로 예배를 주관하는, 가끔 자유로운 삶을 즐기면서 설교도 하지 않는 영국국교회의 목사를 보게 될 것이다. 또 만약 그들이 영국의 교구들을 둘러본다면, 잡초도 뽑지 않고 돌보지도 않은 정원 같은 느낌을 받게 될 것이다. 그것을 그렇게 볼 수 있게 된 것은 그들이 장로제의 정치형태야말로 성경적일 뿐만 아니라 선포된 복음의 약속, 충실한 경건의 연습, 능력 있게 목회를 하는 목회자 그리고 성역을 실행하기를 매우 열망하는 지적이며, 도덕적이고, 종교적인 사람들을 배출하는 정치형태라는 것을 깨닫게 되었기 때문일 것이다.

존 몰리(John Morley)는 마크 패티슨(Mark Pattison)의 말을 인용하여 이렇게 말했다. "주로 제네바에서 주어진 새로운 도덕적 방침에 의해 신교운동은 교리논쟁에 빠지지 않고 구출되었다." 칼빈의 종교적 직관력은 사회적 훈련을 요구하는 인간 본성의 눈물겨운 필요를 식별할 수 있었다…그것은 개인적이고도 동등한 자유를 엄격하게 스스로 부과한 법에 조화시키려 한 시도였으며, 도덕적 완전함을 추구하는 일반적인 노력 위에서 인간 사회를 건설하려는 시도였다. 중세의 기독교는 개인의 깨달을 수 있는 권리를 교회에 양도한다든가 그의 양심을 사제에게 혹은 그의 의지를 왕자에게 양도해야만 한다는 등의 천하고 비도덕적인 개인의 굴복을 설교했다…칼빈의 정책은, 개인 영혼을 적극적으로 교육하려는 당시의 혁명운동이 지향하는 바를 열심히 후원하는 것이었다. 그러자 그 결과로 생겨난 세력은 이미 제네바에 한정시키기에는 너무나 크게 신장되어 있었던 것이다. 그것은 모든 나라들에 퍼져 나가게 되었다. 유럽의 신교를 믿는 많은 지방으로부터 열심 있는 심령들이 어떤 영감을 얻기 위하여 이곳 제네바로 몰려 들었던 것이다…이것, 오직 이것이 스페인이나 구교의 종교 재판소 또 제수잇에 의해 가해진 심한 억압 속에서도 종교개혁이 꿋꿋이 굽히지 않을 수 있게 했던 것이다.

스파르타가 페르시아에게 굴복하지 않고 싸웠던 사실도 제네바가 스페인에 대항했던 것에 비교해 보면 상당한 차이가 있음을 발견하게 된다. 오직 '칼빈주의가 유럽을 살린' 것이다.[2]

3. 합법적인 정부를 옹호하는 청교도주의

'시민의 자유와 종교적 자유'의 막대한 이익은, 튜더 왕조와 스튜어트 왕조의 독재주의에 의해 핍박을 받아 온 청교도들에 의해 얻어지게 되었다. 그리고 마침내 혁명이 안정을 찾게 되자 그것은 영국 헌법에 입안되었고, 그 결과 청교도 투쟁에 깊고 영원한 이득을 가져다 주었다. 이것은 일반적으로 역사가들에 의해 너무나 명백하게, 도저히 부인할 수 없는 사실로서 인정되어지고 있다.

엘리자베스 시대에 관하여 흄(Hume)은 그의 『영국사』에서 말하기를 "그 시대에 왕의 권위는 너무나 절대적이었기 때문에, 자유를 갈구하는 고귀한 불꽃은 오직 청교도들에 의해 점화되고 수호되었던 것이다. 그러므로 영국은 헌법의 모든 자유를 이 비국교파인 청교도들에게 빚지고 있다고 해도 좋을 것이다"라고 했다.

앞으로 이 책에서 우리가 살펴보게 되겠지만 투쟁으로 연결된 역사의 모든 중요한 단계에서 영국 성공회의 성직자들은 무저항의 교리를 가르쳤으며, 왕권과 모든 왕의 권력을 무질서하게 남용하는 일을 옹호

---

2) Mr. John Morley, now Lord Morley of Blackburn, in *Nineteenth Century* for February 1892.

했다. 맥카울리(Macaulay)는 다음과 같이 말했다. "그들은 어떤 예외가 있음직한 경우에도 불구하고, 심지어 법률을 무시하고 정의의 가면조차 쓰지 않은 채 매일 수백 명의 결백한 희생자들을 고문과 죽음으로 몰고갔던, 부시리스(Busiris)나 팔라리스(Phalaris)를 닮은 왕처럼, 영국이 저주받았다 할지라도 그 영토에 속한 모든 계급들은 물리적인 힘으로 전제군주를 대항하는 것은 옳지않다고 지침도 없이 반복하여 주장했다."[3] 반면에 청교도들은 합법적 정부를 만들기 위해 투쟁을 하고 글을 썼다. 그들은 교회정치에 사용되는 대의제도의 원리들을 정부에도 재현시키려고 노력했다. 장로교회가 영국 헌법 안에 어떤 일을 만들어 놓았는가 하는 것은 브라이트(J. F. Bright) 박사가 쓴 『영국사』(p. 538) 속에 잘 나타나 있다. 그래탄(Henry Grattan)이 아일랜드 의회에서 "장로교 사상은 영국 자유 헌법의 어머니이다"라는 말을 했을 때 그는 간단한 역사적 사실을 진술하고 있는 것이다. 가디너(S. R. Gardiner)는 이같이 말했다. "의무와 믿음의 기치 아래 우리 영국의 자유는 얻어졌다. 아무리 청교도주의의 많은 형태들이 쇠락되어질지라도 동일한 가치 아래 우리 자녀들에 대한 유산으로서 보존될 것이라는 것이 확실하다."[4]

그린(Green)은 그의 『짧은 역사』(Short History)라는 책에서 다음과 같이 말했다. "그것이 시민과 종교의 탄압 속에서 스코틀랜드를 구출했으며, 스코틀랜드를 구출하는 과정에서 영국의 자유를 동시에 구출해 낸 것이다." "1688년의 혁명에서 청교도주의는, 1642년의 혁명에서 실패했던, 시민의 자유를 얻어낸 것이다…천천히 그리고 착실하게 청교도주의는 영국 사회와 영국 문학, 영국 정치에 그 순결성과 엄격함을 소개해 나갔다. 문예부흥 이래로 진보해 온 영국의 전체 역사

---

3) Macaulay's *History of England*, Vol. i. 제2장.
4) *Ibid.*, Vol. ii. pp. 487, 489.

는 도덕적이고 영적인 측면에서 청교도주의의 역사였다."5) 그러나 그 영향은 영국 이외의 많은 곳에도 끼쳐졌다. 미국 역사학자 밴 크로프트(Ban Croft)는 말했다. "칼빈의 영향을 경시하거나 그 기억을 중시하지 않는 사람은 미국 자유의 기원에 대해 거의 알지 못하는 사람이다."6) 위대한 화란의 법학자 그레온 반 프린스터러(Groen Van Prinsterer)는 말했다. "칼빈주의에는 우리의 입헌적 자유의 근원과 보증이 담겨져 있다."7)

4. 스페인의 무적함대를 패퇴시킨 청교도주의

스페인 무적함대의 준비와 침략은 로마교회와 유럽의 신교와의 거대한 죽음과 삶의 투쟁 속에 나타난 하나의 에피소드에 불과한 것이었으며, 신교주의의 멸절을 획책하는 동맹국들의 정책의 결과였다. 그것이 어떻게 격멸되었는가? 어떻게 영국이 바다의 강력한 군사 대국으로 그토록 급성장하게 되었던가? 프라우드(Froud)의 책 『16세기의 영국의 뱃사람들』(*The English Seamen in the Sixteenth Century*)이 저술된 중요한 목적들 중의 하나가 이것을 잘 나타내주고 있다. 무적함대가 격멸될 때까지 바다의 주권은 스페인에 속해 있었다. 그때에 별로 주목을 받지 못했던 섬사람들이 일상생활의 범위 안에서 스페인 사람들의 세력에 타격을 입혔으며, 대양의 주도권을 잡았던 것이다. 프라우드(Froud)는 어찌 그리되었을까? 라고 묻는다.

카드무스(Cadmus)가 그곳으로부터 태어날 용의 후예들을 생각하면서 바다의 이랑에 용의 이빨을 뿌렸던 것은 바로 엘리자베스의 배를 타고 자신들의 국기를 온 지구상에 꽂았던 이 사람들을 위한 것이 아

---

5) *Short History*, 제8장, Sec., 10, p. 604.
6) *Literary and Historical Miscellanies*, pp. 205 et seq.
7) Dr. Kuyper, in his *L. P. Stone Lectures on Calvinism*, p. 99.

닌가? 프라우드는 그 물음에 이렇게 대답한다. "영국의 해군력이야말로 종교개혁이 낳은 진정한 소생이었다." 그 중에서도 그것은 특히 청도교주의의 결실이던 것이다. "그 운동의 박력, 정열, 격정"이 무적함대의 격멸로 열매 맺어졌고, 영국의 해군력을 튼튼히 다져 놓게 되었던 것이다. 그는 계속해서 말한다. "그 운동의 박력, 정열, 격정"은 로쉘(Rochelle)이나 화란의 칼빈주의자들 같은 신념을 가진 사람들, 대륙에서 쫓겨나자 바다를 그들의 천연적 안식처로 생각하여 진출했던 사람들, 그 결과 종교개혁을 바다라는 요람 속에서 생성시킨 사람들 속에서 나왔다(p. 9).

5. 청교도주의가 가정에 끼친 영향

청교도주의가 헌법이나 국가에 미친 영향은 하나의 가정이나 그 가정생활에 끼친 영향에 비교해 볼 때 오히려 그 가치가 적다고 생각할 수 있다. 그린(Green)은 다시 말한다. "우리가 지금 생각하는 가정이라는 개념은 청교도들이 만들어 놓은 것이다.

부인과 아이들은 남편이나 아버지의 뜻에 순종하며 살게 되었고 남편이나 아버지는 자신들의 영혼을 성령의 도우심으로 성별되어지며, 그의 것으로 부르시는 하나님의 거룩한 부르심에 응하여 나아온 성도로 여기게 되었던 것이다."

6. 능력 있는 사람들을 만들어 낸 청교도주의

청교도주의는 위대하고 용감하며 강하고 고상한 사람들을 만들어 내었다. 프라우드가 정의한 바에 의하면, "이러한 사람들이란 인간의 본래적 성품 위에 위대함과 고상함을 갖춘 사람들을 말한다." 그는 부언하여, "포도열매란 가시덤불 속에서는 자라지 않는 것이다"라고 말했다. 이 세상에서 '성격'이라는 것만큼 값을 매길 수 없을 정도로 귀중한 것은 없다. 또한 청교도적 믿음만큼 강하고 확고하며 경건하고 순수하며 또 확실하게 믿을 수 있는 성격이란 없다. 그것은 인간에게 고귀한 목적을 갖게 하며 영웅적인 고난을 당하게 하며 훌륭한 인내를 발휘하게 하고 잘못된 일을 볼 때 영웅적인 저항을 하게 하여 결국 위대한 성취를 이루게 하는 것이다.

영국에서의 청교도 시대는 가장 번창되고 멋진 시대였다. 영국 역사의 두루마리에 적혀 있는 위대한 이름 중 많은 이름이 청교도들의 이름이다. 청교도주의의 성직자들 가운데에는 카트라이트(Cartwright), 트레버스(Travers), 호우(Howe), 오웬(Owen), 십스(Sibbes) 그리고 박스터(Baxter)와 번연(Bunyan)과 같은 사람들을 꼽을 수 있다.

정부의 관직에 있었던 사람들로는 세실(Cecil), 빌라이(Burleiph) 경, 프란시스 놀리스(Francis Knollys) 경, 프란시스 월싱험(Francis Walsinghum) 경 그리고 교회의 조직은 그들 자신들의 희망에 따라 조직되어져야 할 것을 주장한[8] — 아직까지도 그 이름이 빛나고 있는 — 베이콘(Lord Bacon) 경 같은 사람이 있다. 그리고 위대한 애국지사나 하원의원들 중에는 존 엘리어트(John Eliot) 경, 존 핌(John Pym) 그리고 존 햄프턴(John Hampden) 같은 사람들이 있고, 능력 있는 통치자이며 완전한 장군으로서 크롬웰(Cromwell) 같은 사람도 있다. 청교도들은 실로 따뜻한 박애주의자들이었고, 신앙의 옹호자들이었다.

스펜서(Spencer)와 밀턴(Milton) 같은 불멸의 시인들은 그들의 노래를 불렀고, 셰익스피어(Shakespeare)는 청교도 가정에서 태어났다는 믿을 만한 증거가 있다.

---

8) Hallam's *Constitutional History*, 제6장 참조 및 Spedding's Bacon, Vol. iii. p. 105.

7. 사회적 자립, 교육, 문화

역사 속에서 그처럼 뛰어난 일을 하고서도 실제로는 그렇게 널리 알려지지 않은 사람들은 아마 거의 없을 것이다. 청교도들은 완고하고 가혹한 적들과 오랫동안 격렬한 투쟁을 해왔다. 그들과 관련하여 일반 역사 속에 묘사된 그들의 모습은, 깊은 편견 아래 정치적, 종교적인 증오를 품고 그들을 공격하는 적들에 의해 주로 묘사된 것이다. 그러나 그런 자들이 그들을 진실되게 묘사하는 것은 아마 심리학적으로 불가능할 것이다. 그들이 시민과 종교의 자유를 위해 더없이 귀중한 봉사를 했음을 기꺼이 인정하는 맥콜리(Macaulay)나 그린(Green)과 같은 인기 있는 현대 역사학자들까지도 청교도들의 종교적 정감에 대해서는 의견이 다르므로 그들이 그려놓는 청교도에 대한 그림들은 만화나 다름없는 것들이라 할 수 있다. 대체로 프라우드(Froude)가 청교도에 대해 바른 인식을 하고 있다.

마땅히 그들에 대해 좀더 잘 알아야만 했던 사람들이 그들을 주로 교양없는 사람들, 미개한 블레셋인, 그림을 거꾸로 걸어 놓는 사람들, 참된 예술에 대해 미개한 사람들로 간주하였다. 그들에 대한 이러한 관념은 의심할 바 없이 버틀러(Butler)의 책 『휴디브러스』(*Hudibras*) 안에 묘사된 것 같은 공화정 시대에 등장하는 종교적 특성에 대한 후기 그로테스크(grotesque) 기법 같은 것들로부터 연유되었다.

그러나 청교도들의 위대한 업적을 광란적 열정주의라고 단정하는 것은 오로지 정보의 통탄스러운 결핍을 드러내는 것이다. 엘리자베스, 제임스 그리고 찰스 1세의 시대에서조차 청교도들은 실제로 그 시대의 보다 많은 교육을 받은 계층들이었다. 그들의 많은 수효가 대학을 다녔으며, 대학은 그들 중에서 몇 명의 뛰어난 청교도 학자들을 배출시켰다. 매우 오랜 기간 동안 영국의회의 절대 다수가 청교도였다. 그 시대의 영국의회는 어떻게 조직되었던가? 주로 땅을 소유한 귀족들과

훌륭한 가문의 지도적 멤버들로 구성되었다. 할람(Hallam)은 말한
다. "여왕 시대에 신교 귀족의 대다수를 청교도가 차지하고 있었다는
말을 듣게 되면, 독자들은 아마 놀랄 것입니다. 그들이 하원을 장악했
다는 것은 명백한 사실이며, 또 그것은 모든 사람들이 동의하는 사실
입니다. 하원은 계속해서 그래왔듯이 원래의 지주들로 구성되었지만
다른 문제에서처럼 종교문제의 개혁을 요구할 때에도 대중의 일반적인
소망이 잘 관철되었던 것입니다."9)

오랜 기간 동안 영국의 훌륭한 혈통, 재산, 교육, 문화에 대해 말할
때, 그 커다란 부분을 청교도들이 차지했다는 말은 결코 과장이 아닌
것이다. 이런 사람들이 그림을 거꾸로 걸어 놓을 수 있을까? 그들이
과연 예의와 세련된 생활을 못하는 사람들이겠는가? 그들 중의 많은
사람들이 그들 시대의 가장 세련되고 개화된 신사들에 속하는 사람들
이었다.

도우덴(Dowden) 교수는 매튜 아놀드(Matthew Arnold)가 청교도
주의의 근본적 성격을 오해하고 있었음을 보여 주었다. 그는 "보다 개
화된 청교도주의는 그 안에 문예부흥 정신을 내포하였다." "청교도들
가운데에는 도덕의 청순함과 가사의 행복, 신앙의 고수, 문화와 품위
의 훌륭한 혜택을 지닌 남자들과 여자들이 많이 있었다"고 말했다. 그
는 지적한다. "청교도 신사는 학자였고, 음악 애호가였으며, 문학 애
호가였다." 크롬웰(Cromwell)의 종군 목사인 피터 스터리(Peter
Sterry)는, 엇셔(Ussher)의 작품집들을 국가가 구입하도록 충고한 장
본인이었으며 타이탄(Titian)과 반다이크(Vandyke)의 작품을 좋아한
사람이었다. 우리는 밀턴(Milton)의 어릴 때의 가정을 기억할 수 있
다. 그 집은 청교도적 믿음과 습관들을 가진 런던의 대서인(代書人)의
집안이었다. 거기에서 그 부친은 그가 손수 지은 짧은 연가를 부르며

---

9) Hallam's *Ibid.*, 제4장 참조.

즐겼고, 소년은 그의 부친의 소망에 의해 그리고 그 자신의 배움에 대한 정열에 의해 그리스와 로마의 시, 프랑스어와 이태리어 공부를 하시 위해서 자정까지 바쁘게 움직였던 것이었다. 밀턴(Milton) 이후에, "처음으로 그의 인도 아래서 나는 뮤즈의 비밀을 탐구했고, 파내서스의 갈라진 산꼭대기에 있는 성스러운 푸른 지대를 쳐다 보았고, 파이어리언 언덕에 올라섰다. 그러자 나를 즐겁게 하는 클리오가 카스탈리안 포도주를 나의 흥겨운 입술에 세 번 뿌렸다"라고 말했을 때 '그의 인도'란 말은 청교도 신자 토마스 영(Thomas Young)을 가리키는 말이었다.

"청교도 경향은 우리의 문학에 가장 독특하고도 큰 영향을 끼쳤다. '투사 삼손', '죄의 환상', '예술의 궁전', '왕의 전원시' 딥시쿠스(Dipsychus)의 저자의 시에서, '크리스마스 이브와 부활절'의 저자가 쓴 시에서, 또 사르토르 레사르투스(Sartor Resartus)의 산문과 같은 여러 작품들 가운데에서 그 영향이 나타나는 것이다."[10] 그린은 "우리는 초기의 청교도들을 음울한 광신자로 그려서는 안된다"라고 말한다. "그 종교적 운동은 아직 일반 문화와 충돌을 일으키는 데까지 오지는 않았다. 엘리자베스 시대 문화의 보다 밝고 우아한 측면이 청교도 신사의 기질과 조화를 잘 이루었다.

헛친슨(Hutchinson) 대령의 초상은, 반다이크(Vandyke)의 초상화의 우아하고 온화한 맛과 더불어 그의 부인의 캔버스에서 탁월한 아름다움을 자랑한다. 밀턴의 예술적 감각은, 그가 그의 정원을 일구어 작은 나무들을 심고, 산책하고, 숲을 다듬고, 땅을 개간하는 데에서 얻는 즐거움만큼이나 그림과 조각 그리고 모든 자유 예술에 대한 비평적 사랑 속에서 잘 나타난다. 그는 부지런히 성경연구를 할 때에도 위대한 사랑을 쏟았으며, 가끔 그가 훌륭하게 연주하는 바이올린을 가지

---

10) Dowden, *Puritan and Anglican* pp. 4, 14, 21.

고 즐기기도 했던 것이다.[11]

"정부의 도움을 받아서, 즐거움을 증진시키고 인식시킬 수 있는 어떤 조직을 만들자는 제의는 정부의 관리나 왕당파로부터 온 것이 아니라 청교도인 밀턴에게서 나온 것이었다"(도우덴).

8. 단점과 결점

모든 사람이 그렇고, 인간의 모든 구조가 그렇듯이 청교도들도 단점과 결점을 가지고 있었다. 그러나 그런 결점을 감추려 하거나 변명하려 하는 것은 참된 도움이 되지 않을 것이다. 크롬웰은 이러한 결점을 가진 사람으로 그려지는 것을 오히려 더 좋아했다. 아마도 그들의 가장 근본적인 신학상의 결점은 그들이 구약의 율법을 너무 많이 신약에 도입하여 적용, 해석했다는 것이다. 어떤 경우에든 모세의 심판법이 왕권을 가진 기독교도들에게 적용되어, 하나로 묶어 놓아야 한다는 것이 그들의 강한 주장이었다. 이 점이 칼빈의 가르침과 빗나간 유일한 점이었다.

칼빈은 그의 『기독교 강요』의 '기독교인의 자유에 대하여'라는 장에서 기독교인의 자유는 세 부분으로 나뉜다고 했다.

첫째, 하나님 앞에서 칭의를 얻는 수단으로서 율법으로부터 해방되는 자유; 둘째, 칭의를 얻은 자들의 사랑과 자발적인 순종; 셋째, 신자는 하나님 앞에서 그 자신과 관계 없는 외부적인 것들을 꼭 준수해야만 한다는 법에 매여있지 않으며 오히려 그것을 활용하든지 생략하든지 하는 데에 완전한 자유를 가지고 있다. 예를 들어 결혼의 문제에 있어서 그가 결혼을 하든지 않든지 간에 그 결정권은 자신에게 주어져 있는 것이다. 이 문제는 명령되거나 금지되거나 하지 않는 '아디아포

---

11) *Short History*, 제8장, Sec. I.

라'(adiaphora)이거나 무관심의 범주에 속해 있는 많은 문제들 중의 하나에 불과하다. 칼빈은 이 범주 속에 '자유롭게 준수할 수 있는 모든 의식'들을 포함시켰던 것이다. 칼빈은 그것을 "그러한 일들 가운데서 우리의 자유를 유지할 수 있는 기독교인의 자유의 중요한 부분"으로서 강조한다. 카트라이트(Cartwright)같이 예리한 지성과 큰 지식을 가진 사람이 그런 일과 연관된 사도 바울의 가르침을 인정하지 못하고, 그것에 반대하여, 명령받지 않은 것은 하지 못한다는 원리를 제시함으로써 그토록 쉽게 후커(Hooker)의 반박을 받게 되었다는 것은 그리 흔한 일이 아니다.

그들의 종교적인 관점이 무엇이었던지 간에 그들은 그 시대의 가장 열심 있는 사람들과 함께 공통적으로 범한 또 다른 실책이 있었다. 그 당시에는 관용의 원칙이 지금처럼 인정되거나 활발하지 못했다. 그때는 어떤 다른 종교적 주장들을 가지고, 다른 예배 형식을 취하는 종교적 집단을 인정하며, 같은 지방에서 평화와 친목을 누리며 산다는 것은 꿈도 꿀 수 없는 일이었다. 어떤 사람이 진리라고 믿는 것은 그의 모든 마을 사람에게 믿도록 강요하는 것이 그들의 의무로 여겨졌었다.

물론 모든 종류의 인간들이 그런 것처럼 청교도들은 그들이 살았던 시대에 속한 커다란 잘못과 실수도 저질렀다. 후세에 렉키(Lecky)는 우리가 기억해 두어야 할 중요한 금언을 남겼다. "매시대마다 살던 각 사람들은 우리들의 이상에 의해서가 아니라 그들 각자의 시대와 나라의 이상에 의해 판단되어야만 한다."[12]

9. 여전히 살아 있는 힘

또한 마지막으로 기억되어야 할 것은 본질상 청교도주의는 사람들

---

12) *Value of History*, p. 50.

중에서 살아 움직이는 힘이라는 사실이다. 오늘날 영어가 사용되는 어느 곳에서나 영국 사람, 스코틀랜드 사람 그리고 스코틀랜드계 아일랜드 사람들이 세계를 향해 나아가는 길이라면 어디에나, 청교도주의는 수많은 교회와 기관 그리고 가정과 사회생활에 분명한 영향을 주고 있다. 그것은 다른 것과는 달리 하나의 특성을 형성하며 위대한 미국 공화국의 제도를 축조케 하고 독립을 위한 투쟁의식을 고취시켜, 그 결과 오늘날에는 그 나라의 태반이 근본적으로 같은 믿음의 본질을 갖게 된 이러한 형태의 종교인 것이다.

왕성한 활력, 힘, 기업, 식민지를 포함한 많은 숫자의 인구들은 선교사들로서 모든 나라를 향해 펴져 나가는 동안에 생긴 한 가지의 굳건한 줄기였다.

1622년의 청교도 대추방령에 관해서 후에 글래드스톤(Gladstone)은 다음과 같이 질문하고 답변했다. "무엇이 대륙으로부터 추방되는 그들의 동반자가 되었던가?" 그는 그 답변에서, "오래된 영국의 청교도주의는 넓은 범위와 순화된 모습으로 동시에 발전하고 확장되어서 큰 기세로 현대 영국의 국교를 신봉하지 않는 지역으로 옮아갔다. 국교로부터 추방된 이후로 그것은 잠시 쇠퇴의 기간을 거쳤고, 그 후 미국과 대영제국 그리고 여러 이교도 지방들을 거쳐서 복음적 신교주의라고 불리워지는 광대하면서도 다양한 조직으로 발전되어 갔는데, 그것은 큰 안목으로 볼 때 스코틀랜드와 다른 곳의 장로교회들을 포함했다. 또한 그것은 웨슬레(Wesley)의 운동을 이어받아 셀 수 없이 그 수가 많게 되었고, 대륙에 있는 구 루터주의와 개혁주의 연합체들의 종교적인 힘의 일반적인 수준을 능가하는 것이 되었다.

전체 기독교계 숫자 중에서 십분의 일 정도로 그 숫자를 측정한다면 적당할 것이다. 그것은 거의 기독교에 감동을 받은 사람들의 자발적인 찬사에 의존한 것이며 현재나 미래의 합리적인 탐구자도 감히 간과할 수 없는 엄격하고도 확고한 교회사의 한 가지 사건이 된 것이다."[13]

이제 청교도주의라는 이름으로 명명된 위대한 운동이 우리가 연구할 충분한 가치가 있다는 것을 보여 주었다고 생각한다. 청교도 정신은 우리의 국가적 생명과 역사 속에 깊게 스며들어 있으며, 종교에 깊이와 강렬함을 주었을 뿐 아니라 헌법에 자유와 넓이를, 애국심에 강함과 열정을 주었고, 높고 훌륭한 문학에 심원한 색채를 입혔고, 영향을 끼쳤던 것이다. 만약 엘리자베스의 '드넓은' 시대와 크롬웰의 '철'의 시대에 '영웅적'이란 말이 적용되어졌다면 우리는 그 영예를 청교도들에게 돌려야 할 것이다. 우리의 복합적인 문명의 근원을 인식하고, 그것에 도달하기 위해 온 세계를 통하여 영국과 스코틀랜드 사람들 또 그들의 자녀들의 특성을 만들어 다듬었던 가장 능력있는 도덕적 영향을 인식하는 것은 청교도주의 역사에 대한 신중한 고찰이 없이는 불가능한 것이다.

---

13) W. E. Gladstone in *Nineteenth Century*, July 1888.

제 1 부

명예를 초월한 청교도

제1장

청교도 이름의 기원

1. 프루드의 실수

프루드(Froude)는 그의 『16세기 영국의 뱃사람들』이라는 책에서, 그가 찾아낸 최초의 '청교도'라는 이름에 대한 기록은 1585년의 어떤 문헌 속에 있었다고 말했다. 그 문서는 '성직자'들이라고 불리우는 어떤 제수잇(Jesuit) 신도에 의해 작성되었고, 그것은 침략군을 영국에서 만날 수 있을 것 같다는 내용의 영접에 관한 정보를 제공하는, 스페인의 필립(Philip of Spain)과 교황 간의 특별한 연락의 목적을 위해 준비된 것이다. 그 제수잇 신도는 말한다. "여왕을 위하여 죽기까지 싸울 유일한 정당이며, 그녀가 가진 유일하고도 실제적인 친구는 청교도들, 특히 런던의 청교도들과 항구 도시들의 청교도들이었다." 프루드는 여기에 덧붙여서 "그것이 내가 발견한 청교도들에 대한 최초의 기록이다"라고 말했다. 이렇게 넓게 읽혀지고 있는 단순한 고백이 프루드와 같은 역사가에게서 나온 것이다. 그러나 오늘날에도 사용되고 있는 그 이름이 처음 사용된 연도는 1585년보다 최소한 20년이 앞선 것이 확실하다.

2. 토마스 풀러에 의해 알려진 참된 날짜

토마스 풀러 박사(Dr. Thomas Fuller)는 매우 널리 알려진 그의 역작 『교회사』에서 '청교도'란 말의 최초 사용 연도를 1564년이라고 추측했다. 그 사용 연도에 대해서 그는 다음과 같이 밝혔다. "그들의 교회법에 의해 자신들이 권한을 가졌다고 믿는 영국의 감독들은 기도서와 의식들 그리고 교회의 규율들에 서명하도록 주교관구의 그 성직자들에게 강요함으로써 그들의 권위를 보이기 시작했고 그와 동일한 것들을 거부한 사람들을 악명 높은 퓨리탄이라고 낙인 찍었는데, 이 나라에서 그 이름이 이 해에 처음 사용되기 시작한 것이다." '까다로운 사람'(Precisian), '청교도'(Puritan) '장로교도'(Presbyterian)라는 용어들은 모두 대감독 파커(Parker)가 이 당시에 그의 문헌들 속에서 똑같은 한 집단을 각기 다른 별명으로 부른 용어들이다.¹⁾

몇 십 년 후 그 이름들은 일반적인 용어로서 불리워졌다. 엘리자베스 시대의 청교도인 토마스 샘슨 박사(Dr. Thomas Sampson)는 1574년 그린달(Grindal) 감독에게 쓴 글에서 그 무례한 별명을 사용하는 것에 대해 강력히 반박했다. 그는 말했다. "그 누구도 정당하게 잘못을 찾을 수 없는 교리와 생활을 지닌 형제들에게 이런 옳지 않은 이름을 부과하는 것은 그리스도의 흠없는 외투를 찢는 것이며 교회 내의 치료할 수 없는 분열을 조장하는 것이고, 복음의 진로에 거치는 돌을 놓는 것이다. 그 잘못을 범한 사람에게 저주가 있을 일이다."²⁾ 샘슨이 조사한 것과 같은 그 별명들은 그렇게 불려진 사람들에게는 분명히 기분 나쁜 일이었다. 그러나 '크리스천', '위클리프 추종자', '감리교도'라는 명칭들도 처음에는 멸시 속에서 그리고 적개심의 완곡한 표

---

1) Strype's *Parker*, ii. 40; Strype's *Parker Records*, XCIX. iii. 331.
2) Strype's *Parker*, 부록 XCIV. iii. 322.

현으로서 사용된 이름들이지만 잠시 후 그것은 화려함으로서 그리고 면류관으로서 그 내적 의미를 바꾸었던 것이다.

3. 초기 청교도들은 모두 장로교도였다.

기억할 만한 시대인 초기 시대에 청교도의 명칭은 오로지 장로교도들에게 붙여졌던 이름이었으며, 사실상 장로회와 장로교회란 말은 퓨리탄과 거의 동시대에 사용되었다는 것은 특기할 만한 사실이었다.

풀러(Fuller)는 그가 인용해낸 바 있는, 잘 전승되어 온 그 문헌 속에 나타난 청교도라는 명칭을, 제네바에서가 아니라 로마로부터 모든 것이 기안된, 기존의 교회 질서를 통렬히 비난하는, 모든 면에서 영국 교회의 행정권을 장로교회적 개혁에 순응시키려고 노력하는 자들로 묘사했다. '독립파'의 아버지로 불리우며 그의 이름이 순례자(Pilgrim fathers)의 이야기와 관련되어 유명한 존 로빈슨(John Robinson)은 다음과 같이 말했다. "교황주의자들은 그리스도의 통치권을 교황에게, 신교도들은 감독들에게, 청교도들은 장로회에, 우리들은 교회로 불리우는 다수의 회중의 몸에 그것을 두었던 것이다." 로빈슨은 퓨리탄을 자신의 그룹(독립파)과 구분지었으나 나중에 퓨리탄을 포용했는데, 그는 훗날 장로정치를 초기의 청교도들의 독특한 특색이 되게 했다. 그 당시에 그들에게 주어진 다른 이름들은 '수련자들', '장로법 추종자들' 그리고 그들의 대적들이 특별히 경멸하는 의미로 사용할 때 쓴 '제네바파' 그리고 '알로브로기아파'(Allobrogians)라는 이름이었다. 독립파란 명칭은 후에, 약 1609년에, 커다란 인기를 얻었다.

4. 청교도의 특수한 원리들

청교도들 혹은 장로교도들이라는 명칭들이 지닌 독특한 원리들에 관해서 우리는 샌디스(Sandys) 감독이 1573년 쮜리히의 헨리 불링거(Henry Bullinger of Zurich)에게 보낸 편지 속에 나타난 그 원리들에서 알 수 있다. 청교도들이 그들의 원리들에 대해 아직 어떤 정식적인 발언을 하지 않았을 때, 몇 개의 문제점에 대한 샌디스 감독의 관심 속에 나타난 것과 같은 있음직한 오해를 고려해 보아야 한다. 그는 청교도들을 다음과 같이 묘사하고 있다. "그들은 우리의 모든 교회 정책을 완전히 뒤집어 엎고 뿌리를 뽑아 버리려 하는 자들이며, 나도 알지 못하는 교회의 새 강령을 구체화시키려는 자들입니다. 이 새로운 일들을 인정함으로써 귀족이나 평민들이 주목한다는 것은 상상할 수 없을 것입니다." 이렇게 말한 다음 그는 그들의 주장들을 요약하여 제시했다.

"첫째, 정부의 문관은 교회적 문제들을 취급할 수 있는 권위를 갖지 못했다. 그는 오직 교회의 일원이며, 교회의 행정은 목사에게 속해 있어야만 한다."

"둘째, 그리스도의 교회는 장로들 즉 목사, 교회의 원로들 그리고 집사들에 의하지 않은 다른 행정조직을 용납하지 않는다."

"셋째, 대감독, 부감독, 수석목사, 종교법고문관, 감독 대리들의 명칭들과 권위 그리고 그와 같은 직위의 명칭들과 위계들은 그리스도의 교회로부터 사라져야만 한다."

"넷째, 각 교구는 그 자신의 장로회를 가져야 한다."

"다섯째, 요구되는 목회자의 선택은 그 교회의 신도들에게 속해 있는 권한이다."

"여섯째, 감독이나 성당 둘 중 어느 것에든지 관련되어 그 권리가 거기에 속해 있는 물건, 재물, 소유지, 수입, 명예, 지위, 권위, 그 밖의 어떤 다른 모든 것들은 즉시 또한 영원히 없어져야만 한다."

"일곱째, 회중의 목사가 아닌 사람은 설교할 수 없으며 목사는 전적으로 다른 사람들이 아닌 그 자신의 양들에게만 설교해야 한다."
 "여덟째, 교황주의자들의 유아들은 세례를 받은 것이 아니다."
 "아홉째, 모세의 재판법들은 기독교 원리들과 연결되어 있고 그 원리들은 조금도 그 법에서 이탈되어서는 안된다."3)
 샌디스 감독은 덧붙여서, "이러한 종류의 다른 일들이 많습니다. 그리고 이 선한 사람들은 그들의 편에 있는 개혁된 교회를 가지고 있다고 외치고 있습니다"라고 말했다. 이 청교도들이 원했던 것은 가능한 한 성경 속에 나타난 원리들에 적합한, 교리는 물론이고 교회의 규율과 행정조직을 갖기 원했던 것이다.

---

3) *Zurich Letters*, Vol. i. p. 249, Letter CXIV.

제 2 장

중세의 청교도

─ 청교도 전의 청교도 ─

 후커(Hooker)는 말하기를, "현재 사용되는 이 모든 이름들을 생각해 볼 때 청교도가 최초로 주의를 끌게 되었던 일이 있을 때까지는 그 이름이 주어지지 않았기 때문에 일반적인 일들은 청교도라는 이름으로 불리어지던 때보다 오래되었다"[4]라고 하였다.
 안디옥에서 제자들이 기독교도로 불리어지기 이전에 기독교도들이 있었고, 종교개혁 이전에 개혁자들이 있었던 것처럼 청교도라는 이름이 그들에게 붙여지기 이전에 청교도들이 있었던 것이다. 그래서 이제 필자는 가능한 한 신중하게 그들 중의 몇몇, 즉 중세기에 훗날 청교도주의의 특성이 되었던 급진적 원리들을 신봉하고 전파했던 사람들에 대해서 살펴보려고 한다.

---

4) Eccl. *Polity*, bk. vii.

── 무시할 수 없는 중세 청교도들의 숫자 ──

　중세를 거치는 동안 원시 기독교 위에 쌓인 수세기 간의 축적물을 꿰뚫어 볼 수 있는 통찰력과 지식을 가지고, 그들이 우리 구주 예수님과 그의 사도들이 가르친 원래의 가르침으로 생각되는 것을 크게 혹은 적은 범위에서라도 회복하고 교정함으로써 가장 철저한 개혁과 청교도 교리의 많은 부분이 있게 되는 데 기여한 사람은 참으로 소수가 아니었다.

　이 사람들 가운데 필자는 의문의 시대에서 청교도 정신과 교리의 뚜렷한 모본으로서, 파두아의 마르시글리오(Marsiglio)와 존 위클리프(John Wyclif), 이 두 사람의 지도자를 뽑아 내어 신중히 그들의 가르침을 요약해 보고자 한다. 그리고 위클리프의 추종자들인 롤라드파(Lollads)에 대한 짧은 묘사가 덧붙여질 것이다.

파두아의 마르시글리오(Marsiglio of Padua)

　마르시글리오(Marsiglio)라는 이름은 각별한 존경심으로 기억되어야 할 특출한 가치가 있는 이름임에도 불구하고 현대종교 역사에서 너무나 적게 인식된다는 것은 의문스러운 일이다. 그는 1270년 파두아(Padua)에서 태어나 파리에서 윌리엄 옥캄(William of Ockham)에게 배웠는데, 거기서 그는 의학, 철학, 신학의 교사가 되었고, 대학 학장의 자리에까지 올랐다.

1. 왕과 교황의 투쟁

　교황들의 세력과 위세는 '교황의 바벨론 포로'(1309~1377)로 알려진 시기에 '죄악의 도시 아비뇽'(Avignon)으로 불리워지는 '선한 의회'(Good Parliament)에 그들이 체류하고 있는 동안 급격히 쇠퇴하였다. 그러나 교회는 물론 국가에 대해서도 그리고 그들의 추종자들은 물론 왕들에 대한 그들의 우월권에 대한 주장은 여전히 거만하였다. 그러자 교황 요한 22세와 로마인의 왕인 바바리아의 루이스(Louis of Bavaria) 사이에 격렬한 충돌이 발생했다. 그것은 사실상에 있어서는 황제당원과 교황당원의 싸움이었으며 봉건적, 제국주의적 관념의 동조자들의 한 패와 교황의 우위성 하에서 일반적으로 뭉쳐진 카톨릭적 관념의 동조자들 사이에 생긴 불화의 연장이었다.

황제당원적 이상(ideal)의 선지자격으로서 단테(Dante)는 그의 위대한 역작『군주국에 대해서』(On Monarchy)를 썼다. 단테는 그 책에서 교황이 하나님으로부터 직접 권위를 위임받았다는 교황우월권에 반대하는 글을 썼다. 브라이스(Bryce)는 그의 책『신성 로마 제국』에서『군주국에 대해서』를 "예언적이라기보다는 시대의 비명적(碑銘的)인 글"이라고 말했다.

2.『평화의 수호자』

마르시글리오가 잔두노의 존(John of Janduno)의 도움을 받아 그의 유명한 작품『평화의 수호자』(Defensor Pacis)를 내어 놓은 것은 1324년이었다. 그 제목은 그 책의 목적을 잘 지적해 주고 있다. 그것은 교회와 국가 모두의 본래적인 한계를 정의내려 줌으로써 교회와 국가 간의 평화를 이루게 하려는 목적을 가지고 있다. 그 책은 루이스(Louis)에게 기증되었는데, 그 책은 요한 22세와 투쟁하고 있는 루이스를 힘있게 변호하고 있다. 그 책은 신기원을 이루는 책이다. 그 책에 반대하여 교황의 특별교서가 발표되었고, 종교개혁의 시작시 그것이 영어로 번역되었을 때, 그 책은 금서목록에 기재되었던 것이다. 그 책이 발간된 지 약 2년 후 마르시글리오는 그의 주소를 루이스의 궁정으로 옮겼고, 거기에서 루이스의 의사요, 충고자이며, 학문적 옹호자로서 남아 있었다.

3. 마르시글리오의 가르침

거의 초기의 마르시글리오의 작품은 역사에 과학적 비평을 가한 것이었다. 그레고로비우스(Gregorovius)가 말한 것처럼 그것은 교황적 자만심의 발생과 성장을 꿰뚫어보는 탐구를 통하여 "교권제도의 전체 역사를 조명한다." 의심할 바 없이 단테와 윌리엄 옥캄의 영향을 받은 마르시글리오는 그들의 원리들을 그들이 했던 것보다 더 신장시켰던 것이다. 뛰어난 통찰력, 위대한 담력과 용기를 가지고 후에 위클리프, 후스 그리고 그 밖의 16세기의 개혁지도자들에 의하여 옹호된 급진적 개혁의 원리들을 발전시켰던 것이다. 그는 정경의 성경만이 믿음의 문제에서 유일한 권위를 가지며, 무오하다는 근본적인 원리를 정착시켰고, 교황의 무오설을 반박했던 것이다. 그는 교황의 현세적 권위를 부인할 뿐만 아니라 그것의 영적인 권위도 부인함으로써 교황의 가장 깊은 근본을 공략했던 것이다.

그는 다음의 것들을 주장했다. 그리스도께서는 그의 대변자로서 어떠한 교회의 우두머리도 지적하지 않으셨고, 베드로는 다른 사도들보다 더 위대한 능력을 받은 것이 아니며, 그의 권위를 로마교회에 위탁하지도 않았다. 그가 로마에 머물렀던 적이 있었다는 증거가 없으며, 더욱이 그가 로마의 감독이었다는 증거도 없었다. 감독들과 장로들은 근본적으로 같은 일을 행하는 자들이었고, 모두 동등했으며, 감독들과 목회자들은 대중에 의해 피선된 사람들이었다. 교회적으로 복음을 설교하고, 사람들을 가르치고, 경고하며, 성찬을 주재하는 것은 성직자의 유일한 기능이다. 모든 천국의 열쇠의 능력은 하나님께 속해 있으며, 하나님은 그것을 그리스도인들에게 부여했으며, 나아가서 성직자에게 위임했다. 성직자들은 열쇠의 능력을 활용하는, 섬기는 자로서 존재한다. 즉 성직자는, 교회에서 심판적 권위의 활용자로서 존재하는 것이 아니라 대면자로서 존재하는 것이다. 파문은 오직 신자들이나, 그들의 대표자들의 공동체에만 속해 있는 것이다. 하나님만이 죄를 용서하실 수 있다. 교황이나 성직자가 죄를 사면할 수 있다는 사상은 기만인 것이다. 위선은 성직자의 사면에 의해 용서를 받을 수 있는 것이 아니며, 진정한 회개는 그것을 성직자가 보류한다고 보류되어질 수 있는 성질의 것이 아니다. 교황, 감독, 신부의 교권제도가 믿는 자의 무리로 이루어지는 교회를 형성시킬 수는 없다.

'영적'이라는 용어를 전적으로 성직자에게만 국한시킨 것은 마르시글리오에 의해 비난을 받았다. 교회의 지고한 권위는 일반 공회에 속해 있는 것이다. 그는 "정부의 궁극적이고 지고한 권위는 시민의 공동체에 있으며, 왕들이 통치하고 왕자들이 정의를 선포하는 것은 백성으로부터 나온 힘을 통해서이다"라는 원리를 이야기한 최초의 사람이었다. 이것이 청교도들의 근본적인 요구였다. 어떤 점에 있어서 마르시글리오는 개혁자들과 청교도들보다 훨씬 진보된 자였다. 그는 오늘날 교회의 모본으로서의 구약적 신정통치를 믿지 않았다. 신자가 그들의 안내자로 생각해야 하는 것은, 교황이 그의 주장의 대부분의 기초를 삼으려 했던 구약의 율법이 아니라, 신약의 복음적 율법이라고 생각했으며, 그것조차도 현세의 형벌에 의해 강요되어서는 안된다고 생각했던 것이다. 그는 교회를 위해 행사되는 모든 강제적이고 형벌적인 권위를 반대했고, 이런 권리의 행사들은 모두 전적으로 국가에 속한 문제이며, 그것도 국가에 의해 금지되거나 명령된 일들을 범할 때에 한해서만 사용되어야 한다고 했다. 하나님의 율법에 반대되는 많은 것들을 국가는 관용해야 한다. 이단은 국가의 법률에 저촉되는 한에서만 국가의 징벌을 받아야 할 것이다. 관용에 대한 진정한 원리들과 양심과 신앙의 자유에 대한 이해력에 있어서 그는 개혁자들과 그들의 후예들을 훨씬 앞섰다. 우리의 역사에서 전적으로 생략되어버리고만 그 귀한 개척자의 이름은 영원히 기억 속에 남을 만한 가치가 있다.

존 위클리프(John Wyclif)

1. 마르시글리오와 같은 사람으로 평가되는 위클리프

그 시대의 옥스포드 학문의 꽃이었다고 할 수 있는 존 위클리프(John Wyclif)는 『평화의 수호자』를 잘 알고 있었다. 그의 가르침 중의 많은 부분이 그 속에 깔려 있는 사상을 따르는 것이었다. 위클리프가 그의 견해를 전파한 뒤에 발표된 그레고리 11세의 교서는 위클리프의 체포를 역설하면서 다음과 같은 주장을 담고 있다. "그와 같은 견해는 사단의 구덩이 속에서 올라온 두 마리 짐승들인 파두아의 마르시글리오와 잔두노의 존의 비뚤어진 견해와 무지와 학설 그리고 그들의 저주받을 기억들 속에서 몇 마디의 용어만을 바꿔서 사용한 것이다"라고 비난했다.

마르시글리오에 대한 연구는 열정적인 면에서 그의 선배 못지 않은 급진론자였던 위클리프의 기사들 속에서 탐구되어질 수 있다는 것은 옳은 이야기이다. 르 바스(Le Bas)는 그의 저서 『위클리프의 생애』(Life of Wyclif)에서 말하기를 "만약 우리 교회의 종교개혁이 위클리프에 의해 주도되었다면 아마도 그의 일은 칼빈의 수고를 앞질렀을 것이며, 영국의 신교는 제네바의 신교주의와 아주 흡사하게 닮았을 것이다. 가난한 순회 성직자들과 함께한 개혁자와 청교도들의 좋은 부분들 사이에는 놀라운 유사점이 있는 것이다.

토롤드 로저스(Thorold Rogers)는 말했다. "청교도주의는 위클리프 때부터 시작되었다고 할 수 있다." 그러므로 중세기의 청교도들에 대해 신중한 연구를 하는 과정에서 그를 빼놓는다는 것은 중대한 생략을 의미하는 것이다.

2. 위클리프의 출생과 교육

위클리프가 후기의 삶 속에서 얻은 명성은 그의 어릴 때의 미천함과는 대조적인 것이다. 그의 출생의 날짜나 정확한 장소까지도 확실하게 알려지지 않고 있다.

그는 1320년과 1330년 사이에 출생했으며, 요크셔에 자리잡고 위클리프 교구에 속해 있는 'T'자 모양의 위클리프의 작은 마을이 출생한 장소였다는 영예를 주장하고 있다. 어린 시절 그는 옥스포드의 대학에 보내어졌고, 거기에서 거의 모든 분야에 탁월한 재능을 보였는데, 특별히 변증법과 수학 그리고 법률학에서 두드러졌다. 그는 1345년이라는 매우 이른 시기에 대학 학술 단체의 특별회원이 되었다. 그는 성공적으로 수사학과 철학을 강의했고, 학문과 식견, 웅변술과 일반적인 능력, 또한 그의 영혼의 고상함 등으로 훌륭한 평판을 얻게 되었던 것이다. 1360년에 그는 발리올(Balliol: Oxford의 단과대학의 하나)의 주임이 되었고, 1372년에 16년에 걸친 신학박사 과정을 끝냈으며, 신학을 강의할 수 있는 자격을 얻었던 것이다.

3. 에드워드 3세의 궁정목사

이미 출판된 작품들과 실천적인 재치 그리고 당시에 무섭게 타오르던 의문점들에 대한 능숙한 해결 등에 의해 그는 에드워느 3세에게 추천되었고, 그의 조언자가 되었으며, 마침내 에드워드의 궁정목사가 되었다.

4. 우국지사, 정치 철학자로서의 위클리프

그 당시 영국에 대한 교황의 요구는 거의 믿을 수 없을 정도였다. 심지어 존 왕(King John)이 봉건적 상급자로서의 교황에게 약속한 매년 바치는 조공의 미불금의 지불 같은 것조차도 대담하게 요구될 정도였다. 왕과 영주들 그리고 평민들은 모두 그 뻔뻔스러운 요구를 비난했다. 위클리프가 대중의 눈앞에 정치 철학자요, 우국지사로서 비춰진 것은 이 위기의 시기였다. 레클러(Lechler)는 그가 특별위원의 자격을 가진 의회의 일원이었으리라고 생각했다.

정말 위클리프가 그런 자격을 가진 것 같지는 않지만 그가 발표한 한 소논문에서는 왕과 의회가 나아가야 할 원리들에 대해 능란한 성명을 발표하고 있음을 볼 수 있다. 그 후 곧 그의 두 위대한 작품인『신성한 통치』(Divine Dominion)와『시민통치』(Civil Dominion)에서는 그런 침해는 마땅히 저항을 받아야만 한다는 근거를 제시했다.

5. 왕실의원으로 파견

1374년 위클리프가 몇몇 사람들과 함께 왕실의원으로서, 교황청과의 사이에서 발생한 의견상의 차이점들을 조정하고자 교황청측 위원들과 만나기 위해 브루지스(Bruges)에 파견되어졌다는 것은 그가 일찍이 획득한 영향력에 대한 증거이다. 그는 여기에서 무엄하기는 하지만 권세를 가지고 있는 곤트의 존(John of Gaunt), 란카스터 공작(Duke of Lancaster) 그리고 그의 후원자이며 보호자가 된 에드워드 3세의 셋째 왕자와 친밀한 교제를 가졌다.

6. 종교개혁자로서의 등장

그는 이제 자신이 강사가 되었던 루터워드(Lutterworth)에서 설교를 하고, 옥스포드(Oxford)에서 강의를 하며, 교황권의 남용과 오류에 대해 보다 더 직접적인 공격을 하고, 이제는 기독교의 진정한 정신이 상실되어 기독교가 단순히 형식과 의식으로 타락했다고 선언하면서 확고한 개혁자로서, 보다 담대하게 나타났다. 그는 성경 속에서 찾아낸 새로운 사상의 다이너마이트를 가지고 악몽처럼 인간의 영혼을 괴롭히고 유럽을 노예화시킨 거대한 영적 독재체제의 심장부를 뒤흔들어 놓았던 것이다.

7. 이룩한 실재적인 일들

그는 철저히 실천적인 사람이었으며, 자신의 사상을 활용케 하기 위해 보다 효과적인 일들을 이루어 놓았다. 그는 '걸식 수도사'라는 이름하에 조잡한 모직의 옷과 거친 적갈색 겉옷을 걸치고 오직 '순수한 복음'만을 외치며 순회하는 설교자 무리를 훈련시키기 시작하였고, 대중은 뜨거운 열심을 가지고 그들에게서 진리를 들었다.

8. 위클리프를 향한 비난

이 새로운 가르침이 교황의 대리인들을 그냥 지나칠 수 있다는 것은 불가능한 것이었다. 1377년 그는 런던의 감독인 코오트네이(Courtenay)에 의해, 그의 교리들에 대한 질의에 답변하기 위하여 대주교 교구회의에 나타나도록 호출받았으나 그 회합은 무질서 속에 깨어졌다.

이단적 진술들이 그의 글들 속에서 발췌되어졌고 비난이 그에게 쏟아졌다. 그러나 그의 세력 있는 친구들에 의해 그의 재판은 지연되었다. 적들에 의해 움츠러지는 것 대신에 교황주의의 핵심이며, 최후의 거점인 화체설 교의를 포함한 교황권의 전체 조직을 공격해 나아갔다.

9. 역사 속의 새로운 일

그는 역사의 새로운 것을 결정했다. 그는 평민들에게 직접적으로 호소했다. 그린(Green)은 "사람의 훌륭한 재능을 운명짓는 변형에 의해 그 학자는 논설의 저자로 변형되어 갔다"라고 했다. 그는 수도사들에 대해서 유머와 풍자가 넘치는 영국식 표현으로 논설을 쓰고 또 썼다. 로마의 연대기 기록자는 그 논설을 읽고 투덜거리기를, "봄철의 꽃잎같이 그의 펜 아래에서 꽃봉오리가 맺어졌다"라고 했다.

10. 농민의 봉기

와트 타일러(Wat Tyler)와 존 발(John Ball) 아래에서 농민봉기가 일어났다. 위클리프는 그것을 격려하지는 않았지만 그의 압박받는 농민들을 향한 동정과 관용은, 비슷한 상황 속에서 폭동을 일으킨 독일 농민들을 향한 루터의 날카롭고도 격렬했던 노호와는 대조적인 것이었다.

11. 성경 번역

그가 자신과 몇 학문적 동조자들의 노력에 의해 실행하려고 계획하고 착상한 초인적이고, 획기적이며, 영원히 결실을 맺을 수 있었던 일은 전체 성경을 영어로 번역한 것과 그것을 일반 대중의 손에 들려준 일이었다.

그것의 복사판들은 급격하게 증가했고 널리 배포되었다. 그리고 계속하여 보다 큰 계획이 그의 생각 속에 포함되어졌다. 그것은 교회를 그리스도의 법 아래로 돌려 놓으려는 것이었으며, 그리스도의 말씀에 부합되게 만들려는 일이었는데, 그가 생각한 이 일이야말로 순교자의 죽음과 맞바꿀 수 있는 일이라고 여겨졌다.

12. 위클리프의 죽음

그러나 그의 경력도 막을 내릴 때가 되었다. 그의 삶의 중반에는 폭풍우가 닥쳐왔으나, 그의 황혼은 평온하고 평범했다. 위클리프의 위대한 영혼은 1384년에 '평화가 있다'고 좋아하는 음성들을 뒤로 하고 떠나갔다. 그러나 그때에 비로소 그는 '영원히 꺼질 수 없는 불을 영국에 붙여놓은 것'이었다.

13. 파헤쳐진 몸

콘스탄스(Constance)의 공의회는 그의 유해를 신성하게 안장된 묘지에서 발굴하여 내다버리라는 명령을 내렸다. 그가 죽은 지 44년 후 그들은 유해를 발굴하여 루터워드(Lutterworth)를 경과하여 흐르는 스위프트 강에다 내던졌다. 이것에 대하여 풀러(Fuller)는 기억할 만한 말을 남겼다. "이 시대는 그 유해의 조각들을 아본으로 실어갔고, 아본은 시번으로, 시번은 작은 바다로, 결국에 그것은 대양으로 떠내려가게 되었다. 결국 위클리프의 유해는 전세계에 펼쳐진 그의 교의의 상징이 되었다."

14. 가르침의 요약

여기서 우리는 그의 가르침의 가장 간단한 요약만을 간추려 보고자 한다. 그는 성경만이 법과 진리의 유일한 기준이며 최고의 것이라고 선포했다. 그는 유일한 중보자이신 그리스도를 통한 하나님과 인간의 직접적인 관계를 말했고, 어떤 피조물도 선행을 통해 상을 얻을 수 없다고 말했으며, 화체설 교리를 거부했고, 주의 성만찬에 대한 영적인 견해를 밝혔다. 그는 사적인 판단의 권리를 옹호했으며, 교권주의나 사색적이고 성스러운 사제직 그리고 모든 신자들이 성직자에게 특별히 의존해야 한다는 중세 교회가 근본을 두고 있는 모든 체계를 일소해 버렸으며, 예정과 선택의 교리에 특별한 강조를 두고 가르쳤다. 그는 "그리스도의 법에 의할 것 같으면 모든 사제들과 감독들은 근본적으로 하나였다"고 했고, 또 고위 성직자들을 초기에는 알려지지 않게, 후기에는 말할 수도 없이 "교회를 괴롭히는 사람"으로 묘사했다. 또한 그는 계속하여 말하기를, "성직자 가운데는 여섯 개의 불필요한 등급이 있다"고 했고, "언제나 청구하여 부르짖는 욕심쟁이 사단의 열두 명의 딸이 있는데 그들의 이름을 들어 본다면 교황, 추기경, 감독, 부감독, 종교재판소, 판사, 교구목사, 사제, 승려, 수도사, 문지기, 탐구자"라고 했다. 14세기였음에도 이미 그는 16세기의 위대한 엘리자베스 시대의 청교도들과 실제적으로는 같은 한 사람이었다. 그는 자신을 혁명가나 공산주의자로 비방하는 현대 성공회 사제 옹호론자들에 의해서 멸시를 받았다.

그래도 위클리프와 마르시글리오는 종교개혁의 새벽별로 불려질 것이다.

롤라드파[5]

1. 수정된 오전(誤傳)

위클리프와 그의 업적을 비난하는 고교회 사가들에게 그러한 유행을 만들어낸 후크(Hook) 목사의 뒤를 따라 위클리프의 신학관은 "영원한 효력을 갖지 못한다"라든가 "그것들은 위클리프와 함께 죽었거나

---

5) "롤라드"라는 이름은 네덜란드 고어 lollen(노래하다)이나 lullen(콧노래를 부르다)에서 유래된 것으로서 14세기에 네덜란드에서 처음 발흥했다.

그 이전에 이미 죽었던 것들이다"라거나 "위클리프주의는 그와 그의 추종자들이 퍼뜨린 공산주의적이고 혁명적인 원리들 때문에, 전체적이고 완전한 무관심 속으로 타락하였다"라는 주장들이 몇몇 후세의 사가들에 의하여 강력히 주장되었다.[6] 그러나 역사적 사실들을 이러한 편견에 의하여 왜곡하거나 알려지지 못하게 하려는 것은 헛수고이다. 위클리프의 가르침은 공산주의적인 것이 아니라는 것은 레클러(Lechler)에 의해 이미 충분히 밝혀졌다.

트레벨리안(Trevelyan)이 말한 대로 그 시대에 대한 가장 최근의 연구 결과는 다음과 같다. "롤라드파는 사회주의나 심지어 사회적 반항조차와도 연결되어 있지 않았다. 우리는 롤라드의 성공에 대항하는 소송절차의 보고서들을 많이 가지고 있는데 그 고발 명세서들은 수백년 동안 모아져 쌓여진 것들이다. 그럼에도 나는, 그중에서 1382년에서 1520년 사이에 롤라드가 공산주의적 이론을 가졌다고 비난한 것을 오직 한 경우만 발견했을 뿐이며, 롤라드가 농부들에게 사회적 오류를 고치라고 충동한다는 것은 단 한 경우도 발견할 수 없었다." 람세이의 의견도 이와 똑같은 인상을 갖게 하는 것이다.[7]

2. 위클리프주의의 확장

위클리프의 원리들이 그와 함께 죽었다는 주장에 관해서 생각해 보자면 당시의 연대기 작가이며, 그의 격렬한 반대자였던 나이튼(Knighton)이, 1384년 그의 죽음과 그 세기의 마지막까지 사이의 시기에 대해 언급하면서 증거하기를, 그의 종파는 "두 사람을 길에서 만

---

6) Wakeman's *History of Church of England*, p. 152; Locke's *Great Western Schism*, p. 218, in "Eras of the Christian Church."

7) Trevelyan's *England in the Age of Wycliffe*, p. 340; Ramsay's *Lancaster and York*, i. 178, 181 노트 참조.

났을 때 그중의 한 사람은 틀림없이 위클리프의 제자였던 그런 정도로 확장되었던 것이다"[8]라고 했다. 나이튼의 편에서 상당한 과장이 있을지라도, 롤라드로 알려진 위클리프의 추종자들이 상당히 많았다는 것은 확실하다. 위클리프의 의견은 단순히 평민들 가운데 퍼진 정도가 아니었다. 영국의 귀족들 가운데에도 많은 지지자들이 있었던 것이다. 셀리스베리의 얼(The Earl of Salisbury), 토마스 라티머 경(Sir Thomas Latimer), 존 럿셀 경(Sir John Russell), 루이스 클리포드 경(Sir Lewis Clifford), 리차드 스토리 경(Sir Richard Story), 레기날드 힐튼 경(Sir Reginald Hilton), 윌리엄 네빌 경(Sir William Neville) 그리고 다른 많은 사람들이 자신들의 방법과 영향력을 동원하여 그 운동을 도왔다. 궁정에서 황태후와 조안 공주, 보헤미아의 앤, 리차드 2세의 배우자 왕비도 모두 호의를 가지고 있었던 사람들이었다. 라이체스터(Leicester) 안팎 그리고 위클리프가 살았던 그 주의 전체에, 라이체스터 사람 낭튼의 진술로 볼 때, 위클리프가 많은 추종자들을 가지고 있었다는 것은 명백한 사실이다. 노르윅(Norwich)에서 그리고 동부의 주(州)들에서 롤라드주의는 가장 위대한 성공을 획득했던 것 같다.[9]

또한 그들은 남부와 서부에도 많은 숫자가 있었다. 워체스터(Worcester)와 셀리스베리(Salisbury)의 감독관구에서 우리는 감독들이 그들에 반대하여 말하는 것을 들을 수 있다. 그들은 웨일즈[10]에서도 역시 매우 활동적이었다. 그러나 롤라드파가 그들의 위대한 침투를 강행한 것은 런던, 라이체스터, 브리스톨, 노스햄턴 그리고 노르윅 같은 보다 큰 도시의 중산층 가운데에서였다.

---

8) Lechler's *Wycliffe*, p. 440.
9) Walsingham, *HIstoria Anglicana*, ii. 157 et seq.
10) Wilkin's *Concilia*, iii. 202~215.

3. 롤라드파의 주장과 선포

전달 방법에 관해서 나이튼은 말하기를, "순회 설교자가 어떤 기사의 거주지에 도착하면 그 기사는 즉시 그리고 아주 기꺼이 그 지방 사람들이 설교를 들을 수 있도록 어떤 약속된 장소나 교회로 그들을 모이게 한다. 사람들은 가기를 원치 않더라도 감히 가지 않는다든가, 또는 그들에 대해 반대할 수가 없었다.

기사는 항상 설교자의 편에서 칼과 방패로 무장을 한 채 그를 지키고 있었으므로 어떤 사람도 감히 그의 교리나 그를 반대하고자 할 수가 없었다."

4. 개혁을 위해 의회에서 탄원

1395년 토마스 라티머 경(Sir Thomas Latimer), 리차드 스토리 경(Sir Richard Story), 루이스 클리포드 경(Sir Lewis Clifford) 그리고 존 몬태그(Lord John Montague) 그들이 제시하는 개혁을 가져 오는데 도움을 주기를 원하면서 입법부에 대한 탄원—성 바울 사원, 웨스트민스터 대사원 그리고 다른 교회들의 대문에 부착된 탄원—과 그들 교리의 진술 혹은 '결론들'이 들어 있는 서류를 의회 앞에 내어 놓았다. 그들은 로마에서 시작한 성직은 그리스도께서 제정하신 성직이 아니고, 독신 생활의 율법은 중대한 악의 근원이며, 빵의 성체의 거짓 기적은 거의 모든 사람들을 '우상숭배'로 이끌고 있다고 말했다.

또한 죽은 사람들의 영혼을 위한 교회에서의 특별기도, 순례행각, 볼 수도 없는 나무 십자가들과 그 십자가 위의 예수님 상에 대한 헌납, 듣지 못하는 나무와 돌의 형상에 대한 헌납, 비밀참회 그리고 여자들에 의해 바쳐지는 순결의 맹세 등을 비난했다.

5. 박해: 흑색 법규

교권제도는 경보를 울리게 되었고 즉시 보다 능동적인 조처들이 롤라드파를 억압하는 데 취해졌다. 교권조직에 의해 왕관을 쓴 헨리 4세는 그들의 박해에 도움을 주었다. 첫번째 롤라드 순교자는 윌리엄 소터(William Sawtre)였다. 그는 나무로 채워진 통에 실려 스미스필드로 압송되었고, 많은 군중 앞에서 타오르는 불 속에서도 믿음의 증거를 확고히 붙잡았다. 그는 양심을 더럽히느니 차라리 죽음을 택한 첫번째 영국 사람이 되었던 것이다. 그는 성문법이나 불문법에 의한 것이 아니라 로마의 법에 의해 박해를 받았던 것이다. 며칠 후(1401년 3월 10일) "흑색 법규"로서 알려진 불명예스러운 이단자 화형법이 통과되었고, 감독들은 롤라드들을 구금하거나 체포할 수 있게 되었고, 그들을 '대중 앞의 높은 장소에서 화형시키기 위해' 시의 관리들에게 넘겨 줄 수 있게 되었다.

6. 선한 코브햄 경

헨리 5세의 치하에서 박해의 불길은 여전히 타오르고 있었다. 존 올드캐슬 경(Sir John Oldcastle)은 그의 시대에 롤라드파의 지도자였으며 선한 코브햄 경(The Good Lord Cobham)으로 알려졌었다. 그의 아내가 코브햄 경인 존의 상속녀이며, 손녀이고, 1410년에 그가 영국 남작들 가운데 호출된 것으로 미루어 보아, 그녀를 통하여 그 명칭을 획득한 것으로 보인다. 그런데 그는 1413년 체포되었고 런던탑에 수감되었다. 그는 탈출을 기도하여 성공했고 오랫동안 숨어서 지냈다. 약 20,000명의 롤라드들이 영국의 각기 다른 고장으로부터 와서 그를 대신해서 일어났다. 그러나 그들은 쉽게 해산되었고, 그 중 37명이 교수대로 보내어졌다. 마침내 1417년 올드캐슬은 웨일즈에서 사로잡혔고 쇠사슬에 묶여서 교수대에 보내어져 불살라졌다. 그의 특성은 극작가들에 의해 풍자적으로 그려졌으며 세익스피어조차도 그 그림을 그의 페이지에 옮겼던 것이다. 그러나 올드캐슬을 향한 일반적인 동정은 그를 그린 연극의 재편집시에 올드캐슬을 폴스탭(Falstaff)이란 이름으로 대치시키고, 결어에서 올드캐슬은 진정한 순교자로서 죽었고 지금 폴스탭으로 불리우는 사람은 그가 아니라고 설명하게 했다.

7. 종교개혁 때까지 지속된 롤라드주의

롤라드는 아직 잔존하여 지하교회의 운동을 추진하고 있었지만 요크의 가문과 랑카스터(Lancaster) 가문 간의 싸움은 그것으로부터 주의를 돌려 놓았다. 그러나 화형식은 다시 재개되었으며, 15세기를 지나는 동안 계속되었다. 1511년 에라스무스(Erasmus)의 서신에서 영국에서는 이단자들을 제거했기 때문에 나무들이 더 잘 자랄 것이라고 말한 것을 보면 헨리 8세의 통치가 시작될 때까지 화형식은 여전히 계속되었던 것이다. 롤라드 집단은 버킹검 주와 버크 주 그리고 동부의 주들에서도 여전히 계속되었다. 그들 중의 어떤 사람은 "1518년 화형대에 오르기 전까지 7백 명의 사람들에게 그와 같은 삶을 살도록 전도하였다고 믿는다"라고 그의 재판관에게 말했다. 에라스무스는 말했다. "위클리프와 그의 추종자들은 영국 왕들에게 탄압을 받았지만 그들은 입도딩했을 뿐 소멸되지는 않았던 것이다. 그들은 위클리프의 사역과 종교개혁을 연결시켰다."

제 3 장

헨리 8세 치하의 청교도

1. 미증유의 거대한 혁명

우리는 헨리의 통치시대에 일어났던 정치, 교회적 사건들을 기록하려고 우리의 연구를 잠시라도 멈출 수는 없다. 그것은 역사상 거의 비교할 수 없이 큰 혁명이 그에 의해 일어났었던 것이라고 말하는 것으로 충분하기 때문이다. 주권자의 개인적 의지가 우선적인 동기였던 몇 개의 중대한 법령들에 의해서, 반면 여전히 남아 있는 중세적 교회의 교리들이 실제로 변하지 않은 그런 상태에서 영국 교회는 로마로부터 단교를 감행했다.

헨리는 교회의 머리로서 교황의 위치를 치지했고, 수도원들은 억압을 받았으며, 보다 진보된 개혁을 주장하는 사람들은 물론 모든 것을 이전의 상태로 복고시키려 하는 사람들이 모두 교수형에 처해지고, 참수되고, 협박을 받거나, 왕국으로부터 추방되어졌다. 헨리의 통치기간 중 대략 70,000명이 넘는 사람들이 어떤 이유에 의해서건 극단적으로 죽음에 처해졌던 것이었다.

정부의 모든 분야에서 왕의 개인적 의지에 의해 공포정치가 시행되던 것이 그의 통치의 두드러진 특징이었다. "재판관들, 배심원들, 의회, 대주교 교구회의 등은 자유의 수호자가 되는 대신 폭군의 공범자들이 되었으며, 그들 자신의 목에 쇠사슬을 묶는 것을 도왔던 것이다."

2. 심원한 영적 운동과 그 원인

일어난 혁명은 결국 주로 개인적, 정치적 급박성에 기인한 것이었다. 그러나 이 극단적인 외형적 일들이 일어난 것과 동시에 깊은 영적인 운동이 진행되고 있었다. 참된 종교개혁을 주장하는 운동은 다음 몇 가지 이유들에서 기인된 것이었다.

(1) 그것은 문예부흥(Renaissance)에서 상당한 충동을 받았다. 학문의 부흥에 있어서 가장 탁월한 사도인 에라스무스(Erasmus)는 네 번의 각기 다른 기회를 통해 영국을 방문했는데, 체류기간 중에 그의 학문의 결실이 자연스럽게 분배되어졌던 것이다. 그의 라틴어 번역과 참고주석을 단 희랍원본의 신약성경 편집은 대학과 학자들 간에 성경에 관한 깊은 흥미를 일깨우고, 성경에 관한 보다 근접한 지식을 갖게 하는 데에 지대한 공헌을 이룩했다. 가디너 감독(Bishop Cardiner)은 "루터로 하여금 부화한 알을 낳게 한 밉살스러운 새"로 에라스무스를 묘사했다.

코렛(Colet)이나 리나커(Linacre) 같은 사람들도 이태리의 학교들을 방문하고 돌아와서 신학문의 정신을 불어넣었던 것이다.

(2) 그러나 인문주의자들(humanists)의 보다 뛰어난 계층들로부터도 실제적이거나, 보다 철저한 종교개혁은 결코 일어나지 않았다. 이미 우리가 조사해온 바 있는 '영국에서의 롤라드 원리의 전파'는 여전히 계속되고 있었으며, 보다 심원한 종교적인 개혁의 길을 준비하는

데에 문예부흥보다도 아마 더 크게 이바지했을 것이다. "연기가 피어 오르는 잔화(殘火)는 불꽃을 불러일으키기 위해 부쳐 줄 바람을 필요로 했다." 그리고 그 필요한 바람은 두 방향으로부터 왔다.

(3) 독일을 보다 깊은 곳으로 몰고간 새 운동의 소식과 독일에서 영국으로 건너온 루터의 그리고 다른 개혁파 문학의 영향들은 힘있는 영감을 불어넣었으며 그 목적을 이루는 자극이 되었던 것이었다.

(4) 그러나 롤라드주의에 의해 발생되고 독일에서 온 소식에 의해 촉진된 사상적인 자극과 감정적인 흥분의 조화는, '영국어로 번역된 성경' 속에서 그리고 그들이 시작한 새 사상의 순환 속에서 영국인 자신들에 의해 이룩된 눈부신 것이었다. 이 일에서 지도적이고 커다란 부분을 윌리엄 틴델(William Tyndale)이 맡았던 것이었다.

3. 윌리엄 틴델

틴델(Tyndale)은 1484년 글로체스터 서남쪽 시번(Severn)의 강 언덕 위에 있는 노스 티블리(North Tibley)에서 태어났다. 그는 일찍이 옥스포드로 보내어져서 빠른 진보를 보였는데 특별히 그로신(Grocyn)과 리나커(Linacre) 아래에서 고전연구를 하는 데 빠른 진보를 보였다. 그는 코렛(Colet)이 사랑하는 제자로서 주목을 받았다. 그의 생애에 있어 위대한 일로 증명된 신약성경 연구와 그것의 보다 깊은 숙독을 위해 다른 학자들을 자기 주위로 끌어들이기 시작한 것은 옥스포드에서였다.

옥스포드로부터 그는 케임브릿지(Cambridge)로 갔다. 그가 그곳에 가기 바로 전에 에라스무스(Erasmus)의 희랍어 성경이 나타났다. 그는 자신과 똑같은 정신을 가진 다른 학자들이 그것의 연구에 이미 착수했으며 그 연구의 혜택을 자신이 누릴 수 있다는 것을 발견했을 때 커다란 기쁨을 느낄 수밖에 없었다. 이런 기쁨을 준 사람들 중의 한 사람이 토마스 빌네이(Thomas Bilney)였다. 빌네이에게 있어 성경연구는 '높은 곳으로부터 시작해서 어둠과 죽음의 그림자 속에 앉아 있는 자들에게 내리쬐는 빛'과 같은 것이었다. 디모데전서 1:15은 특별히 그의 마음속에 빛을 주었을 뿐만 아니라 심령에 평화와 기쁨을 가져다 주는 의미 있는 구절이었다.

빌네이는 틴델에게 영향을 준 첫번째 사람이었다. 그는 라티머(Latimer)의 눈을 뜨게 하는 수단으로 사용되었으며 라티머는 리들리(Ridley)의 눈을 그리고 리들리는 크랜머(Cranmer)의 눈을 각기 뜨게 하는 수단으로 사용되었다. 『영국 국교회』(Ecclesia Anglicana)를 쓴 저자는 빌네이를 "음울하고 반미치광이인 청교도"로 묘사했다. 그것은 그가 고교파(high-church) 사람이 아니었음을 의미하는 것이다. 그는 1531년 노르윅의 상가에서 화형당했다. 틴델이 케임브릿지에서 찾아낸 또 다른, 그의 마음에 맞는 정신을 가진, 사람은 존 프리스(John Frith)였다. 폭스(Foxe)에 의하면 프리스는 진리의 지식을 도입하는 데에 있어서 큰 도움을 준 사람이었다.

프리스는 틴델같이 스위스 개혁자들의 보다 진보한 사상들을 흡수했으며, 성만찬에 관한—주의 만찬에서 그리스도가 육체적으로가 아니라 영적으로 그리고 믿음에 의해서 분배되는 것이라고 주장한—논문을 로마교회의 교리에 대항해서 썼다. 그 책은 토마스 모어 경(Sir Thomas more)으로부터 "프리스의 책은 제단 위의 축복된 성찬에 관해 위클리프, 틴델 그리고 쯔빙글리(Zwinglius)가 가르친 모든 독을 포함하고 있다. 그것은 루터가 가르친 것처럼 그 성체가 화육하지 않고 여전히 빵으로 남아 있게 된다는 말을 더욱 강조할 뿐 아니라, 이런 부류의 짐승 같은 자들이 주장했던 것처럼 그 성찬은 다른 아무 특별한 것이 아니라고 주장하고 있는 것이다"라는 격분에 떠는 응답을 받을 만큼 충분히 중요성을 갖는 책이었다. 그러나 그 책에 대한 모어(More)의 신랄한 비판의 논리는, 화형이라는 보다 효과적인 논리로 보충할 필요가 있었다.

프리스는 체포되어 런던탑에 구금되었으며 재판을 받고 정죄받아 1533년 스미스필드(Smithfield)에서 화형되었다.

4. 이단으로 정죄된 틴델

틴델에게로 다시 돌아가 보자. 그는 1519년 케임브릿지를 떠났다. 그리고는 존 월시 경(Sir John Walsh) 가족의 가정교사 겸 목사가 되었는데 존 월시 경은 틴델이 태어난 시번의 골짜기가 바라다 보이는 소드버리 힐(Sodbury Hill)에 살고 있었다.

여기에서도 역시 희랍어 신약성경은 그의 끊임없는 친구였다. 그는 그것으로부터 배운 새 사상들을 지방 수도원장들과 성직자들 그리고 존 월시 경의 식탁에서 만난 다른 여러 사람들과의 대화 속에서 자유롭게 표현해 내었던 것이다. 또한 그는 영주의 저택 부근에 있는 교회와 브리스톨(Bristol) 근처에 있는 교회에서 설교할 때도 그것들을 발표할 기회를 가졌다.

감독관구의 사법관 앞에서 이단으로 정죄받은 그는 성직자 회의에 출두하도록 소환되었다. 그를 향한 문책은 그가 후에 청교도주의의 근본원리가 된 사상 즉 성경에 없는 것이거나 성경에 의해 입증되지 않은 것은 그 어떤 것이라도 믿음의 조항으로 믿도록 강요되어서는 안된다는 것 등을 가르쳤다는 것이었다.

그 문책은 지속되지 않았다. 그러나 영국 사람의 언어로 성경을 번역하려는 위대한 사상은 이미 그를 사로잡고 있었다. 그가 로마 카톨릭 성직자에게 다음과 같이 말했던 것도 바로 그 당시였다. 즉 "몇 년 후에까지 만약 하나님께서 나의 삶을 살게 해 주신다면 나는 소년에게 그가 하고 있는 것보다 성경을 알게 하기 위해 더 많은 시간을 쏟게 하겠습니다." 사실상 그는 이미 그의 위대한 일을 시작하고 있었던 것이었다.

5. 런던으로의 복귀

그는 그 일을 행함에 있어 더 좋은 방법과 편의를 얻기 위해 런던으로 올라갔다. 그때는 약 1523년이 시작될 무렵이었다. 그는 고전문학 연구로 저명한 런던의 감독 톤스톨(Tonstall)로부터 그의 일을 하는 데에 도움과 격려를 받기를 희망했다. 존 월시 경에 의해 왕의 회계감독관인 해리 길드포드 경(Sir Harry Guildford)과 몇 명의 성직자들에게 추천을 받고서는 성 던스틴(St. Dunstan)에서 설교를 시작했다. 그는 그리스도를 믿음으로 말미암는 은혜의 구원을 설교했다. 그리고 감독의 수하에서 목사가 되기를 원했으나 감독은 그를 차갑게 대했다. 그래서 험프리 몬마우스(Humphrey Monmouth)라고 불리우는 부유한 상인과 만나게 되었는데, 그는 틴델에게 찾아와서 자신과 함께 살자고 했으며, 책들을 틴델에게 공급해 주었고, 틴델과 함께 성경 번역하는 일을 했던 것이었다.

그러나 문제들은 그를 여전히 심하게 위협하고 있었다. 그는 다음과 같이 말했다. "마침내 나는 런던의 궁전에는 신약성경을 번역할 수 있는 방이 한 칸도 없으며 전 영국 안에서도 그것을 할 수 있는 장소는 없다는 사실을 이해하게 되었다."

그의 친절한 후원자는 그가 목적을 이룰 수 있게 하기 위해 여러 가지 방법을 동원하여 그를 도왔다.

6. 함부르크를 향한 항해

1524년 그는 함부르크(Hamburg)를 향하여 항해했다. 거기서 그는 마태복음과 마가복음을 번역했고, 그것을 인쇄하여 친구인 몬마우스(Monmouth)에게 보냈다. 함부르크에서 그는 비텐베르그(Wittenberg)로 갔다. 그리고 루터와 상면했다. 그리고는 다시 코롱(Cologne)으로 돌아와서 거기서 신약성경의 번역을 완성시켰고 인쇄를 했다. 그때 코칠레우스(Cochlaeus)라고 불리우는 로마 카톨릭 성직자가 거기서 무슨 일이 벌어지고 있는가를 발견해 내었다. 그래서 틴델은 이미 인쇄된 종이들을 가지고 보옴스(Worms)로 도망을 해야만 했다. 그는 거기서 마침내 2판을 인쇄해 내었는데 각 판마다 3,000권을 인쇄하였다.

영국 상인들의 독특한 기업적 투기심과 열심을 통하여 그리고 그의 여러 친구들의 열심 있는 협조를 통하여 그 책들은 상품들이 쌓여 있는 짐짝들 틈에 끼여서 영국으로 운반되어 갔으며 무수한 열심 있는 중개인들을 통하여 널리 배포되었다.

7. 왕권의 권위로 팔린 틴델의 성경

부감독 월시(Wolsey)와 그의 감독들은 런던 성 바울 교회에서 그 책들을 불태워버렸고, 1530년의 종교회의에서는 그 책들을 성 바울 교회 마당에서 태워버리라는 왕의 명령을 받았다. 그러나 동시에 '지성적이고, 보편적인 인물'들에 의해 성스러운 글을 번역하는 것이 왕의 목적이었던 것으로 알려졌다.

그 동안 틴델의 친구이며 개혁교리를 진실하게 옹호하는 마일스 커버데일(Miles Coverdale)은 루터의 독일역본의 도움을 받아 라틴역본인 벌게이트(Vulgate)로 성경을 번역해 내었고, 그것을 왕에게 헌정했으며, 왕은 그것을 배포하도록 허락하였다. 그리고 그 이듬해인 1537년에는 실질적으로 틴델의 신약성경과 일치하는 매튜(Thomas Matthews)의 성경과 역대기까지의 구약성경 그리고 커버데일(Coverdale)에 의해 만들어진 다른 책들이 왕에 의해 승인되겼고, 왕의 지극히 은혜스러운 허가를 받음으로 출판되어져, 그것의 판매가 성직자들에게 강요되어졌다. 그것은 어떤 면에서는 틴델의 성경이 왕권의 권위에 의해서 팔려지고 보급된 것이 아닌가! 토마스 매튜란 단순히 윌리엄 틴델의 필명에 불과했던 것이기 때문이다.

8. 틴델의 청교도 정취(Sentiments)

라인(Rhine) 상류에 있는 보옴스(Worms)에 정착한 틴델은 스위스 개혁자들과 밀접한 만남을 가졌으며, 호감을 가지고 개혁교회의 교리와 가까워졌다. 그의 신약성경 번역 속에는 사실 그의 장로교적 정취가 표현되었다. 『고위 성직자들의 실천』이라는 1530년에 출판된 책에서 그는 "고위 성직자들의 욕심이 기독교계의 부패의 원인이었다"고 주장했으며, "그리스도의 교회 안에서 사도들은 어떤 일꾼들을 임명했는가?"라는 질문에 대답하기를, "그들의 주인이시며 우리 구주이신 예수 그리스도의 계명과 교훈과 규칙을 복종하고 따르는 사도들은 주님의 왕국이며 회중인 교회 안에 두 일꾼을 임명했는데, 그 하나는 희랍어를 따라 '감독'(bishop)이라 불리우며 영어로는 '감독관'(overseer)으로 불리우는 사람이었다. 그 사람은 희랍어로는 '성직자'(preist)라고 불리우며 영어로 장로(elder)라고 불리우기도 한다. 그리고 그들이 뽑은 또 다른 일꾼은 희랍어로 '집사'(deacon)라고 불렸으며, 영어로 헌물을 감독한다는 의미에서 '봉사자'(minister)라고도 했다"고 말했다. 사실상에 있어서 헨리 8세 시대의 다른 사람들과 같이 틴델은 우리가 다시 들어야 할 청교도들의 선구자였으며, 그의 친구 커버데일도 똑같은 조류의 사람이었다.

9. 틴델의 비극적 종말

그 정직한 학자의 경력의 마지막은 매우 비극적이었다. 그는 영국으로 가려는 노력을 기울였다. 그는 자신이 고국으로부터 망명해 나온 것처럼 매우 예민하게 느꼈으며, 다시 돌아갈 수 있기를 매우 기대했다. 그러나 그렇게 되면 자신의 삶이 위험할 것이라는 것을 알았다.

그는 이곳 저곳으로 다니며, 지치지 않는 부지런함을 가지고 구약성경의 번역에 노력을 기울였다. 1535년에 그는 안트워프(Antwerp)에 있는 영국 상인의 집에 영접을 받았다. 그때 그는 영국 왕의 하수인에 의하여 밀고되었고, 빌보드(Vilvorde)의 성에 운반되어져서 거기에 수감되었다. 열두 달 이상을 그는 죄수가 되었으나 구약성경 번역을 계속했다. 거기서 그는 이단으로서 사형을 언도받았다. 1526년 10월 6일 그는 화형대에 묶여졌고, "주여 영국 왕의 눈을 뜨게 하옵소서"라는 외침을 남기면서 교수형 집행인에 의해 교수되어 불에 태워졌던 것이다.

고교회(high-church) 역사가이자 정치가인 웨이크만(Wakeman)이 진술한 것처럼 틴델과 그의 협조자들의 가르침을 통해 그리고 동일한 길을 따르려고 준비된 다수의 가르침을 통해, 쯔빙글리의 교리에 의해 크게 영향을 받은 영국의 사회 각 계층의 많은 사람들의 숫자가 끊임없이 늘어났다.

제4장

에드워드 6세 치하의 청교도주의와 그 개념

1. 개혁을 지지한 에드워드와 섭정

커다란 진전이 에드워드(Edward, 1547~1553) 치하에서 일어났다. 그는 불과 9살의 어린 나이에 왕위에 등극했다. 그의 아버지 입장에서 볼 때 사뭇 사려깊은 목적에 의해서 그의 교육은 개혁주의에 속한 사람들에게 맡겨졌고, 에드워드 자신도 그것에 대해 강한 연민의 정을 느끼면서 자라났다. 또한 선왕에 의해 지명된 섭정회의(Council of Regency)가 그와 동일한 종교정책에 우세하게 호의를 품고 있었다는 것도 중요한 것이다.

일찍이 1542년에 대감독은 헨리의 의지를 천명했는데 그것은 "모든 영국 국교회의 미사서들과 성가곡들 또한 성무일과서들이 새롭게 검토되고, 교정되며 개혁되어야" 할 것이고, "미신적인 일들은 축출되어야 하며 그것들의 자리는 성경과 다른 믿을 만한 학자들이 공통적으로 강조하는 봉사로 대치되어야 할 것이다"라는 것이었다. 그리하여 새 예

배서들은 헨리의 시대에 이미 준비되었던 것이다.[11]

그러나 에드워드 치하에 있을 미래의 정책을 위해 대단히 중요했던 점은 "에드워드의 아저씨인 허트포드의 얼 백작(The Earl of Hertford)이 섭정자가 되었으며, 실제로 섭정회의의 모든 문제를 주관하는 사람이 되었고, 사실상에 있어서 왕국의 업무들을 홀로 주관하는 사람이 되었으며, 서머셋 공작의 칭호를 획득했고, 칼빈주의 편에 섰다는 것과, 교회를 칼빈주의적 형태로 만들려고 시도했다는 것이었다(웨이크만). 하드위크(Hardwick)는 그를 '원칙 위에 선 극단적 개혁자'로 특징지어 말했다.

2. 격변하는 변화들

따라서 일련의 급격한 변화들이 초래되었다. 일단의 명령들이 떨어졌는데 거기에는 여러 가지가 있지만 그중에는 성직자가 네 번 중의 한 번은 순례자들에 대해서 그리고 성상들에게 기도하는 행위들에 대해서 반박하는 설교를 해야 할 것과 순례자들과 헌물들로 남용되는 성상들은 근절되어야 하며, 3개월 안에 모든 교회는 성경을 준비해야 하고, 모든 섬유물, 그림, 회화 그리고 벽과 창문들 위에 놓여진 가장된 기적의 유적들은 제거되어야 하며 복음서와 서신서들은 영어로 읽혀져야 할 것들이 있다. 이단을 향한 헨리 8세의 6개 조항과 그 밖의 엄정한 조항들은 폐기되었다.

성만찬이 영어로 집전되었고, 성직자가 결혼할 수 있도록 승인되었다. 크랜머(Cranmer)의 주도 아래에서 감독들과 다른 성직자의 위원회는 영어로 된 성찬예법을 작성했는데 그것은 멜랑톤(Melancthon)과 부처(Bucer)에 의해 편집된 헤르만(Hermann)의 『자문』(Consul-

---

11) Hardwick's *Reformation*. p. 206.

tation)으로부터 취하여진 것으로 새롭고 복음적이기까지 한 것이었다.[12] 부처(Bucer)가 준비한 형식에서 주로 취한 새로운 서품 예식서가 나왔으나, 그 섭정회의의 업적에 있어서 가장 중요한 결실은 주로 'Old Sarum Use' 와 추기경 Quigaon의 성무일과서 그리고 다른 몇 개의 자료들로부터 참조해 낸 "에드워드 6세의 제1기도서"로 알려진 것이다. 기도방식 통일법령에 의해 그것은 법률상으로 영국에서 유일한 합법적 예배 도서로 선정되었다.

3. 보다 철저한 개혁에의 갈망

그러나 이렇게까지 진전된 것은 에드워드 6세 치하에 유행한 새로운 사상의 성과라기보다는 '헨리 8세의 업적의 완성'이라고 말하는 것이 적당할 것이다.

크랜머와 그와 연합하여 그를 뒷받침해 준 진보된 개혁자들은 이미 여전히 중세적 영향이 농후한 '제1기도서'에 나타난 진보의 수준을 넘어서고 있었던 것이다. 사실상에 있어서 진실되게 말을 한다면 크랜머 자신이 그 책의 정정판을 위한 주석을 쓰기 시작했을 때는, 첫번째 복사판들의 잉크도 채 마르지 않았던 시기였던 것이다.

후퍼나 커버데일, 로저스 그리고 리들리같이 헨리의 통치시에 쫓겨났던 사람들과 아울러 보다 철저한 개혁을 열망했던 사람들 — 하드위그는 그들을 '청교도의 첫번째 주자'라 징한다 — 이 놀아왔다. 그리고는 미사와 제단, 사용과 성상, 그리고 다른 우상숭배의 유물들의 사용을 반대하며 격렬하게 설교하기 시작했다.

---

12) Compare Bucer's "De ordinatione Legitima Ministrorum Ecclesiarum revocanda" in his *Scripta Anglicana* with the English Ordinal of 1549.

4. 리들리(Ridley)

　1550년에 바젤(Basel)의 신학자인 순교자 피터(Peter Martyr)의 영향 아래 있던 리들리는 로체스터의 주교 관할구에서 런던의 주교 관할구로 이동되었다. 그리고는 로체스터에서 했던 것처럼 그는 제단을 공격함으로 그의 발기를 표시했다. 성 바울 사원의 제단은 그의 면전에서 끌어내려졌으며, 그의 수하의 성직자들에게는 그들의 교회에서 제단들을 치워버리라는 명령이 떨어졌다. 그리고 일주일 후에 그 회의는 모든 감독들에게 그들의 감독관구 내의 제단들을 치워버리라는 훈령을 보냈던 것이다. 제단의 파괴는 화체설 교리에 대신하는 눈에 보이는 변화의 표식이었다.

　크랜머는 그것에 대한 칼빈주의적 견해가 실제로 무엇인가를 확증하면서 성만찬에 관한 논문을 발표했다. 후퍼와 트라헤론은 볼링거에게 편지를 쓰면서 크랜머의 성만찬에 대한 견해는 그의 것과 흡사하다고 기술하면서, 그것은 칼빈주의적이다라고 말했는데 실제로 그와 칼빈은 헐버트 신경에서 연합했었다.[13]

5. 후퍼(Hooper)

　그러나 후퍼는 리들리(Ridley)보다 더욱 진보된 견해를 가지고 있었다. 옥스포드를 졸업한 시스텔시안 승려(Cistercian monk)인 존 후퍼는 일찍이 새로운 사상을 흡수하고 있었다. 헨리의 6개 조항이 통과될 때, 그는 옥스포드를 떠나서 대륙으로 물러갈 것을 강요받았다. 그는 쮜리히에서 적합한 은신처를 찾아내었고, 거기에서 두 해를 지냈다. 그는 쮜리히에 있는 쯔빙글리의 후계자인 헨리 볼링거의 가르침과 영향 아래

---

13) *Original Letters*, Letter XXXVI. pp. 71, 72: Letter CLI. p. 322.

에서 배웠다. 그는 개혁교회의 가장 영향력이 큰 지도자 칼빈 다음 가는 사람이었다. 그는 '개혁교회의 가장 권위있는 상징'인 제2헐버트 신경(the second Helvetic Confession)의 저자였으며, '티구리누스 신경'(Consensus Tigurinus)은 그와 칼빈에 의해 작성되어 일반적으로 스위스 교회를 연합시켰다. 그는 수년 동안 영국의 종교개혁 지도자들의 믿을 만한 안내자가 되었고, 동시에 조언자가 되었다.

후퍼는 볼링거의 주장에 깊이 동감하여, 뜨거운 경건의 사람이 되었고, 영국에 돌아왔을 때에 그 모든 사상과 노력들을 실천에 옮기기 위해 혼신의 힘을 기울였다. 사실상 그는 이름만 없었을 뿐 온전하고 순결한 청교도였다. 그는 다음과 같이 말했다. "그리스도의 왕국은 영적인 것이다. 이 세상의 왕이나 교황은 지배하지 못한다. 오직 그리스도만이 교회의 통치자이시며, 유일한 입법자(Lawgiver)이시다."[14] 그리고 또 말하기를 "하나님은 그의 교회와 교회에 속해 있는 모든 사람들을 하나님의 말씀에 귀속시키셨다. 그것은 사람의 이름이나 사람들의 구호 아래 또는 사제들의 일상적 계승 아래 귀속되어 있지 않다. 어느 누구도 성경 속에 포함된 교리를 넘어서는 가르침을 주는 감독이나 사제들에게 귀를 기울여서는 안된다"라고 했다. "그리스도와 그의 사도들을 학문의 박사들과 유식자들의 원로가 되시도록 하라. 그대들은 당신들을 성경에 의해 가르친 교회에 온전히 의탁하라"고 말했다. 또 성만찬에 대해서 다음과 같이 말하였다. "만약 성직자가 떡과 포도주와 제단 그리고 한 쌍의 제단보를 가지고 있다면 그가 그것들 이외의 어떤 것에도 신경을 쓰지 않게 하며 다른 아무것도 구하지 않게 하고, 그것들은 그리스도에 의해 되어진 것이 아니라는 사실을 알게 하라… 고귀한 신분의 왕자와 제왕들 혹은 행정장관들이 하나님의 말씀에 어긋나게, 마귀와 그의 사역자들로부터 양초나 법의, 십자가와 제단과

---

14) *Early Writings*, p. 280.

같은 그들의 물건이나 보물들을 보유하고 간직한다는 것은 대단히 수치스러운 일이다. 만약 떡과 포도주, 제단 그리고 한 쌍의 제단보가 교회에서 별다르지 않은 것들로서 간수된다면 마침내 그것들은 필요한 것으로 유지될 것이다." 그의 '일곱 설교들' 가운데 네번째 설교에서 그는 왕과 그의 의회 앞에서 다음과 같이 외쳤다. "제단들이 남아 있는 한에는 무지한 백성들과 무지하고 사악하게 물든 사제들은 항상 희생제사를 몽상한다."[15] 그러한 취지로 본다면 우리는 그가 '제1기도서'에서 다음과 같이 말한 것에 놀라지 않을 것이다. "나는 그 책에 너무나 감정을 상했기 때문에 그리고 다른 많은 이유가 있기 때문에, 만약 그것이 바로 잡혀지지 않는다면, 나는 성만찬을 주관하는 교회와 교류를 갖지도 않을 것이며, 가질 수도 없는 것이다."[16] 볼링거에게 보내는 부처의 편지에 기록되어 있는, "후퍼는 근본적인 곳에서부터 교회의 완전한 쟁화를 얻으려고 애썼다"고 하는 말은 차제에 부친다고 하더라도[17] 매이트랜드(Maitland)가 후퍼를 '청교도의 아버지' 라고 부른 데에는 그만한 이유가 있는 것이다.

6. 교황적 법의를 반대한 후퍼

1550년 5월에 후퍼는 글로체스터의 주교에 임명되었다. 비록 그가 인간의 제도적 측면에서 볼 때 고위 성직자로 간주되었을지라도 그 직분을 받아들이는 것이 그의 일을 방해하지는 않았다. 그러나 성화의 예식에 관계한 두 가지 문제에 관해서는 강력하게 이의를 제기하였다. 그는 왕의 최고권을 인정하는 선언의 양식에 반대했으며, 성직수여식에서 교황적 법의를 입는 것을 반대했다. '성인들에게' 맹세하여 헌신

---

15) *Ibid.*, pp. 431 et seq.
16) *Op. cit.*, Letter XXXVIII. p. 79.
17) *Ibid.*, p. 674.

하는 사람이 되기를 요구하는 선언의 그 기분 나쁜 구절은 왕 자신의 손에 의해 삭제되었다. 그리고 그 섭정회의는 크랜머에게 후퍼가 법의 없이 봉헌할 수 있도록 요청했다. 그러나 크랜머는 법의 변개 없이는 그런 일을 할 수 없다고 대답했다. 리들리는 후퍼가 신중하도록 이론적으로 설복하려고 노력했다. 리들리는 법의를 없애는 것에 반대하는 『신성한 고백과 항의』(A Godly Confession and Protestation)를 출판했고, 그래서 그는 플리트(Fleet) 감옥에 수감되었다. 그러나 궁극적으로 그 의견에 대한 타협이 마련되었다.

7. 후퍼가 교황적 법의를 반대한 이유

왜 후퍼가 법의에 대해 그러한 고심을 했던가 하는 의문이 제기될 수 있을 것이다. 그 이유는 그것들이 상징적인 것이며, 일반 대중의 생각에는 그것들이 성직의 관념과 결부되어 있는 것이며, 천주교의 표지로서 간주되어지기 때문인 것이다. 만약 그것들이 '평범한' 것들 가운데 한 가지로 간주된다면 후퍼와 그의 친구들의 대답은 그러한 경우에는 행정장관이 그것을 강요할 권한이 없다는 것이었다. 왜냐하면 그것들은 평범한 것들의 카테고리 안에서 취해진 것이므로 그것들을 강요할 경우, 그리스도인의 자유를 침해하는 것이 되기 때문이다.

8. 크랜머와 리들리는 후퍼의 견해들을 적용시켰다.

참으로 후퍼의 견해를, 궁극적으로 받아들이지 않은 순교자 감독은 아무도 없었다. 버넷 감독(Bishop Burnet)은 말하기를, "크랜머와 리들리는 그에 대한 자기들의 행동을 뉘우치게 되었으며, 그뿐만 아니라 그들은 '아론(Aaron)적 법의'를 폐지하기 위한 '조문'을 획득하려 했다"고 말했다. 사형집행자들이 순교시에 그의 교황적 법의를 벗겼을 때, 크랜머는, "나는 나 자신이 오래 전에 이 일을 했었다"고 말했다.

리들리는 감옥에서 후퍼에게 글을 쓸 때 후퍼의 지혜를 찬양하고, 리들리 자신이 저지른 행위에 대한 우매함을 스스로 비난했다. 그리고 폭스(Foxe)는 보고하기를, 리들리는 그의 죽음이 임박해서 박해자들이 그의 지위를 박탈하기 위해 그 옷을 벗겼을 때 그 옷을 향해 맹렬히 비난하면서 "우매하고, 지긋지긋하며, 연극에서 악역을 하기에 너무나 잘 어울리는 것"[18]이라고 불렀다고 말했다.

9. 영국 안의 대륙적 개혁자들

그러나 우리는 이제 영국 종교개혁의 지도자인 크랜머(Cranmer)와 다른 지도자들에게 깊은 감명을 준 영향을 주의해 보아야 할 것이다. 스몰칼드 전쟁(The smalcald war)과 1548년의 인테림 칙령(The Interim)에 의하여 몇 명의 저명한 대륙의 개혁자들이 그들의 나라에서 추방되어 크랜머와 다른 사람들로부터 따뜻하게 영접을 받아 영국에 망명자로서 오게 되었고, 그 개혁의 과정에 중요한 영향을 끼치게 된 것이다.

어떤 영국 국교회의 역사가는 그들의 영향을 축소화하려고 애쓰지만 쮜리히의 문서보관국에 있는 원래의 서신(Original Letter)들과 다른 서류들은 의문의 여지가 없는 사실을 나타낸다.

10. 마틴 부처(Martin Bucer)

참고할 만한 탁월한 지도자들 중의 한 사람은 마틴 부처였다. 그는 스트라스부르그의 개혁자였으며, 성만찬에 대해서 칼빈주의적 견해를

---

18) Ridley's Works, p. 355; Foxe's *Acts and Monuments*, Vol. iii. p. 427.

가지고 있었고, 쯔빙글리파와 루터파 사이의 중간노선을 취한 사상가였다. 그리고 그는 그의 충고와 도움을 받기 원하는 크랜머의 열렬한 초빙에 의해 영국에 도착했다.[19] 우리가 본 바와 같이 그는 이미 영국공중집회와 성직수임식 순서를 형성하는 데에 도움을 주었다. 그는 1549년 4월에 도착하였고, 람베스(Lambeth)에 있는 대주교의 궁전에서 대주교로 지낸 후에 케임브릿지에서 신학교수로 임명되었던 것이다.

11. 기도서에 대한 마틴 부처의 비평

에드워드의 제1기도서의 문제에 관해 크랜머는 부처에게 시험과 비평을 위해 그것의 사본을 한 부 보내었다. 그의 비평은 28장[20]까지 전개되었고, 베르미글리의 순교자 피터(Peter Martyr〈옥스포드의 신학교수로 임명된 바젤로부터 온 다른 유명한 외국인〉)에 의해 보증되었다. 그 비평들은 재빠른 반응을 불러 일으켰다.

12. 원시 교회제도에 대한 마틴 부처의 설계

크랜머의 동의 아래에서 부처가, 왕이 활용할 수 있고 왕을 돕기 위한 목적으로 '보다 원시적인 교회제도의 초고'란 논문을 준비하였으니, 그것은 에드워드에게 헌정된 것인데, 첫번째 사본이 그에게 보내어졌다.[21] 이 논문에서 부처는, 감독들과 장로들은 근본적으로는 하나이며, 똑같은 직책이기 때문에 장로들과 함께 모이는 위원회에서 모든 것을 운영하도록 감독들에게 요구함으로 감독제도를 약화시키는 방법을 제시했다. 그리하여 그는 장로들과 지방대회들을 교육시키는 것뿐

---

19) *Op. cit.*, p. 19 또한 p. 232.
20) Bucer's *Op. cit.*
21) Bucer's *Op. cit.*, "De Regno Christi"

만 아니라 지배할 수도 있게 되었다. 진정한 청교도 정신에 있어서 그는 보다 엄격한 교회 훈련을 강조했다. 그는 모든 협정에 있어서 성경적 권위를 주장했으며, 교회 정치는 오직 그리스도 아래에 있는 관리들의 손 안에서 이루어져야만 한다고 가르쳤다.

13. 마틴 부처의 논문에 대한 왕의 태도

그의 시대에 예외적으로 지성적인 인물이었던 왕은 부처의 논문에 기뻐했고, 손수 그 논문에 덧붙여 개혁의 계획을 작성했다. 에드워드와 종교개혁의 많은 친구들이 슬퍼하는 가운데 부처는 한 달 후에 케임브릿지에서 타계했다. 그리고 그 사건 후에 기록된 서류 속에서 왕은, 원시적 가르침을 회복시키는 데 있어서의 그의 무능함을 다음과 같이 탄식했다. "그것을 수행할 감독들은 능력이 없는 사람들이기 때문이다. 그들 중 어떤 이들은 교황주의자이고, 어떤 이는 무식하고, 어떤 이는 나이가 들었기 때문에 혹은 그들의 나쁜 명성 때문에, 그들 중의 어떤 이는 이런 모든 조건들 때문에…."[22]

그러나 이것이 왕과 그의 보조자들이 끌린 경향에 대한 유일한 증거는 아니다. 암스테르담의 카이퍼 박사(Dr. kuyper of Amsterdam)에 의해 편집이 된 알라스코(A' Lasco)의 글은 매우 중요한 것이며, 왕과 그의 상담자들 편과 비슷한 열망을 보여준다.

14. 존 알라스코(John A' Lasco)

존 알라스코(J. A' Lasco)는 고귀한 신분 태생의 폴란드 귀족이며, 개혁자였다. 그는 그의 조국에서 로마 카톨릭 교회의 선두에 있었을 것임에 틀림없다―그는 두 개의 주교관을 수여받았다―그러나 그는

---

22) *King Edward's Remains*, ii.

그런 배경에서 뛰쳐 나와서 진보된 개혁자가 되었다. 크랜머는 그에 대해 쓰기를, "우리는 당신과 다른 몇 분의 학식 있는 인사들을 초빙했습니다. 그리고 지금 간곡히 당신께 청하는 것은 당신 자신과, 가능하다면 당신과 함께 멜랑톤(Melancthon)도 오셨으면 하는 것입니다"[23]라고 하였다. 알라스코는 왔다. 그래서 대주교와 함께, 1548년에서 49년의 가을과 겨울 동안 람베스와 윈드솔에서 거주했다. 크랜머는 말했다. "매우 존경할 만한 인물인 존 알라스코는 밀접하고도, 친밀한 교제 속에서 지난 석 달을 나와 함께 살았다." 그는 3월에 잠깐 엠덴(Emden)으로 돌아갔으나, 인테림(Interim)칙령은 그가 망명을 할 수밖에 없게 했으며, 그는 1550년 5월에 브란덴부르그의 알버트(Albert of Brandenburg)로부터 서머셋 섭정 경에게 보내는 추천서를 가지고 두번째로 런던에 도착했다.

15. 나그네들의 교회

이 당시에 런던에는 주로 독일과 프랑스계 인 5,000명 가량의 외국인 망명가들이 있었다. 특허증과 의회조항에 의해서 그들은 나그네들의 교회로 불리우는 하나의 개혁신교로 구성되어 있었다. 헌장은 네 명의 동료와 함께 존 알라스코(J. A'Lasco)를 그들의 주목사로 삼는 유기적 조직체를 형성케 했고, 그들에게 자치권을 부여했으며, 그들 자신의 관리를 선출할 수 있는 권한을 부여했다. 사실상 교리에서나 정치에서 그리고 예배에 있어서 그들은 장로교도들이었다.

16. 나그네들의 교회 인가에 대한 왕의 목적

『포르마 아크 라티오』(*Forma ac Ratio*: 이성과 개혁)라고 명명된

---

23) *Original Letters*, IX. p. 17.

저술에서 알라스코는, 그들의 통치제와 운영의 양식을, 그리고 그들의 조직을 명백히 인가하는 데에 있어서의 왕의 목적을 설명했다. 그는 말했다. "내가 왕에게 소환되었을 때 그리고 교황 아래에서 사용되던 어떤 것들을 삭제시키는 것이 법에 의해서 많이 방해를 받게 되었을 때, 나는 나그네 교회에 대해서 간청하게 되었는데, 즉 이러한 법들에 의해 동일한 정도의 구속을 받지 않는 망명자들은, 현존하는 의식에 상관없이 원시적인 방법에 따라 모든 것을 자유로이 조정할 수 있는 교회를 가져야 합니다"라고 말했다. 그 결과 영국교회들은 그 왕국 내의 모든 영역에서 공통적인 동의를 얻어 사도적 순수성을 받아들이는 것을 격려받게 되었다. 이 계획에 있어서 왕은 그 자신이 주안자였으며, 최고의 해설자였다.

알라스코는 1551년 교회법을 개정하기 위한 왕실위원의 한 사람이 되었다. 왕이 좀더 살 수만 있었다면 영국교회의 형태는 다른 개혁교회들의 형태와 보다 밀접하게 부합될 가능성이 있었을 것이다.

17. 존 낙스(John Knox)

이제까지 필자가 기록한 이름들만큼이나 기억할 만한 가치가 있는 한 개혁자가 영국에 출현했으니, 즉시 많은 사람들이 존 낙스의 출현을 알게 되었다. 그는 아마도 에드워드와 그의 위원회의 친절한 도움으로 1549년 프랑스 노예선에서 풀려난 것 같다. 그 시각부터 왕이 죽은 다음까지 그는, 처음에는 버윅(Berwick)에서, 다음에는 틴의 뉴캐슬(Newcastle-on-Tyne)에서 여섯 왕실목사 중의 한 사람으로 계속 일했으며 중대한 영향력을 행사했다. 존 우테호프는 볼링거에게 편지를 쓰면서 1522년 10월 12일 그를 다음과 같이 말했다. "경건한 설교자", "국제적인 스코틀랜드인", "위대한 자유의 마음을 가지고, 성만찬에 왕과 그의 위원회 앞에서 무릎꿇는 행위를 통렬히 비난하는 사람" 등 많은 사람들의 마음 위에 일했던 그의 역할에 대해 말했다.[24] 고교회(high-church)파의 사람들에 의해 '검은 지침서'(Black Rubric)라고 불리운 성찬식에서의 무릎꿇는 행위에 대한 선언은, 그 자세는 어떤 종류의 예배의 의미도 갖고 있지 않다고 하는 것을 설명함으로써 개정판 기도서에도 첨가되었는데, 이것은 약간 의심스러운 면도 있어 보이지만 낙스의 영향을 통한 것으로 보인다. 1554년 웨스톤 사제장이 말한 것을 참조해 보자. "스코틀랜드의 그 부랑아는 성례전을 통한 그리스도의 예배와 경배를 말살시켜 버렸다. 그에 의해 마련된 그 이단적 교설은 그 마지막 기도서에 삽입되어졌으며, 그 시대에 그 한 사람의 권위는 매우 크게 확산되었던 것이다." 낙스는, 비록 그가 거절하였지만, 로체스터의 감독직을 제안받았다. 그 제안은 노텀버랜드(Northumberland) 공작의 추천에 의해 되어졌던 것인데, 그는 세실 장관에게 다음과 같이 편지를 썼다. "낙스 씨를 로체스터 감독직에 임명하는 것은 국왕 폐하를 즐겁게 해드릴 수 있으리라 생각합니다. 그는 캔터베리의 감독을 날카롭게 하고 일깨울 수 있는 자극제 역할을 할 것이며, 그렇기 때문에 그는 필요한 인물인 것입니다."

18. 에드워드의 두번째 기도서

방금 지적된 많고 다양한 방법과 영향력을 통하여 보다 철저한 개혁을 원하는 감정은 깊어지고 확대되었다. 그리고 그 감정은 제1기도서의 개정을 통하여 어느 정도 표현되었고, 에드워드의 제2기도서로 알려진 문헌을 통해 완전히 나타났던 것이었다. 오래된 의식과 예식들은 많이 삭제되었다. 예를 들면 귀신을 쫓아내는 의식, 머리에 기름을 붓는 의식, 세례시 흰색 가운의 예식적 사용, 견신례와 환자 방문 그리

---

24) *Ibid.*, p. 591.

고 축성시 기름의 사용, 장례식과 비밀고해시 죽은 자를 위한 기도, 성체의 예배와 견신례에서의 십자가 사용 같은 것들이었다. 그러나 가장 중요한 변화들은 성찬식 예배에서 되어졌는데 그 명칭에서 미사라고 하는 말의 사용이 삭제되었고, 제단이라는 말은 식탁으로 대체되었으며, 사제는 목자라는 말과 동등한 말로 쓰여졌다. 성만찬의 법의는 금지되었고, 그 의식을 주관하는 말들은, "우리 구주 예수 그리스도의 몸을 그대에게 주노니 그대의 몸과 영혼은 영원한 삶으로 보존되리라" 하는 말에서 "그대를 위해 죽으신 그리스도를 기억하며 그것을 들고 먹으라! 그리고 그대의 마음속에 감사와 믿음을 가지고 그를 받아들이라"는 말로 바꾸었다.

반면 우리가 살펴본 바와 같이 법규(rubric)에는, 무릎꿇음이 경배를 의미하는 것이 아니라는 것을 설명하는 것이 첨가되었다. 크랜머의 어떤 논문들은 위원회에 의해 개정되었고, 왕실의 권위에 의해 편찬되었는데, 그 숫자는 42편이었다. 화체설에 관한 논문은 실제적 현현의 교리를 반박했던 것이다.

19. 요약되어지는 진보

에드워드의 통치 말기에 이미 이루어진 진보는 간단히 요약될 수 있는 것이다. 법의의 문제에 관해서는 후퍼의 견해가 크랜머와 리들리를 포함한 지도적 개혁자들에게 받아들여졌다.

성체에 관한 역동적인 주제에 관해서는 칼빈주의적 헤베틱(Hevetic) 교리가 그 문제를 지배하게 되었다. 그리고 선택과 예정의 교리에 관해서는 개혁교회의 견해가 보편화되었다. 스트라이프는 리들리와 브래드포드가 예정에 관해 글을 썼다고 주장했으며, 크랜머와 리들리와 라티머는 브래드포드의 논문을 승인했다.

브래드포드는 무조건적 선택을 가르쳤다. 참으로 그 "위대한 성경

(Great Bible) 안에 기록되어 있는 크랜머의 주석들은 동일한 것을 가르치고 있는 것이다."[25]

교회행정의 주제에 관해서조차 주요 개혁자들의 견해는 칼빈이나 대륙의 개혁자들의 견해와 거의 다르지 않은 이론을 가지고 있었다. 그들 가운데 어느 한 사람도 고위 성직자 제도의 이론인 주레 디비노(jure divino)를 신봉하고 있지 않았던 것이다. 크랜머와 12명의 감독들과 23명의 신학박사 그리고 교회법의 교수들에 의해 승인되고 발안되었으며, 헨리 8세 시대에 출판된 『그리스도인의 제도』(The institution of a Christian Man)는 고위 성직자 제도의 신성한 기원을 반박했으며, "신약성경에는 계급의 구별이나 단위에 대한 어떠한 언급도 되어 있지 않으며 단지 집사나 목사 그리고 사제 또는 감독들에 관한 것만 되어 있다"라고 말했다. "성례전과 기타의 문제들에 관한 의문에 대한 몇 명의 감독들과 성직자들의 각오"라고 제목이 붙여진, 크랜머에 의해 제출된 다른 문서에서 그는 다음과 같이 말했다. "감독들과 사제들은 같은 시대에 있었으며, 다른 두 종류의 직책이 아니다. 그것은 오히려 그리스도 종교의 초기에 있었던 한 개의 직책일 뿐이다."[26] 대주교 교구회의의 한 위원회는 노웰 박사(Dr. Nowell)가 제안한 신조를 승인했는데, 그 신조의 한 조항은 다음과 같은 것이었다. "잘 조직되고 훌륭히 짜여진 교회에는, 내가 전에 말했던 것처럼, 규정되고 수호되는 통치의 어떤 양식과 질서가 있는 것이다. 거기에는 교회의 선발된 행정적인 장로들이 있어서 교회의 훈련을 담당하고 관리하는 것이다."[27]

개정된 기도서에서조차 크랜머는 만족할 수 없었다. 그와 또는 다른

---

25) Hunt's *Religious Thought in England*, i. 33.
26) Brunet's *Reformation*, I(ii). Collection of Records, XXi.
27) *Parker Society's Edition*, p. 218.

지도자들과 밀접하고도 빈번한 교통을 가졌던 불링거는 메리(Mary) 시대에 프랑크포트(Frankfort)에서 망명객들에게 다음과 같이 말했다. "대감독은 기도서를 현존했던 것보다 더욱 완전하게 만들기 위해 백 번이나 고쳐서 작성했으나, 간교한 성직자와 주교구회의 그리고 다른 적들에 대항하여 싸우기에 충분한 그런 완전한 기도서는 작성되지 않았다."[28]

에드워드의 통치 말기에 지도층의 영국 개혁자들은 그들의 근본적인 원리와 열망 속에서 명목상으로 개혁교회와 하나였으며, 엘리자베스 여왕의 시대에 청교도들이 취한 태도와 과히 멀지 않았던 것이다. 토마스 풀러(Thomas Fuller)가, "청교도 정신은 에드워드 왕의 시대에 잉태되었고, 후에 메리 여왕(Queen Mary)의 시대에 태어났으며, 엘리자베스 여왕의 시대에 젖을 떼고 양육되었으며, 제임스 왕의 시대에 성장하여 키가 크고 늠름한 젊은이가 되었고, 찰스 왕의 통치 말기에는 그것의 적인 교권제도에 대항할 뿐만 아니라 그것을 정복할 수 있는 완전한 강성함과 성인으로서의 성숙함을 갖게 되었다"[29]라고 일련의 조직적인 말들을 기술했는데, 그 말들은 그들을 특징적으로 기이하게 표현했을 뿐 아니라 또한 진실한 말들이었다. 우리들은 이제 이 모든 시대를 통하여 청교도의 역사와 운명을 답사해야 할 것이다. 우리는 에드워드 시대에서의 청교도정신의 '개념'을 기술했다. 다음 장에서 바다 너머에 있는 프랑크포트에서의 그 탄생을 알아보아야 할 것이다.

---

28) Strype's *Life of Cranmer*, p. 266.
29) *Chruch History of Britain*, bk. vii. century xvi., 23.

제5장

메리 튜더 치하의 청교도주의

1. 메리의 개신교에 대한 봉사

여기에서 메리 튜더(Mary Tudor)의 통치에 대해 상세히 기록하기란 불가능하다. 이전의 두 통치시대에 정착된 모든 교회적 조직들은 금새 사라져 버렸다. 크랜머, 리들리, 후퍼, 라티머와 그 밖의 에드워드 시대의 다른 감독들은 감옥에 수감되었고, 적당한 때에 화형장으로 보내어졌다. 가디너(Gardiner), 보너(Bonner), 헤드(Heath) 그리고 다른 로마 카톨릭 교회 감독들이 다시 복직하게 되었다. 런던의 감독으로서의 보너(Bonner)는 그 자신과 그의 권력이 '핏빛'이라는 별명을 얻어 내어 가혹한 비극의 시대에 메리의 가장 충실한 하수인이 되었다.

로저스, 후퍼, 리들리, 라티머 그리고 크랜머의 기억할 만한 순교조차도 간과되었으며, 3년 동안 약 300명의 희생자가 화형대 위에서 불태워졌으며, 마지막까지 여왕은 그녀의 가혹함을 누그러뜨리는 빛을 보이지 않았다.

가장 최근의 연구는 메리 그녀 자신이 영국사의 페이지 위에 남겨 놓은, 그녀의 단명한 통치의 결과인, 깊고도 지울 수 없는 핏빛 오점에 대하여 책임이 있다는 것을 보여 주고 있다. 그녀가 붙여 놓은 불에 타서 순교한 순교자들에게 그녀가 행한 주된 봉사는 영국민의 가슴 속에 교황권에 대한 깊은 증오를 만들어 놓았다는 것이다. 라티머의 마지막 말을 인용해 보면, 순교자들은 "영원히 꺼지지 않을 불을 붙여 놓은 것"이었다.

2. 망명한 영국 개혁자들

그러나 다행하게도 그 박해자의 손에 모든 개혁자들이 다 멸망한 것은 아니었다. 약 천 명을 웃도는 영국인들이 메리 치하의 위험 속에서 대륙으로 도망하여 쮜리히, 바젤, 스트라스부르그, 엠덴, 프랑크포트 그리고 제네바 등의 도시들에서 안식처를 찾았다. 루터파의 영국개혁자들에 대한 박대는 루터파 교회의 역사 속에 어두운 얼룩으로 남아 있다.

색소니와 그 근처의 다른 지방에 은거했던 망명객들은 그 도시에서 추방되었는데 왜냐하면 공생설을 그들이 표방하지 않았기 때문이다. 그러나 그들은 개혁교회의 보다 호의적인 울타리 안에서 환영받는 피신처를 발견했다.

3. 프랑크포트에서 시작한 청교도주의와 영국 국교회주의의 투쟁

제일 먼저 우리의 주의를 끄는 사람들은 본토의 프랑크포트에 있던 망명객들이다. 왜냐하면 그들 가운데에서 영국 국교회자들이 한편이 되고, 청교도들이 한편이 되어 지금까지 계속되는 분열을 낳는 투쟁이 시작되었기 때문이다. 그 분열은 아주 영구적인 것이라서 그 결과가 대단히 중요하다. 그러나 그것은 영국편에서 곧 다시 나타나기 때문에 우리는 그것이 자라난 상황을 간단하게 살펴 보아야 한다.

4. 프랑크포트에서 안식처를 찾은 영국의 망명객들

왈룬(walloon)과 프랑스의 회중들은 에드워드 6세 치하에서, 글래스톤버리(Glastonbury)에서의 예배를 위한 회합을 허락받아왔다. 메리의 즉위시 영국에서 추방될 때, 그들의 목자인 발러란드 플래인(Vallerand Pullain)과 같이 그들은 교회를 사용할 수 있도록 허락을 받고, '말씀과 성례'의 두 가지 문제에 있어서 그들의 모든 교회행정의 자유를 상원으로부터 획득한 프랑크포트에서 안전한 휴식처를 발견했다. 그 후에 위팅검(Whittingham)과 함께 수많은 영국의 망명객들이 1554년 6월에 프랑크포트에 왔는데, 그때에 그들은 소수의 프랑스 회중들이 거기에 이미 정착해 있는 것을 발견했다.

그들이 도착하던 저녁 프랑스 목사인 플레인은 그들에게 설명하기를, 기증된 교회와 획득한 예배의 자유는 그들 자신들만을 위한 것이 아니고, "영국으로부터 복음을 위해 탈출해 나온 모든 사람들의 이름으로 주어진 것"이라고 했다. 그리고 또한 그는 그들에게 그의 회중과 연합하기를 요청했다. 여기에 대해 그들은 설명하기를, "대다수의 사람이 프랑스 말을 이해할 수 없으므로" 이 제안을 받아들일 수가 없다고 했다. 그러나 그들은 그 도시에 머무를 수 있도록 승인을 받았고 교회를 번갈아 사용할 수 있도록 왈룬 사람들과 타협을 하게 되었다. 하지만 그것은 서로 좋지 않은 경우를 만들지 않기 위해서 교리나 예식에 있어서 프랑스인들에게 동의해야 하며 프랑스에 의해 제시되어진 믿음의 고백을 인정하고 서명해야 한다는 조건으로 이루어졌다. 이런 조건에 그들은 쉽게 동의했다. 그들은 이런 조건에 맞도록 영국 기도서를 변조했다. 연도(사제가 먼저 읊는 기도문을 따라 신도들도 읊는 형식의 기도—역자주)와 응창(사제를 따라 성가대가 창화하는 예배형식—역자주)과 백의(예배의식 때 성직자가 입는 의복—역자주)는 사용하지 않는 것이 만장일치로 가결되었고, 영국인의 예배를 위해 프랑스, 화란 그리고 다른 개혁교회를 본따서 "평범한 박자와 운율의 찬송"인 고백문을 닮은 새로운 고백이 대용되었다. 영국의 망명객들의 공동체는 로마교의 의식과 용어들을 일소하고 영국 기도서보다는 더욱 제네바 형태를 따른 교회조직을 원했던 사람들로 구성되었다.

5. 그들과의 합세를 위해 동료 망명객들을 초빙함

그들에게 보여 준 호의에 감사하면서 그들은 자신들이 프랑크포트에서 누리는 특권을 소개하고, 자신들과 함께 그 특권을 나누자는 편지를 쮜리히, 스트라스부르그 또한 그 밖의 도시들에 있는 그들의 고향 친구들에게 보냈다. 스트라스부르그의 형제들은 프랑크포트의 교회들이 영국 감독하에 놓이지 않는다면 그곳에 오는 것을 거절했다. 쮜리히로부터 온 회신은 에드워드의 제2기도서를 사용하고 그들이 '다른 어떤 것도 사용치 않고 오직 그것을 완전히 인정' 할 것을 요구했다.

프랑크포트에서 보낸 또 다른 서신들에 대한 대답으로 쮜리히의 망명객들은 에드워드의 기도서를 여전히 고집하면서, 그들 가운데의 한 사람인 리차드 챔버스(Richard Chambers)를 협상의 대표자로 파견했다. 여기에 대하여 프랑크포트의 망명객들은 지금의 교회를 사용할 수 있는 이런 상태를 파괴하지 않고서는 '완전히 영국 기도서만을 사용하는' 일은 있을 수 없다는 것을 지적했다. 그리고 챔버스가 가지고 돌아간 편지는, 그 기도서에는 그들이 인정할 수 없는 몇 가지가 포함되어 있고, 처음의 형태에서 이미 많은 것이 변해 있으며, 또한 왕의 목숨이 남아 있었다면 더욱 더 변경되었을 뻔한 기도서이다. 그러나 그 기도서라 할지라도 하나님의 말씀이 그 정당성을 인정하는 한도 안에서는, 얼마든지 프랑크포르트의 사람들은 그것을 사용할 준비가 되어 있다고 쮜리히 형제들에게 전달이 되어 있었다.

6. 목사가 된 낙스와 레버

제네바에서는, 존 낙스(J. Knox)와 쮜리히의 토마스 레버(T. Lever)에게 프랑크포트에 있는 회중의 연합목사가 되어 달라는 청탁을 보냈다. 낙스가 그 부름을 받아들인 것은 오직 '칼빈(Calvin)의 힘 있는 중재'에 의한 것이었다. 그린달과 챔버스로 구성된 스트라스부르그와 쮜리히에 있는 망명객들의 대표단은 해결을 실현시키려고 노력했다. 그들은 말하기를, 만약 그 책의 내용과 취지가 용인되기만 한다면, 그들은 "그 지방이 감내하지 못하는 것들과 의식들을 주장하지 않을 것"이라고 말했다. 그리고 그 책의 '내용'이 무엇을 말하는 것인가에 관해서는 그들은 아무런 언급이 없다. 결국 이런 시도도 실패했다.

7. 기도서에 대한 칼빈의 판단

낙스는 철수하여 제네바로 돌아가기 위해 사표를 제출했다. 그러나 이 일은 환영을 받지 못하였다. 낙스와 위팅검(Whittingham)은 칼빈에게 기도서 안에 있는 유익하지 못한 의식들에 대한 요약을 쓰고, 그의 의견을 밝혀주기를 요청하는 글을 보냈다. 기념할 만한 칼빈의 그 문제에 대한 판단은 그 서신에 대한 응답 속에 나타나 있는데 그것은 다음과 같은 것이었다. "그 안에 있을 수 있는 많은 우매한 것들과 하찮은 것들이 있었는데, 그것은 처음에는 고쳐질 수 없었고, 묵인되었던 것들이었다. 그러나 그것은 학식 있고, 위임 있고, 경건한 그리스도의 사역자들을 보다 확고하게 하며, 무절제에서 보다 절제 있게 세우며, 보다 순결하게 만들었던 것이다. 만약 오늘날까지 영국에 종교가 번창했다면, 이것들 중의 많은 것들이 옳게 인정을 받았을 것이다. 그러나 종교개혁이 일어나고, 질서를 정립할 수 있는 자유를 누리기 위한 장소에 교회가 선 이래로 나는 교황적 잔재의 쓰레기들을 그토록이나 좋아하는 사람들이 의도하는 것을 말할 수 없다."

8. 타협된 기도서가 적용됨

칼빈의 기도서를 모방한 예배서가 낙스, 위팅검, 길비(Gilby), 폭스(Foxe) 그리고 콜(Cole)에 의해 도입되었다. 그러나 낙스는 그것을 프랑크포트에 있는 교회에게 강요하기를 거절했다.

1556년 4월까지 앞으로의 석 달 동안 대중의 동의에 의해서 활용되어야 할, 온당치 못한 것을 삭제해 버린 영국교회의 기도서를 출판해야 할 위원회를 낙스의 제의에 의하여 지명하기로 결의했다. 아울러 어떤 불일치가 칼빈, 머스큘러스(Musculus), 마터(Martyr), 불링거(Bullinger) 그리고 비렛(Viret)에게서 발생되어졌다. 그 결의서는 모든 당파들에 의하여 작성되었고 서명되었다.

9. 깨어진 평화

석 달이 경과하기 오래 전에 그 상황을 변화시키는 한 사건이 일어났다. 에드워드 6세의 개인 교사였고, 개정된 에드워드 기도서의 위원회 일원이었으며, 거만하고 완고한 기질을 가진 콕스 박사(Dr. Cox)가 새로운 망명객들과 같이 프랑크포트로 왔다. 그리고는 '타협의 기도서'에 묶이는 것을 거부했다. "그들은 영국에서 해온 것처럼 할 것이며, 영국교회의 면목을 지닐 것이다"라고 말했다.

첫번째 주일에 그들은 협정에 위반하여 예배 중간에 응답의 순서를 넣었으며, 다음 주일에는 그들 중의 한 사람이며, 레버(Lever)에게서 설교할 수 있는 허락을 받은 제웰(Jewel)이, 그의 친구들이 응답을 하는 동안 연도를 읽었던 것이다. 낙스가 오후에 설교하기 위하여 이 곳에 돌아왔을 때 그는 평화를 깨뜨리는 자들과 기도서를 참조하는 문 제에 대하여 명백히 그의 의견을 말할 기회를 가졌다.

여러 파벌들 가운데 한 의견에 일치를 보지 못하고, 많은 논의를 한 끝에 행정장관은 회중에게 명령을 내리기를, 고통스럽지만 평화를 깨 뜨리는 자들에게는 교회의 문을 닫고 프랑스 기도서를 지금부터 사용 하라고 말했다.

10. 논쟁을 예측한 낙스

프랑크포트의 상원에 보내는 편지 속에서 낙스와 그의 친구들은 만 약 그들이 불평하고 있는 그 잘못된 일이 바로 잡혀지지 않는다면 "영 국에서는 결코 이 논쟁의 끝이 영원히 나지 않을 것이다"라고 말했다. 그들은 먼저 이름을 든 다섯 사람들―칼빈, 머스큘러스, 마터, 불링거 그리고 비렛―에 대해서 언급하도록 요구받았다. 그래서 "우리의 모 든 후손들 그리고 우리 전체 영국민과 모든 선한 사람들은 이 위대한 혜택을 준 여러분들의 의견에 순응할 것이다"라고 말했다.

그가 예견했던 것처럼 그 사건이 영국에서 정확하게 일어났고, 지금 아물지 않는 상처로 남아 있는 분열이 거기서 재현되었으며, 지금까지 계속되고 있다는 사실은 낙스의 현명함과 예시의 증서이다.

11. 낙스를 제거하려는 비열한 술책

낙스의 적들은 그를 퇴치하기 위하여 괴이하고, 부끄럽고, 비열하 고, 가증한 수단을 사용했다. 기이한 감독파 교회의 역사가인 토마스 풀러(Thomas Fuller)의 말을 들어보자. "억압된 콕스파는(Coxian

Party) 그 자신들을 일으키기 위해 색다른 방법을 세워낙스를 반역죄 만큼 중한 죄목으로 국가에 고발했다.

처음에 버킹검 주에서 개인적으로 반포했고, 지금은 전세계에 공공연히 출판된 그의 영어로 저술한 책 『그리스도인에게 주는 훈계』라는 것에서 그는 황제를 '네로(Nero)에 못지않은 그리스도의 적'이라고 불렀다는 것이다.

다른 나라와 언어 속에서, 다른 어떤 자연스러운 충성도 가지고 있지 않은(비록 그가 제국의 도시로 이동함으로 생긴 막연하고도 우연한 것은 있었지만) 그 황제에게 거슬려서 말한 것 때문에 생명의 위협 못지않은 이 불행한 위기의 시간에 그 자신의 종교를 위해 도망친 망명객들에 의해 그가 거부되어진다는 것은 이상한 일이 아닌가!…그러나 감정의 격양 속에서 그들이 경쟁하고 있는 사람들의 멸망을 노리는 어떤 경쟁을 공정한 경쟁이 될 것이라고 생각하는 것은 선한 사람들의 약점이다.

여기 황제의 총애가 높게 집중되어 있는 제국적인 도시로서의 프랑크포트 정부는 낙스가 그 도시를 떠날 것을 명령했다. 그는 1555년 3월 25일 그의 친구들과 추종자들에게 커다란 유감임에도 불구하고 그 회중을 떠났던 것이다."

12. 제네바로 돌아간 낙스

그가 떠나기 전날 저녁 오십여 명이나 되는 그의 친구들이 그의 숙소에서 회합을 가졌다. 그리고서 그로부터 '가장 위로받는 설교'를 들었다. 그 다음날 친구들은 그를 그 도시에서 몇 마일 떨어진 곳까지 환송하면서 많은 눈물을 흘리며 하나님의 은혜로우심이 그에게 있기를 빌어 주었다. 낙스가 떠난 후 콕스와 그의 친구들은 칼빈에게 그들의 행동을 변호하는 글을 써 보내었다. 그러나 칼빈은 그들에게 대답하기를, "내 판단에는 저 낙스 선생의 일은 하나님에 의해서 처리된 것도, 형제들에 의해서 처리된 일도 아니었다"[30]라고 했다.

13. 첫번째로 조직된 청교도 회중

낙스는 프랑크포트를 떠나 제네바로 왔는데 거기에서 보다 평화롭고, 마음에 맞는 일을 할 터전을 발견했다. 칼빈의 훌륭한 직무를 통해서 제네바에 온 영국의 망명객들은 예배를 드릴 교회를 가지고 있었다. 이제 낙스는 그들의 목회자가 되었다. 그러나 그의 목회사역은 스코틀랜드를 방문하느라고 곧 중단되었다. 1년 동안의 부재 후에 1556년 9월 그의 아내와 장모를 동반하고 그는 돌아왔다. 그가 부재했던 동안 그의 회중들은 유력한 후계자들을 받아들였다. 위팅검과 다른 몇 사람들이 프랑크포트에서 왔다. 지금은 "철학의 전당"(Auditoire de philosopie)으로 불리우는 새 노틀담의 사원이 그들의 예배를 위해 제공되었다. 매년마다 있는 목회자 선거에서 낙스는 크리스토퍼 굿맨(Christopher goodman)과 함께 재선출되었다.

『기도의 형태 그리고 성례집전 형태』라는 제목을 갖는(이미 프랑크포트에서 만들어진) 일반기도서(A Book of Common Order)가 채택되어 제네바의 영국인들이 사용하게 되었는데 이는 저명하고 박식한 존 칼빈에 의해서 인정을 받았다. 그 책은 때때로 '낙스의 기도서'라고 불리우기도 하고, '제네바의 책' 그리고 약간 변경되어서, '스코틀랜드 교회의 일반적 공중기도서'가 되었던 것이다. 이 책의 헌정은 에드워

---

30) 프랑크포트에서의 갈등이라는 측면에서 얻었던 정보의 주요 자료들은 *A Brief Discourse of the Troubles begun at Frankfort in Germany*, A. D. 1554.

드의 예배서에 있는 법의와 의식들이 버려진 이유를 설명하고 있다.

여기에서 우리는 장로교적 청교도주의가 스코틀랜드와 영국에서도 점점 한 개의 세력이 되어가면서 그 자신을 조직하고 있는 것을 볼 수 있다. 그들은 낙스와 굿맨을 목회자로 하고, 위팅검, 샘슨(Sampson) 그리고 마일스 커버데일(Miles Coverdale) 같은 사람들을 장로로 하며, 엘리자베스 왕가의 회계검사관이 된 프란시스 놀리스(Francis Knollys) 같은 사람들을 평신도로 둔 독특한 회중이었다. 흄 브라운 박사(Dr. Hume Brown)는 말한다. "낙스와 굿맨의 당파를 지칭하는, 영국사에서 너무나 유명한 그 당파의 이름은 아직 창안되지 못했다. 그러나 모든 근본적 형태에서 그 파는 이미 완전히 명백한 실체를 갖추었던 것이다. 첫번째 청교도 회중으로서 제네바에서 낙스와 굿맨에 의해 통솔된 교회는 강조할 필요가 있는 역사적 중요성을 함축한 교회였다. 후에 엘리자베스에 의해 설립되어진, 타협의 종교를 받아들이기를 거절한 가장 꿋꿋한 '불복종자'들이 속했던 것이 이 회중의 사람들이었으며, 낙스와 굿맨의 글 속에서 보면 그들의 교리들이 처음으로 단호하게 설명되어 있으며, 그것이 결국에는 청교도주의의 전통이 되었던 것이었다.31) 카알라일(Carlyle)은 청교도주의의 전통에 대해 이렇게 말했다. "종교개혁이 여러 곳에서, 특히 우리 영국에서 취한 가장 흥미있는 국면은 그것이 진정한 마음의 일로서 되어진 것이며, 세계에 가장 주목할 만한 열매를 만들어 내었다는 것이다. 또 다른 의미에서 혹자는 다음과 같이 말할 수 있을 것이다.

개신교는 믿음(하늘나라와 참된 마음의 교통)의 범주에 도달할 수 있고, 역사 속에서 자신을 드러낼 수 있고, 역사는 또 다른 때를 위해서 청교도주의에 대해서 무엇인가를 말하게 될 것이다.

---

31) *John Knox*, Vol. i. p. 203.

14. 번역된 성경

제네바의 영국 망명객들이 이루어 놓은 가장 값있는 일은 몇 세대 동안 가장 보편적인 영어성경으로 읽혀진 『제네바 성경』(Geneva Bible)이라는 이름의 성경 번역이다. 그것의 신약성경은 주로 위팅검에 의해 번역되었고, 구약성경은 커버데일, 길비, 샘슨 그리고 다른 히브리 학자들에 의해 번역되었다. 성경을 장으로 구분한 것이 처음 나타난 곳이 바로 이 번역 성경이었다.

15. 옹호된 합법적 정부

또 다른 주시할 만한 논문이 크리스토퍼 굿맨의 펜으로부터 나온, "어떻게 최상의 권력이 그들의 백성들에 의해 복종되어져야 했는가? 그리고 거기서 그들이 어떻게 불복종되었고 거부되었는가?라는 제목으로 나타났다. 그 글은 청교도들이 싸우기를 결코 쉬지 않는, 교회와 국가의 합법적 정부에 대한 설명이다.[32] 그것은 국가의 힘 앞에 복종할 것을 명령한다. 그러나 '왕자들과 백성들이 똑같이 신성한 율법에 복종해야 하고, 왕자들의 독재나 백성들의 반란이 없는' 그런 상황하에서만 오직 적용된다. 시민의 힘에 복종할 것이 명령되어 있는 것이다.

후세대에 그것은 존 밀턴(John Milton)에 의해 따뜻한 칭찬을 받았다. 풀러가 '바다 너머'의 청교도주의의 '탄생'이라고 부른 말에 대한 보다 많은 주시에 관해서 즉 엘리자베스 시대에 청교도주의가 어떻게 '보호되고 양육되었는가' 하는 것에 대해서는 다음에 살펴 보아야 할 것이다.

---

32) Carlyle's Lectures on Heroes, Sect. iv.

제 2 부

엘리자베스와 청교도주의

제1장

반대된 법의와 의식들

1. 엘리자베스의 즉위의 기쁨

엘리자베스가 왕좌에 오른 것은 겨울이 시작되는 1558년 11월 17일 이었지만, 그녀의 즉위는 겨울의 음울을 뒤로 하고, 모든 생명이 봄의 도래를 기뻐하는 것과 같은 기쁨과 희망의 느낌으로 가득 차 있었다.

2. 예시된 그녀의 종교정책

그녀의 통치가 진행되는 초기에 로마 카톨릭주의는 여전히 법정종교로 남아 있었다. 여왕과 그녀의 목사들은 조심스럽게 일을 시작했다. 그러나 그녀가 생각한 종교정책의 표징이 즉시 나타났다. 그녀는 런던으로 입성하는 길에 그녀에게 제시된 성경에 조심스럽게 입을 맞추었다. 그리고 그녀의 손은, 말하자면 보너(Bonner)의 입맞춤을 무의식적으로 피했던 것이다. 왜냐하면 매이트랜드(Maitland)가 서술한 바와 같이, "그녀는 그녀의 손끝에 신경을 쓰는 예술가!"였기 때문이다. 그녀가 등단했을 때 영어로 된 기도문이 읽혀졌고(그것은 합법적인 것으로 보인다), 기도서와 서신들이 역시 영어로 읽혀졌다.

직무를 행하는 감독은 주인을 높이는 행동을 못하게 되어 있었다. "우리는 충분히 볼 수 있으니 저 횃불들을 치워 버려라." 그녀를 만나기 위해 그들의 손에 촛불을 들고 나타난 웨스트민스터 대사원의 수도승들과 대수도원장에게 그녀는 외쳤다.

3. 수장령(Act of Supremacy)

변화를 반대하여 교황의 주권과 미사를 인정하는 대주교교구회의가 열렸다. 그러나 의회는 엘리자베스를 속세의 문제들에서는 물론 영적인 영역에 있어서도 '유일한 최상의 통치자'라고 선언하는 수장령을 통과시켰다(1559년 4월 29일). 모든 교회의 사법권과 함께 영국교회의 '지상의 최고 우두머리'로서의 권세를 선포한 헨리 8세의 법령이 재현되었다. 그녀는 그녀의 권세를 위원들에게 위임할 수 있게 되었는데, 위원들의 법정은 고등위원회의 법정(Court of High Commission)으로 또한 억압과 독재의 기구로서 알려지게 되었다.

4. 기도방법 통일법령의 통과

이때 의회의 같은 회기 동안에 기도방법 통일법령이 통과되었는데, 그것은 에드워드 6세의 법령을 재현시킨 것으로서, 보다 중세적이고, 복고적으로 변경하여 일반 기도서를 만든 것이다. 여왕의 의뢰로 교황을 압박하는 모든 '구문'들은 제거되었다. 성찬식에서 무릎을 꿇는 행위가 경배의 요소가 되지 않는다고 설명하는 철학은 삭제되어졌다. 에드워드의 개정되지 않은 기도서에 전술된 옛 축제들과 교황적 법의가 채용되었다. 그리고 인정된 형식에 따라 예배를 드리기 위해서 엄격하고도 고통스러운 형벌도 요구되었다. 이런 것들은 감정적으로 여전히 로마주의자인 교회 권위의 강한 반발에 대비하여 이루어진 것이었다.

"기도서는 1552년의 원래의 형태에서나, 1559년의 개정된 형태에서도, 어떤 종류의 교회적 인정도 받을 수 없었다."(웨이크만⟨Wakeman⟩).

5. 임명된 감독들

로마교에 속한 감독들은 한 사람만 제외하고 모두가 수장령을 받아들이기를 거부하였고, 그 성직을 박탈당하였다. 텅 빈 주교관할구는 옛 감독들이 곧 순응하여 돌아올 것이라는 희망 속에 그 후임자가 임명되지 않고 있었다. 그러나 그들은 계속 완고한 상태였다.

후에 캔터베리의 대주교 자리는 엘리자베스의 어머니의 궁정목사로 있어 온 데이빗 화이트헤드(David Whitehead)로 임명되었다. 그러나 그는 성공회적 교회정치나 의식들을 모두 교화했고, 그 위엄을 포기했다.

에드워드 치하에서 감독직을 맡아왔고, 제네바의 낙스의 회중에서 장로를 맡았던 마일스 커버데일(Miles Coverdale)이나 버나드 길핀(Bernard Gilpin), 토마스 샘슨(Thomas Sampson) 등도 비슷한 이유로 감독직을 거부했다. 드디어 매튜 파커(Matthew Parker)가 1559년 12월 17일에 캔터베리의 대주교에 임명되었다. 그리고 며칠 후에 그는 열한 명의 감독들을 임명했는데, 다는 아닐지라도 그들 중의 대부분은 대륙에 있는 개혁교회에서 망명생활을 했던 사람들이었고, 보다 큰 개혁을 원하는 감정을 가지고 있었다.

그 결과로 그들은 그 일을 받아들이기에 많이 머뭇거렸고, 그것을 하기 전에 대륙의 성직자들의 충고를 구했다. 쮜리히의 문서들이 보여주는 대로 못마땅한 의식들이 제거되리라는 희망과 영국교회를 다른 개혁교회와 밀접하게 연결시키려는 희망을 가지고 그 일을 수락했던 것이다.

6. 만족하지 못한 진보적 개혁자들

항상 사려깊은 작가인 린드세이 박사(Dr. Lindsay)는 "기도방법 통일법령이 통과되었을 때 진보적인 개혁자들은 흐뭇해 했었다"고 말한다. 또한 불링거가 "에드워드 왕의 종교개혁은 신령스럽게도 만족스러운 것이었다"고 말했을 때, 그가 말한 그 문장의 문맥이나 그가 쓴 다른 논문들이 분명히 보여 주고 있는 것은, 그의 말에 의하면, 어떤 사람들이 제안하여 순결한 교회들에게 괴로움만 더하여 준 아우그스부르그 신조(Augsburg Confession)에 비교해 볼 때, 기도방법 통일법령은 비교적 그들에게 만족감을 주었다는 것을 보여 주는 것이다. 에드워드의 기도서는 린드세이 박사가 말한 것과 같이[1] 불링거가 말한 "그들 앞에 놓여 있는 목표"는 아니었다. 반면에 1559년 11월 4일 쮜리히에서 법의에 관해 토마스 샘슨에게 글을 쓴 피터 마터는 말하기를, "그것들은 단지 교황의 유물이라는 것을 염두에 두는 불링거 선생은 당신이 그것들을 사용해서는 안된다는 의견을 가지고 계십니다"라고 했다. 1560년 2월 1일에 다시 글을 써 보내면서 그는 샘슨에게 "그것들을 치워 없애기 위해 모든 방면에서 힘써 노력하시오…." "아모리 족속의 유물과도 같은 그것들을 제거하기 위해 모든 노력을 기울여야만 하겠습니다"라고 강조하면서 덧붙이기를, "그는 불링거와 모든 문제에서 상의했다"[2]고 말했던 것이다.

린드세이 박사는 엘리자베스의 결정에는 그린달(Grindal)이나 제웰(Jewel), 샌디스(Sandys) 같은 사람들의 만족을 이해하기 어렵게 만드는 어떤 것들이 있었다고 했다. 사실상 그 일 속에는 그들이 '만족' 할 수 없었던 많은 증거가 있는 것이다. 물론 그들은 교황권이 붕괴되

---

1) *History of the Reformation*, Vol. ii. p. 402.
2) *Zurich Letters*, Second Series, pp. 32, 40.

고 신교주의가 자리를 차지하는 상황에 매우 기뻐했던 것은 사실이었다. 그러나 만족하기에는 너무나 먼 거리에 그들은 놓여 있었다. 스트라이프는 그린달에 대해 말하기를, 그가 런던의 교황 관할구에 임명되었을 때 그는, "감독 같은 사람들이 지켜야 하는 습관들이나 어떤 의식들"을 비롯한 몇 가지 문제점들에 관해 양심의 가책을 받고 있었다.[3]

제웰은 새 감독들의 임명에 앞서서 피터 마터에게 편지를 쓰면서 말하기를 "거룩한 예배의 배경적 설치는 혼란 가운데 놓여 있으며, 당신과 내가 가끔 조소를 띄게 되는 그 문제들은 우리가 관심을 두지도 않는 어떤 인물들에 의하여, 마치 기독교는 천박한 어떤 것이 없으면 존재할 수 없는 종교인 듯이 이제 엄격하고도 자중하게 받아들여지고 있는 것이다." 1559년 11월 5일에 쓴 그의 글 속에서 그는 그들 천박한 종교인들을, '이 우매한 자들'이라고 부르면서 말하기를, "당신이 저술한 주시할 만한 종교와 가식적인 습관들에 관해서, 나는 진심으로 그것이 이루어질 수 있게 되기를 원합니다. 이런 일들을 수행하는 데에 기쁨을 가지는 그 무리들은, 내가 믿건대, 사제들의 무지를 따라가는 자들입니다. 사제들이 재능이 없고, 학식이 없으며, 도덕성이 결핍되어 있는, 숲 속의 통나무보다 낫지 못한 존재라는 것을 발견하게 될 때에도, 기껏해야 바로 그 우스꽝스러운 옷으로 대중을 지배하려고 생각하는 사제들의 무지를 뒤따라가는 무리들인 것입니다." "이 가소로운 천박한 무리들은 정말로 당신이 아주 합당하게 관찰하셨듯이 아모리 족속의 후손들입니다. 누가 그 말을 부인할 수가 있겠습니까? 나는 이제나 저제나 그들이 사라지고, 그들의 가장 깊숙한 뿌리까지도 근절되기만을 바랄 뿐입니다"라고 말하고, 1559년 11월 16일에 다시 쓰기

---

3) Strype's *Life of Grindal*, pp. 28, 29.

를, "그 교리 주장은 어느 곳에서나 흠잡을 데 없이 순수한 것입니다 만 예식들과 예식을 위한 가장에 대해서 볼 때 거기에는 너무나 우매한 점들이 있는 것입니다. 그 불건전한 징조가 되는 그 작은 은십자가는 여전히 여왕의 예배당 속에 남겨져 있습니다. 비참하게도! 이것은 너무나 조속히 전례에 기울어질 것입니다…그러나 내가 알아차리고 있는 한 그것은 이제 희망이 없는 일입니다…세실(Cecil)은 매우 열렬하게 우리의 동기를 지지하고 있습니다"라고 했다.

여왕의 예배당 안에 있는 십자가에 대한 논쟁이 최고점에 달해 있을 때 제웰은 편지를 써서 말하였다. "내가 그 은십자가와 어느 곳에서나 부러져 동강이 나 있는 양철들의 조각들이 다시 수축되어지거나, 우리의 감독직이 양도되는 그런 형편의 일들이 닥쳐왔다고 추측하는 한 나는 다시는 감독으로서 당신에게 편지를 쓸 수 없을 것입니다."

1562년 2월 7일에 그는 편지 쓰기를, "이제 복음의 충만한 광명이 비추어졌습니다. 가능한 한 그 오류의 흔적들은 말하자면 먼지와 함께, 쓰레기와 함께 모두 버려져야 할 것입니다. 내가 바라기는 우리가 그 린넨 천의 백의에 대해서도 이런 영향을 끼쳐줄 수 있기를 바라는 것입니다"[4]라고 했다. 십자가에 못박힌 그리스도의 성상이 마리아와 요한의 상들과 함께 교회의 가장 잘 보이는 장소에 놓여져야 한다는 여왕의 소망에 관해서, 샌디스 감독은 이 일에 대한 그의 열정 때문에 말하기를, "나는 내 직책에서 거의 물러나게 되었으며, 여왕의 불쾌함을 초래하고 있었다"고 하였으며, 덧붙여서 "교황적 법의는 우리 교회 안에 남아 있다. 그러나 우리는 그것이 매우 오랜 시간 동안 머물지 않게 되기를 바란다"[5]라고 했다.

1560년 8월 23일 파크허스트 감독(Bishop Parkhurst)은 불링거

---

4) *Zurich Letters*, First Series, pp. 23, 52, 55, 67, 100.
5) *Ibid.*, p. 74.

에게 편지를 쓰면서, "우리가 여러 해 동안 이룬 것보다 더 큰 진정한 종교의 진전을 불과 몇 달 동안에 이룬" 스코틀랜드인들에 대한 질투를 표현했다.[6]

후에 필킹턴 감독은 편지에서 말하기를, "내가 고백하기로는 우리는 우리의 대세가 기울어지는 것을 그리고 만약 우리가 어떤 것을 매우 원했다해도 그런 소원의 간청이 하나도 받아들여질 수 없는, 그들 아래서 내뱉어야만 하는 신음소리의 고통을 참아 나갔다. 우리는 권세 아래에 있었고, 여왕의 인가없이는 어떤 혁신적인 일도 할 수 없었다"[7]고 했다. 콕스 감독조차도 이렇게 썼다. 우리는 모두, 우리의 커다란 마음의 실망 속에서, 우리의 교회들에 걸려 있는 십자가에 못박히신 그분과 그의 십자가의 성상들을 용납하도록 강요되어졌던 것이었다."[8] "처음에 되어진 첫번째 감독들과 콕스, 그린달, 혼, 샌디스, 제웰, 파크허스트, 벤담처럼 망명지에서 새로 돌아온 사람들은 그들이 처음 돌아와서 아직 그들의 사역에 임하기 전에, 교회 안에 교황적 관습을 받아들이는 일에 대항하여 그리고 의식들을 물리치기 위해서 그들은 모두 열심히 노력해야 했다. 그러나 그들은 여왕과 의회의 승인을 받을 수가 없었으며, 그 습관들은 명문화되어 버렸던 것이다."[9]

웨이크만이 말한 것을 보면, "그들은 받아들여야 할 때가 오기까지는, 여왕의 마음을 생각하여 기도서를 잠시 동안 그것의 카톨릭적 가르침과 의식들과 함께 용납하는 데에 불과했던 것이었다"고 했다. 이제 감독들이, 게다가 나아가서는 화이트헤드(Whitehead) 같은 사람들이 도저히 만족할 수 없었다면 카버데일, 길핀 그리고 샘슨 같이 양

---

6) *Ibid.*, p. 91.
7) *Ibid.*, p. 287.
8) *Ibid.*, p. 66.
9) Strype's *Annals*, Vol. i. 제1장, p. 263.

심 때문에 감독직을 거절한 사람들이나, 그들에게 동정을 갖고 있던 많은 사람들은 확실히 "진보된 개혁자들"이라고 말할 수 있는 것이다.

7. 보다 발전된 진보가 시도됨

샌디스 감독과 노웰 목사(Dean Norwell)에 의해 인도되는 다른 개혁을 향한 불굴의 노력이 보다 더 1563년의 대주교 교구회의에서 기울여졌다. 성찬식에서 임의로 무릎을 꿇고 백의와 코우프(Cope: 승려가 입은 망또 모양의 긴 외투)와 세례 때에 사용되는 십자가의 모양을 폐기하며, 성자의 날들과 축제들을 폐기하도록 고안된 결의가 적은 무리의 사람들에 의해 거부되어졌다.

8. 종교개혁이 폭 넓게 확산되기를 바라는 소망

종교개혁을 통해서 그 소망이 얼마나 폭 넓게 확산되어진 것이었는가를 보여 주기 위한 충분한 설명이 되어졌으리라고 생각한다. 버넷 감독(Bishop Burnet)은 말했다. "엘리자베스 통치의 초기에는 바다 너머로 추방된 많은 학식 있고 경건한 성도들이 있었는데 그들은 수치스러운 소문이 나도는 사람들을 책망하기 위해 성직자와 평신도들을 같이 취급하여 재판하는 재판소의 새로운 형태가 제네바와 다른 곳에 정착되어 있는 것을 보고 그것을 관찰했다. 그리고 이것들을 에드워드 시대에 보편적으로 불평의 대상이 되어온 생활의 극심한 방임에 대해 적용시키면서, 그러한 처사가 불순종자들 같은 사람들을 돌아오게 하는 매우 효과적인 방안이 될 것이라고 생각했던 것이다.[10] 그러므로 대성당 참사위원인 페리(Canon Perry)가 "엘리자베스 시대 감독들의 주된 중심은 교리적인 면에서는 칼빈주의자들이며, 질서에 있어서는

---

10) *History of the Reformation*, Vol. ii. 머리말.

장로교에 기울어져 있었던 것이다"[11]라고 한 확언은 결코 과언이라고 할 수 없는 것이다.

9. 민중 가운데서와 여왕회의에 나타난 종교개혁

궁중에서도 라이체스터의 권세 있는 라이체스터의 얼(Powerful Earl of Leicester), 프란시스 놀리스 경(Sir Francis Knollys), 바이스 첸버라인(Vice-Chamberlain), 세실(Cecil), 트레주어러 경(Lord Treasurer), 프란시스 월싱햄 경(Sir Francis Walsingham) 그리고 몇몇의 다른 사람을 포함하는 개혁자들에게 동정하는 유력한 당파가 있었다.

그리고 민중들에 대해 말하자면, 그들은 메리의 치하에서 있었던 박해에 의해 매우 격분하고 있었으며, 모든 것을 주관하는 교황권에 대해 그들의 증오심이 불붙어 있었기 때문에 권세의 강한 손길까지도 폭동으로부터 그들과 십자가상뿐만 아니라 사제들의 법의, 코우프, 백의, 제의들, 책들 그리고 깃발들까지 그들은 칩사이드(Cheapside), 바울 교회의 마당 그리고 후대의 순교의 형장이었던 스미스필드(Smithfield)로 가지고 가서 불태워버렸던 것이다. 그들은 채색된 창문들을 파괴했으며, 교황적 상징이 새겨져 있는 유물들을 손상시켰다.

10. 개혁의 주된 장해물

엘리자베스 시대에는 에드워드 시대에 있었던 것보다 더 깊고 거대한 개혁을 원하는 감정이 있었다. 무엇이 그것의 실행을 막았겠는가?

종교개혁을 볼 때보다 크고 넓게 방해를 한 주된 장해물은 무엇이었겠는가? 그 대답은 거침없이 그리고 단순하게 다음과 같이 말할 수 있

---

11) *Student's English Church HIstory*, Vol. ii. p. 291.

을 것이다. 그 주된 장해물은 엘리자베스의 강한 의지였다. 메이트랜드 박사(Dr. Maitland)는 말하였다. "그 최고 통치자가 만약 없었더라면, 영국교회는 아마도 세속 입법부에 의해 확립되어지는 정도를 훨씬 넘어선 자체 내의 정화를 이룰 수 있었을 것이다."[12]

무엇이 제네바나 다른 지방에서 확립된 '새로운 모양'을 따르게 하는 작업을 방해했겠는가? 버넷 감독은 말하기를 "이 새로운 모양을 따른다는 것이 그녀 즉 여왕에게는 큰 권세의 커다란 감퇴를 분명히 가져올 것이라는 것을 직감케 했다. 만약 종교문제가 일반인의 손에 넘어간다면 거기에는 그녀와 구분되는 세력이 세워질 것임에 틀림없으며, 그것으로 인해 그녀는 아무 권위도 가질 수가 없었을 것이었다. 이것을 그녀는 잘 알았고, 그러므로 교회의 전통적 통치를 유지시키기로 결심했던 것이었다."

11. 엘리자베스의 성품

그 상황을 잘 인식하기 위해서 잠깐 동안 우리는 엘리자베스 그녀 자신에게로 눈을 돌려 보아야 할 것이다. 헨리 8세와 앤 볼린(Anne Boleyn)의 딸인 그녀는 그녀의 개성과 성품에서 양자의 질을 복합적으로 닮았다고 할 수 있다. 그녀의 아버지에게서 그녀는 헨리 자신과 같은 단호한 의지를 닮았으며, 그녀의 모든 허영과 겉치레를 좋아하는 마음 또한 모든 종류의 과시하는 행위들은 아마 그녀의 어머니에게서 온 성품일 것이다. 그녀의 여성답지 않은 딱딱한 성품은 그녀의 목소리에서 잘 나타나고 있는데 그 음성은 마치 남성의 그것과도 같았으며, 그 목소리로 최소한의 감정의 섬세함도 없이 군인처럼 성직자들과 심지어 감독들 앞에서 선서를 하곤 했다.

---

12) The *Cambridge Modern History*, Vol. ii. p. 590.

고교회 역사가인 웨이크만은 다음과 같은 단순한 진술을 했다: "종교 문제에서 엘리자베스는 최선의 노력은 보여 주었다." 그 진술의 기이함은, 진정한 그 말의 의미를, 그녀가 전혀 종교적인 여자가 되지 못한다는 의미로 받아들일 때에야 비로소 그 본 뜻이 드러나는 것이다. 그가 말하는 것은 그녀가 카톨릭 교회의 조직과 예식에 강하게 애착을 가지고 있었고, 칼빈주의적 방법은 그녀에게 아무런 매력도 주지 못했다는 것이다. 그녀에게 독특한 종교적 감정이 결여되어 있었다는 것은 일반적으로 역사가들에게 일치되어 있는 이야기이다. "그녀처럼 종교적 감정이 전혀 없이 살았던 사람은 없었다"라고 그린은 말했다. "그녀는 거의 완전히 영적 감성이 메말랐거나 당시의 신학이 취급하는 광대한 의문에 대해 아무 의식도 없는 여자였다."

로저 아스함(Roger Ascham)에게 교육을 받을 때 그녀는 우수한 희랍어 학도였다. 그녀는 목사들과의 대화 속에서 자신의 학식과 재치를 나타내기를 좋아했다. 그녀는 용감하고 두려움이 없었으며, 거친 일을 할 능력이 있었고, 지적으로도 날카롭고 영리했지만, 웨이크만이 수긍한 것처럼 그녀는 훌륭한 예술의 완성품을 거짓으로 만들어 버렸다. 그린은 다음과 같이 말했다. "여왕에게는 큰 불쾌감을 일으키는 점이 없었지만 가장 혐오스러운 특징은 뻔뻔스럽게 거짓말을 하는 버릇이었다." 그녀의 의식주의적 기질 때문에 그녀를 칭송하고 높이는 웨이크만까지도, 그녀가 일들을 강력하게 장악하고 그 일들을 다루는 데 있어서 냉담하고 절대적으로 이기적인 마음에서 우러나온 교활과 사악함을 덧붙여 가지고 있었다는 사실을 인정했다. 그녀는 그녀의 제2의 천성이 된 거짓 탈을 쓰는 행동으로 메리의 통치 기간 중에 교황적 의식을 행하는 데에 아무런 어려움도 느끼지 못했던 것이었다.

참으로 종교적 감성의 어떤 면에서는 그녀가 어떤 의식에 몰두했던 것으로 보였다.

모든 사람의 충고에도 불구하고 엘리자베스는 자신의 예배실에 제단을 두기를 강조했고, 불을 밝힌 양초를 꽂은 촛대를 둘 것을 주장했다. 그녀는 왜 사람들이 그런 것들에 대해서 야단법석을 떠는지를 이해할 수 없었다. 그녀는 화란 대사에게 말하기를, "왜 미사에 대해서 그런 소동을 피우시오? 당신은 노는 것처럼 자연스럽게 그것에 참석하실 수는 없소?"라고 말했다. 단지 세실(Cecil)을 충고하기 위한 이유로 그녀는 성직자의 결혼을 금지시켰고 대주교의 부인을 심하게 모욕했다.

크라이튼 감독이 "그녀는 앤 볼린의 딸이 카톨릭의 군주로서 자신의 위치를 지키는 것이 불가능했기 때문에 신교도가 되었던 것이다"[13]고 말한 것처럼 엘리자베스의 신교주의는 다분히 정치적인 것이었다. 교황은 그녀가 서출태생임을 발표했었다.

12. 엘리자베스의 뜻에 의해 결정된 영국교회의 형태

엘리자베스가 호의를 보인 교회조직은, 구교와의 타협이었는데, 그 타협은 그때 이래로 계속 영국 성공회(Anglican Church)의 품 안에 있는 카톨릭주의라고 불리우면서, 지금까지 남아 번영해 온 숭세수의의 많은 요소들을 받드는 타협이었다. 그러나 주지해야 할 사실은 당시나 현재의 영국 교회는 엘리자베스의 강한 의지가 만들어 놓은 것이며, 그런 형태를 만들면서도 그녀는 신약성경에 가르쳐진 형태대로 수행하려고는 꿈에도 생각지 않았으며, 오히려 그녀의 중세적 의식들과 예식들을 향한 개인적인 편애와 정치적인 이익과 사고를 따라 행하였다. 그녀는 자신을 교회의 '최고 통치자'로 만들어 준 수장령(Act of Supremacy)이 그녀에게 가져다 준 권력을 완전히 그리고 남김없이

---

13) *The Age of Elizabeth*, p. 125.

활용했던 것이었다. 그녀가 그녀의 가장 훌륭한 감독들과 성직자 그리고 백성들이 열망하던 보다 큰 종교개혁의 길에 굳게 서 있었을 뿐만 아니라 교회를 에드워드 시대보다 더 중세적이며 보수주의적으로 만들어 놓을 수 있었던 것도 바로 이 '최고 통치자' 라는 지위에 의한 것이었다.

13. 엘리자베스에 의해 무시된 교회의 독립적인 권위

최근의 어느 역사가는 여기에서 매우 이례적인 주장을 피력했다. 그는 주장하기를 엘리자베스는 "그녀의 아버지와 오빠의 경험으로 왕실의 권위를 교회의 세력 범위 안으로 밀어 넣는 것이 잘못되었다는 것과, 교회를 국가의 한 예속기관처럼 다스리는 것의 잘못을 배웠다…그녀는 교회세력의 독립적 권위를 보존하는 데 세심했다. 그 어떤 것도 그녀의 왕관이 교회의 사법권의 근원이 된다고 하는 주장에 대한 엘리자베스의 거절보다 더 분명한 것은 없었다…왕관이 갖는 개혁하는 권력이 왕관을 쓰는 사람의 개인적인 뜻이나 정책의 긴박성에 좌우되어 변덕스럽게 또는 아무렇게나 사용될 수 있는 위험은 최소한도로 줄어들게 되었던 것이었다.[14]

이 진술들은 증거가 충분치 못할 뿐만 아니라 현저하고도 명백한 사실들에 분명히 위배된다. 교회의 정치는 '순전히 시민정부의 업적'이었다고 인정한 사람이(p. 312) 바로 이 진술을 한 그 작가였다. 엘리자베스에게 주어진 '최상의 통치권'은 죽은 문서가 아니었다. 오히려 그녀가 극도의 한계점까지 불어 넣은 법정적 실재성을 가지고 있었던 것이었다. 에드워드의 기도서에 반동적 변화를 일으킨 사람이 그녀라는 것만은 의심할 여지가 없다. 엘리자베스 시대의 감독들 간에는 법

---

14) Wakeman's *History of the Church of England*, pp. 307, 308.

의와 예식들에 반대하는 완전한 실제적인 합의가 있었지만 여왕이 그것을 강조했기 때문에 그대로 계속 행해졌다. 그녀의 왕실의 뜻이 발휘할 수 있는 힘의 범위의 한 예를 들어 보면 20번째 조목에, 대주교 교구회의의 서명이 담긴 사본이 아닌, 여왕이 첨가해 붙인 조항을 삽입해 넣었는데, 그 조항은 교회에게 의식과 예식들을 명령할 수 있는 권세를 준 조항이었다. 비슷한 일로 1576년에 그녀는 대주교교구회의의 상, 하 양의회를 다 통과한 법규에서 일부 조항들을 빼내어 버렸다.[15] 대주교 그린달은 여왕이 '해석하는 행위'를 폐지하라고 하는 지시를 거절했을 때, 그녀는 그를 직무정지시키고, 그런 상태로 죽을 때까지 남아 있게 했다. 크라이튼 감독(Bishop Creighton)이 말한 것처럼, "그린달은 왕실의 대권이 한낱 빈 이름에 불과한 것이 아니라는 것을 자신의 희생을 지불하고 발견했던 것이다."

여왕은 변덕스러운 뜻에 의하여, 평범한 일상적인 존경조차도 감독들에게 보여주지 않았다. 그녀는 습관적으로 대감독인 파커(Parker)를 모욕했는데, 파커는 그녀에게 있어 고양이 발톱에 불과한 존재였다. 그녀는 결원이 된 감독직들을 그대로 유지했으며, 자신의 목적에 맞게 수입들을 전용해서 썼던 것이었다. 일리(Ely)의 감독 즉 콕스(Cox)가 사직하기를 망설이고 있었을 때 여왕은 그에게 다음과 같은 단호한 서신을 보내었다. "존경하는 감독님, 나는 당신이 그 협정에 따르기를 주저하는 것을 이해합니다. 그러나 나는 당신을 내가 죽일 수도 있다는 것을 당신이 알게끔 하고자 합니다. 그리고 만약 당신이 나의 요구에 즉시 따르지 않는다면 G-에 의하여, 나는 즉시 당신의 성직을 박탈할 것입니다. 당신이 품격을 떨어뜨리고 있는 엘리자베스."

런던의 감독이 엘리자베스 앞에서 의상의 허영에 대해서 설교했을

---

15) Wilkin's *Concilia*, sub anno 1576.

때 그녀는 그녀의 귀부인들에게 말하기를, "만약 그가 그런 문제에 대해 좀더 설교했다면 나는 그를 즉시 천당으로 보냈을 것이다. 그러면 그는 천당을 감독의 지팡이 없이 걸어가야 하고, 그의 망토를 그의 뒤에 남겨두어야 할 것이다!"라고 했다.

참으로 그녀의 최고권과 교회의 타협이 한 번 이루어진 후로 우리는 그녀가 교회 문제에 대한 의회의 간섭에서조차도 보다 큰 간섭을 허용치 않는 것을 보게 될 것이다. 그것이 최고 통치자로서의 그녀의 일이었다. 보다 많은 법률을 제정할 필요가 있을 때에는 그녀는 고등위원회 법정을 통해서 보충하곤 했다.

14. 기도방법 통일법령은 처음에 엄격히 강요되지 않았다.

엘리자베스 통치의 초기에는 교회법들이 엄하게 강요되지 않았다. 개교구 교회들의 예배에는 많은 양의 자유가 성직자에게 주어졌다.

비서인 세실에 의해 작성된 한 보고서에 따르면, "어떤 사람은 '교회법서'의 명령을 소중하게 지켰고, 어떤 사람은 박자에 맞춰 시편을 불렀고, 어떤 사람은 성가와 기도는 교회 앞의 찬양대석(Chancel)에서 해야 한다고 했고 또 다른 사람은 백의를 입지 말아야 하다고 했다.

어떤 곳에서는 책상이 벽에서 1야드 거리에 있는 제단의 알맞은 자리에 있었고 다른 곳에서는 북쪽이나 남쪽에 있는 찬양대석의 중앙에 놓여 있었다. 어떤 곳에서는 책상에 카페트가 깔려 있었고, 다른 곳에서는 깔려 있지 않았다. 어떤 성찬예식 집전자는 백의와 모자를 썼고 어떤 사람은 백의만을 입었고, 어떤 사람은 아무것도 입지 않았다. 어떤 사람은 성찬을 무릎을 꿇고 받았고, 어떤 사람은 서서 혹은 앉아서 받았다. 어떤 사람은 세례반에서 세례를 받았고, 어떤 사람은 웅덩이에서 받았다. 어떤 사람은 십자가의 모양으로 성호를 그었으며, 어떤 사람은 하지 않았고, 어떤 사람은 사각형 모자를 썼고, 어떤 사람은 둥근 모자를, 또 납작한 모자를, 또 다른 사람은 높은 모자를 썼다"고 기록한다.

15. 여왕과 교회의 엄격한 계급

여왕은 이 모든 변칙적인 예배행위들을 듣고 분노를 느꼈다. 그래서 대감독들에게 엄격한 통일을 지키도록 하라고 훈령했다. 여왕이 시달하는 일을 하는 데에 파커보다 더 적당한 사람은 없었다. 파커는 고대 교회에 대한 글을 썼던 사람이었으며, 고대 유적연구가의 정신을 가진 사람이었다. 왕실의 노예로서, 그리고 고등판무관 회의의 대표자로서 파커는 왕실의 마님의 명령을 실행하는 데에 가장 충실한 하수인이었다. 풀러(Fuller)는 "파커는 실로 울타리를 지키는 일과 교육의 문호를 폐쇄하는 데에 사려깊은 사람이었다"고 했다.

풀러가 말한 바로 이 점이 실로 파커의 주된 특기였다. 그러나 파커는 행동에 있어서는 굉장히 무자비하지만 말하는 데에는 매우 부드러웠기 때문에, '말주변 좋은 마태' 혹은 정책적으로 신교주의와 카톨릭주의를 혼합하는 데에 그 자신을 관리자로 투신한 데에 대한 경멸의 표시로서 붙여진 보선공 감독(lince-wolsey bishoppe)이라는 별명을 얻었다.

16. '광고'와 그 결과들

이제 파커는 엄격한 계급주의적인 정신에서 여왕의 훈령을 실천하기 시작했다. 그는 1566년에 있었던 '광고'라고 불리운 소논문들의 한 시리즈를 발표했는데, 그것을 위반하면 파면이라는 전제하에서 의식들을 엄격하게 일치시키라는 명령과 법규들을 싣고 있었다. 파커에게 런던의 훌륭한 사역자로 인정을 받은 98명의 목사 가운데에서 런던에서

만 37명이 그 명령에 따르기를 거부하여 직책이 유보되었으며 그들의 봉록을 압류당했다. 직책이 보류되거나, 박탈된 사람들 가운데에는 에드워드 치하에서 엑세터의 감독이었으며 성경 번역자였던 덕망 높은 주교 마일스 커버데일이 있었는데 그는 81세 직후부터 죽게 될 때까지 돈 한 푼 없이, 집도 없이 떠돌아 다녀야 했다.

그리고 켄터베리와 아르마의 대주교직을 거절했던 데이비드 화이트헤드 같은 사람이 있었고, 놀위치의 주교직을 제공받아 그리스도의 교회의 목사가 된 토마스 샘슨 박사가 있었다. 그리고 옥스포드의 막달렌 대학(Magdalen College)의 총장이며, 신학의 흠정강좌 담당교수가 된 로렌스 험프리 박사(Dr. Laurence Humphrey), 설교가와 학자로서 유명한 토마스 리버(Thomas Lever), 웰스의 목사인 윌리엄 터너 박사(Dr. William Turner) 그리고 순교사가인 존 폭스(John Foxe) 등의 사람들이 있었다. 청교도주의는 그러한 이름들을 부끄러워할 아무런 이유도 없는 것이다.

17. 헛된 충고

쮜리히의 갈터(Gualter)나 불링거 같은 그리고 제네바와 프랑스 성도들 중에 베자(Beza)와 같은 대륙의 지도적 개혁자들은 여왕에게 파커의 명령에 불복했던 사람들을 위해 탄원을 하라고 주교들에게 요청했다. 그리고 스코틀랜드 총회는 에딘버러(Edinburgh)에서 영국에 있는 주교들과 목사들에게 '인간의 양심은 얼마나 부드러운 것인가' 하는 것을 기억하고 남들이 자신들에게 하지 못하게 할 그런 일을 남들에게 하지 말 것을 간청했다. 그러나 그러한 탄원들은 모두 허사로 돌아갔다. 스파이들이 모든 교구에 항상 배치되었고 그들은 순응하지 않는 모든 행위를 적발하겠다는 선서를 하고 있었던 것이었다.

18. 많은 교회들이 폐쇄됨

그 결과로 런던에서조차 많은 교회들이 성직자의 채용을 박탈하기 위해 폐쇄되었다. 그리고 북부 지방의 상황은 더욱 심했다. 샌디스 감독은 여왕 앞에서 설교하면서 말하기를, "당신의 백성 중 많은 사람들, 특히 북부 사람들이 양식이 없어 죽어가고 있으며, 7년 동안 많은 사람들이 설교를 듣지 못했으며, 그 때문에 나는 17세에 설교를 해도 된다는 허락을 받았던 것입니다. 그리고 그들의 핏값은 누군가가 지불해야 할 것입니다"라고 했다. 성직을 박탈당한 사역자들 중에 어떤 사람은 세속적인 일에 의지해 살았고, 어떤 사람은 대륙으로, 혹은 스코틀랜드로 갔고, 어떤 사람은 개인가정의 목사가 되었다. 그러나 그들 중의 많은 사람이 거지 신세가 되었다.

민중의 깊은 불만이 터져 나오기 시작했고, 그것은 여왕의 귀에까지 들려졌다. 대주교의 비서인 세실은 대주교에게 죄인들을 풀어주고, 교회들을 도와야 한다고 주장했다. 그러나 대주교는 대답하기를, "나는 여왕의 일을 하기 위해 세움을 받은 사람이다"라고 했다. 그리고 이 '까다로운 무리들'을 감옥에 보내는 것이 여왕의 뜻이라고 했다.

19. 영국에서의 국교 반대 운동 시작

마침내 성직을 박탈당한 사역자들의 많은 숫자가 솔직한 토론을 거듭한 후에 국교회에서 탈퇴하는 것이 자신들의 의무라는 결론을 내렸으며, 기회가 있는 대로 개인의 집에서 앞에서 말한 낙스의 기도서를 사용하는 예배를 드리기 위해 모였다. 그들은 장로들을 선정했고, 성례를 집전했으며, 야외의 들판이나 테임즈 강의 배 위에서, 혹은 개인의 집에서 모이는 등 할 수 있는 한도 내에서 자주 모여서 제네바 예배서에 쓰여 있는 대로 장로교 계통의 성도양육을 힘썼다.

만약 교황적 법의 등과 같은 비위 상하는 예식들이 개인의 재량권에 맡겨졌었다면 어쩌면 오늘날까지도 피해질 수 있었을지 모를 비극적인 분파와 영국에서의 국교 반대운동이 이때에 처음 시작되었던 것이었다. 탈퇴한 청교도들의 지도자들로서는 콜맨, 버튼, 핼링검, 벤슨, 화이트, 로울랜드, 호킨스 등 런던의 주교관구의 모든 녹을 받는 성직자들이 포함되어 있었으며, 많은 추종자들을 가지고 있었다.

20. 교회에 머무른 유능한 청교도들

그러나 청교도들 중에 보다 유능하고 저명한 인사들을 포함한 많은 수의 청교도들, 즉 험프리, 폭스, 샘슨, 리버, 위팅검 그리고 앞에서 이름을 든 생계의 수입을 빼앗긴 사람들 같은 목사들이 기회가 주어지는 곳에서 성직사역을 계속하고, 그들이 원하는 종교개혁을 실천키 위해 노력하면서 국교의 성직에 남아 있기로 작정했다.

21. 체포되고 수감된 탈퇴자들

1567년 6월 19일 국교의 탈퇴자들이 설교와 성만찬의 예식을 위해서 플럼버의 홀(Plumbers Hall)이라고 불리우는 방을 빌렸으며 수백 명의 신자들이 모였다. 그러나 그 회합은 발각되어 보안관리들에 의해 깨어졌다. 그리고 그 자리에 나왔던 사람들의 대부분이 체포되어, 플리트 감옥과 그 밖의 감옥들에 투옥되어졌다. 마지막으로 그들 가운데 7명의 여자를 포함한 31명이 브라이드웰 감옥에 보내졌고, 거기에서 그들은 1년 간 구금되어 있었다.

여기에서 우리는 이내 국제적 중요성을 갖는 운동으로 성장할 특징적인 운동으로서의 영국 청교도주의의 출현을 보게 된다.

제 2 장

새로운 교회법의 요구

1. 논쟁이 새로운 국면을 예상함

진보된 개혁자의 한편과 또 다른 한편으로 엘리자베스와 그녀의 지시를 받는 사람들이 벌이는 논쟁 가운데 놓여 있는 문제점들이 이제 변화를 만나게 되었다. 청교도들이 엘리자베스의 통치 첫번 십 년이 지나는 동안 항쟁해 온 것은, 법의들과 미신적인 예식들이 개혁되어야 하거나 최소한도로 개인의 신앙 양심상 임의로 취급되도록 남겨져야 한다는 것이었다. 그 십 년이라는 투쟁의 과정 동안 청교도들이 확신한 바는 최고 통치자로서의 엘리자베스와 그녀의 말 잘 듣는 하수인들과 감독들의 손에 교회행정이 장악되어 있는 한에는 특별한 개혁의 희망이 없다는 것이었다.

2. 부단히 실행된 악습들

역겨운 의식들과 예식들 이외에 일련의 실제적인 악한 일들이 줄지 않고 계속해서 남아 있었다. 성직에서 청교도들을 제명함으로 많은 교회들은 교육을 받지 못한 것은 물론, 기계적으로 움직이는 사람들을 성직자로서 모시는 것에 만족해야만 했다. 그런 성직자들은 사람들에게 업신여김을 받았으며 그들 중의 많은 사람들은 글자도 제대로 쓰지 못했을 뿐만 아니라, 생활에서도 악평이 자자했었고 교황에 대해 상당히 동정적인 자들이었다.16) 콕스 감독이 세실에게 쓴 서신에 의하면, 그들은 "매우 무지하고 게으르고 음탕한 많은 수의 빈약하고 소경인 사제들"17)이었다.

많은 경우에서 교구의 수입은 봉급만 받고 봉사를 하지 않는 부재자들과 여러 곳을 겸해서 관할하는 복직자들이 가져갔다. 위트기프트(Whitgift)는 그 자신이 트리니티 대학의 학장이었고, 피버샴(Feversham)의 교구목사였다. 그는 엘리의 녹을 받는 성직자였으며, 링컨 대학의 학장을 동시에 맡고 있었다. 런던에서조차 많은 교회들이 문을 닫아야만 했고 설교는 드물게 행해졌다. 샌디스 감독이 여왕 앞에서 설교하면서 증거한 내용, 즉 "그 영향은 그녀의 백성 중의 대부분이 7년 동안 설교를 듣지 못해서 나는 17살의 나이에 설교를 해도 된다는 허락을 받았다"라는 말은 이미 인용된 바 있다.

뱅골(Bangor)의 감독은 그의 감독관구에 단지 두 명의 설교자만을 가지고 있었다고 했으며, 엘리자베스 자신이 그린달에게 하나의 주 전체에 세 명이나 네 명의 설교자만 있으면 충분하다고 말했다고 한다. 마지 못해서 따르는 양떼들에게 값어치 없는 목회자들이 배당되어졌고, 사람들은 아무런 영적 목회를 받지 못했다. 1571년 여왕을 향한 하원의 청원이 진술한 바에 의하면, "많은 수의 사람들이 파렴치한 생활을 하고 있는 사람들을 목회자로 모시고 있다"고 했다. 그 결과는, "주님의 이름에 대한 일상 습관적인 신성모독과 생활의 지극히 사악한 방탕과 파문장의 남용, 많은 숫자의 무신론자와 교황주의자의 증가 그

---

16) Strype's *Op. cit.*, 138, 177; Collier, 436, 465.
17) *Ibid.*, 부록.

리고 개신교의 촉박한 위험"이 초래되고 있다고 밝혔다.

리버, 샘슨, 폭스 등이 성직을 박탈당하고 괴로움을 당하는 반면 부룩크가 증거한 바에 따르면, "간단하게 서약을 한 자들, 술주정뱅이 그리고 다른 종류의 성스럽지 못한 성품들을 가진 저질적인 수천 명에 달하는 사역자들이 오직 예식을 행한다는 이유만으로 삶을 즐기며 고위의 성직을 획득했던 것이었다." 스트라이프(Strype)는 성직의 고위 계급에 대해 말하기를, 그들은 "남은 녹봉을 쌓아 놓으며, 아무곳에서도 일상적으로 거주하지 않고 목회를 게을리 하며, 그들 중의 많은 자들이 자신의 지역을 게을리 돌보고, 삼림을 낭비하며 처와 자녀들에게 혹은 필요에 따라서는 다른 사람에게 재산을 상속하거나, 성직을 수여하는 일을 자행했던 것이었다"라고 했다. 그리고 계속 말하기를, "교회들은 급격히 황폐하고 부패되어 갔으며, 더러움과 불결함으로 가득 차졌고 하나님을 향한 예배도 매우 추악한 모습이 되었다…평신도 중에서야 겨우 약간의 신앙을 찾아볼 수 있을 뿐이었다. 공동 기도서는 별로 자주 사용되지 않았다. 어떤 사람들은 전혀 하나님에 대한 봉사를 하지 않고 살았으며 많은 수의 사람들이 교도이었거나, 혹은 무신론자였다. 여왕의 궁정 자체가 아무런 교구의 관할 하에 속해 있지 않은 지대였기 때문에 향락주의자와 무신론자들의 안식처가 되었으며 무법의 지대라고 부를 수 있었을 정도였던 것이었다."[18]

그들이 감독들을 선출하는 모양부터가 특별히 고상한 마음과 양심을 가진 사람들에게는 모욕적이었다. 그 과정은 다음과 같은 것이었다. 먼저 꽁즈 델리르(Conge d' elire)라고 부르는 감독을 선출하라고 하는 허가서가 교구의 총회로 보내어지는 것인데 그것은 오늘날에도 똑같이 행해지는 일이다. 그러나 거기에 첨부되는 문서에는 그들이 재산의 손

---

18) Strype's *Parker*, p. 395.

실과 감옥에 투옥되는 고통을 피하기 위해서 선출하지 않으면 안될 인물의 이름이 적혀 있었다. 그럼에도 불구하고 그들은 자신들의 선택을 인도하시는 성령님께 모든 절차를 의탁하는 듯한 형식을 치루는 것이었으며, 현재에도 역시 그런 형식을 빌어 가장하고 있는 것이다!

3. 새로운 교회조직의 요구

그리하여 청교도들과 그 시대의 진실한 사람들은, 지금 널리 퍼져 있는 부패와 타락 그리고 치료 불가능한 모든 것들이 교회의 조직에 그 원인이 있기 때문에 무엇보다도 절실히 요구되어지는 것은 당장에 보다 성경적이고, 보다 효과적인 교회정치 기구의 형식을 만드는 것이라는 결론에 이르게 되었다. 그들이 말하는 교회의 형태는 후에 영국 국가 체제의 형태를 부여했으며, 또 그것은 장로교사상에서 취해낸 것으로서 통치를 받는 사람들이 뽑은 위원회가 다스리는 통치형태이며, 그러한 형태는 전세계의 모든 자유단체들과 자유사회들에게 적용되었던 형태인 것이었다.

청교도들은 이론가에 불과한 사람들은 아니었다. 그들은 한때 대륙에서 장로교조직과 그 조직으로 이루어진 성도양육의 결실을 본 적이 있었던 사람들이었다. 그들의 마음은 게으름 속에서 멸망하여 가는 영혼들을 향한 연민과 너무나도 번성하게 퍼져가는 악한 관행에 대한 우려로 가득 차 있었다. 그들은 보다 신실한 목회사역과 보다 효과적인 교회행정 그리고 보다 훌륭하고 보다 거룩한 성도들을 원했다. 그래서 그들의 소망을 이루기 위해 새롭고도 빠른 지름길인 의회에 직접적인 탄원을 하기로 결심했다.

4. 의회에 대한 탄원

그러나 구제의 희망이 의회에 대한 탄원에 진실로 있었던가? 그렇다! 거기에 참으로 희망이 존재했다. 1571년의 의회는 사람들이 가지고 있는 감정과 소망에 대해 크게 공감하고 있었다. 온 나라가 교황권에 대한 두려움에 떨고, 청교도들이 탁월한 비중을 차지하고 있는 성직을 박탈당한 성도들을 다스리는 엘리자베스와 그녀의 아부자들에 대해 깊은 실망을 느끼고 있을 때, 당시의 대부분의 지주들과 영국의 귀족계급은 청교도였거나 청교도들에 대해 동정심을 가지고 있던 사람들이었다는 표시가 의회에서 나타났던 것이었다.[19] 할람은 다음과 같이 말했다. "엘리자베스와 제임스는 고교회(the High-Church)의 큰 후원자였지만 그들이 상담할 수 있는 친구는 소수에 불과했다."

5. 교회 개혁안의 제출

그리하여 1571년에 근엄하고 보수적인 스트릭랜드(Mr. Strickland)라는 이름의 의원에 의해 의회에 교회 개혁안이 제출되었다. 여왕의 재무상의 "의식에 관한 모든 문제들은 여왕의 제시에 의한 것이다. 그러나 왕실의 대권을 가지고도 그 문제들을 중재하고 간섭한다는 것은 손쉬운 일은 아니었다"라고 한 말은 그를 가리킨 것이었다. 스트릭랜드는 의회 출석을 정지당했다. 의회는 즉시 다음과 같은 주장을 공포했다. '의회의 특권이 침범을 당하였다. 왕권에 의한 의회의 권리 침범은 백성의 자유와 신임을 배반하는 행위를 하지 않고서는 복종될 수 없는 것이다. 더구나 본질적으로는 왕권을 제한시킬 권위를 가지고 있는 의회는 교회와 교회의 성도양육 그리고 의식들에 관한 모든 문제들을 취급하기에 무엇보다도 합법적인 기관인 것이다"라고 하는 선언이었다. 참으로 이 선언의 힘은 기도방식 통일법령(Act of Uniformity)에 효과적인 힘의 과시를 보여 주었다. 스트릭랜드는 의

---

19) Hallam's *Constitutional History of England*, quoted in the Introduction to this volume.

회의 이름으로 내려지는 교회의 저주를 받는 대신에, 여왕과 최고 주권 아래에 있던 감독들이 함께 발부한 통지를 받고서 의회에서 그의 자리를 되찾았던 것이었다.

6. 통과된 두 개의 조항

조금도 굽히지 않는 스트릭랜드는 똑같은 방향으로의 전진을 계속했다. 그러자 목회자들을 장로교적 방식으로 임명하는 것을 인정하는 한 가지 조항이 통과되었다. 트래버스는 후에 이 인정된 조항을 그가 안트워프(Antwerp)의 장로로 임명을 받는 일의 합당성을 고수하는 데에 사용하였고, 그린달은 습관적으로 그 조항을 의지하여 일을 했다.[20] 교회의 율령이나 의식에 게재되는 것이 아니라 오직 교의상의 조항에만 명기되기를 요하는 또 다른 조항이 이 회기 동안에 통과되었다.[21] 그 결과 청교도들은 성직자의 봉록을 박탈당하고 구박받고 약탈을 당했던 일들이 오직 감독들과 왕실의 불합법적인 취급이 이루어 놓은 사건이었다는 것을 보여줄 수 있게 되었다.

7. 용감한 청교도 지도자

1572년의 회기 중에 똑같은 정신이 나타났다. 감독들이 성직자에게 기도서에 있는 것과 다른 의식이나 예식들을 행할 수 있도록 허용하는 법안이 제출되었다. 그 법안은 재무관인 프란시스 놀리스 경(Sir Francis Knollys)의 지지를 받고 이어 하원을 통과했으나 여왕에 의해 거부되었고 의회는 휴회되었다. 의회는 그 후 3년 동안을 모이지 못하다가 1575년에 다시 열렸다. 이때 청교도들의 두려움을 모르는

---

20) Strype's *Grindal*, vi. 제8장.
21) Hallam's *Op. cit.*, 제4장.

지도자인 피터 웬트워드 경은 자신들의 특권에 대한 간섭에 대해 세심한 주의를 기울이라고 주장했다. 그는 말했다. "자유롭게 말할 수 있는 국가와 군주를 보존하는 것보다 더 필요한 것은 아무것도 없다. 이것이 없이 의회를 의회라고 칭하는 것은 우스갯거리요, 조롱거리에 불과한 것이며 사실상에 있어서는 아첨꾼과 거짓된 위장을 가르치는 학교 이외에 아무것도 아니다. 그리고 그런 의회는 마귀와 그의 천사들을 위해 봉사하는, 가장 마귀들에게 적당하게 이용되는 장소에 불과하다. 왕은 참으로 사람 아래에 있어서는 안될 것이다. 그러나 왕도 하나님과 법의 지배를 받아야 한다. 왜냐하면 법이 그를 왕으로 만들었기 때문이다."[22)]

이것은 절대적인 튜더왕권을 감독하기 위해 던져진 격렬한 선언이었다. 피터 경은 은폐되어 런던탑에 투옥되었다. 그러나 여왕은 의회를 통한 백성들의 힘이라고 할 수 있는 영국 통치자들의 의식 위에 이제 서서히 동이 터오기 시작하는(용맹한 청교도들에게 감사해야 할) 힘과의 충돌을 두려워하게 되었다. 그래서 웬트워드(Wentworth)는 곧 풀려나게 되었다. 그러나 가혹한 처사들은 약화되지 않았다. 스트라이프(Strype)에 따르면 1572년 중에 100명 이상의 성직자들이 성직을 박탈당했고, 차크(Charke), 브라우닝(Browning), 디어링(Deering) 같은 학자들이, 청교도들의 보금자리라고 불리어지던 케임브릿지에서 면직되었다.

8. 지나간 양보의 시간

할람은 다음과 같이 옳게 말하였다. "자유의 승인이 이르기까지에는 많은 사람이 고초를 겪어야 했다. 대주교의 관용이 없는 혹독한 기질

---

22) D'Ewes, *Journals of Parliament*, pp. 157 et seq.

은 교회의 계급제도를 위한 싸움, 그리고 심지어 성직자가 쓰는 목도리나 백의를 위한 싸움까지 벌였다. 그리하여 영국의 속세의 율령 전체를 장악하고 사람들을 핍박했던 대주교의 권위에 대해 사람들이 의문을 갖게끔 만들고 가르쳤다. 주권자에게는 영국 국교회 위에 군림하는 절대적인 지도력이 부여되어졌었고, 할람이 지적한 대로 감독들이 속세의 관원의 서열 명부에 오르게 되었다. 청교도들은 교회의 자치권을 회복하려는 목적을 위해서 의회에 탄원을 했다.

9. 의회에 대한 충고

한 논문이 알더메리(Aldermary)와 런던의 목회자인 존 필드(John Field)와 토마스 윌콕스(Thomas Wilcox)에 의해 쓰여졌다. 그 논문은 당시에 널리 퍼져 있는 부패와 악습들을 설명하며, 교회가 하나님의 말씀과 개혁교회에 보다 가깝게 일치하고 그런 모습의 행적을 답습하게 되기를 기도하는 내용의 논문이었다. 이 논문이 바로 그 유명한 의회에 대한 충고이다. 이 논문은 23부분으로 구분지어져 있고, 보다 큰 종교개혁이 일어나기를 기원하면서 베자(Beza)가 라이체스터의 얼(Earl)에게 쓴 글과 파크허스트 감독(Bishop Parkhust)에게 보내는 만족할 만한 글이 첨부되어 있었다. 이 논문은 매우 유용한 서류였으며, 할람이 말한 것처럼, "항쟁에 있어서 가장 중요한 대목을 이룬 글이었다." 이 논문에 큰 중요성이 부여되고 청천벽력이 된 이유는 의회에 적을 둔 사람의 대부분이 청교도였고 의회가 전체적으로 그 글에 귀를 기울이려는 경향으로 기울어졌으며 그 논문이 찾고 요구하는 바를 승인했기 때문이었다.

10. 논문 때문에 비둘기장 같은 교회가 요동하게 됨

계급주의적 비둘기장 속에 논문이 소동을 일으켜 놓았다는 것은 실로 이상스러운 사실이었던 것이다. 극도의 노력이 그 논문의 판매를 금지하기 위해 기울여졌으나 그 책의 판수는 계속 그 수를 더해갔고 많은 사람들에게 읽혀졌다. 인쇄자를 찾아내려는 파커의 노력과 그의 울화는 무익하고 우스꽝스러울 뿐이었다. 엘리자베스는 두 가지 사실, 즉 한 가지는 그 논문이 말하고 있는 주제 때문에 그리고 또 한 가지는 그것이 그녀를 향한 것이 아니라 의회에 보내어졌다는 두 가지 사실 때문에 매우 격분하고 있었다. 그래서 그녀는 그것을 반대하는 선언을 하였다. 그 논문의 저자인 필드 윌콕스는 뉴게이트 감옥에 넘겨졌으며 거기서 4개월을 머무른 다음 1년의 실형을 선고받았다.

11. 토마스 카트라이트

그러나 주시를 요하는 새로운 투사가 이제 그 투쟁장 안으로 들어서고 있었다. 인간사에서 어떤 커다란 운동이 주위의 지지자들을 불러모으게 하고 투쟁 속에서 사람들을 지도하고 힘을 불어 넣어 줄 유능하고도 능력있는 지도자가 출현할 때까지 지도자 없이 오래도록 외로운 전진을 계속했다는 것은 참으로 드문 일이 아닐 수 없다. 이제 그의 운명을 우리가 따르게 되는 참된 지도자가 그 운동 속에 나타났다. 그 운동은 날카로운 지성과 깊고도 넓은 학식, 유창한 웅변, 목적에 대한 철저한 정직성, 뜨거운 경건성 그리고 성품에서 나오는 억압할 수 없는 에너지와 힘을 가진 지도자를 찾는 것이었다. 그에 대해서 영국 국교회의 역사가들은 가치를 저하시키고 무시하려고 했지만 그는 억압하려는 모든 노력에도 불구하고 다시 일어나곤 했었던 것이었다. 아마도 그 당시에 유럽에서 가장 유명한 신학자는 제네바에서 칼빈의 후계자였으며, 프랑스의 위그노들의 기억할 만한 항쟁에서 신임을 받았던, 상담자였던 데오도르 베자(Theodore Beza)였을 것이다. 베자는 그가 다음과 같이 언급한 청교도 지도자와 밀접한 친분 관계를 가지고 있었다. 즉 그는, "내가 생각하기로는 태양이 토마스 카트라이트 보다 더 학식 있는 사람을 보지 못할 것이다"라고 카트라이트를 높였 던 것이었다. 카트라이트에게 공정했던 몇 안되는 현대 역사가들 중의 한 사람인 프루드(Froude)는 케임브릿지에서의 그의 출현에 대해, "천재적인 사람의 갑작스러운 출현"이라고 말했으며 마르스댄(Marsden)은 그의 저서 『초기 청교도들의 역사』(History of the Early Puritans) 속에서 카트라이트에 대해 서술하기를, "그 이름이 역사 속에 남아 있는 사람"이라고 했고, 그의 중요성에 대해서 서술하기를 "그를 존경하는 사람들의 끝없는 찬미와 그의 적들이 갖는 좀처럼 용서할 수 없는 원한스런 증언의 두 가지 증언이 함께 나타나게 되었다.

호머(Homer)의 영웅들이 파트로클루스의 시체를 놓고 싸웠던 전투도 모든 전승되는 시대의 작가들이 위대한 원리들과 힘있는 당파의 대표인 이 위대한 청교도 성도의 평판을 놓고 싸운 전투보다 더 처절하지는 않았을 것이다(p. 21).

12. 케임브릿지에서의 카트라이트

카트라이트는 1535년 허트포드 수에서 태어났다. 15살에 그는 훌륭한 사회적 위치에 있던 양친들에 의해 케임브릿지의 성 요한 대학으로 보내어졌다. 거기서 그는 그 당시 그 대학의 학장이던 토마스 리버(Thomas Liver)와 브릴 박사(Dr. Brill)의 영향 아래 있게 되었다. 배움의 자리보다도 더 청교도주의의 성장을 신속하고도 넓게 확장시켜 주는 곳은 아무데도 없었다.

부처(Bucer)가 케임브릿지에서 그리고 마터(Martyr)가 옥스포드에서 결실을 맺었던 것처럼 카트라이트에게 토마스 리버와 브릴에 의해 씨가 뿌려졌던 것이었다. 이 당시에 케임브릿지에서 가장 크고 번창하는 대학이 바로 성 요한 대학이었는데 그곳은 개혁주의 교리에 완전히 바쳐진 대학이었다. 1565년에 성 요한 대학의 300명의 학생들은 거룩한 예배에서 습관적인 의복을 착용하는 것과 실례에 따라서 습관적으로 트리니티를 부르는 것을 거부했다.

법의를 강요하는 모든 시도를 비난하며 관용을 기원하는 내용으로 계시된 서류 속에서 후에 가장 악독하고도 거세게 청교도들을 박해한 위트기프트(Whitgift)의 이름을 찾을 수 있다는 것은 재미있는 일이다.

13. 영예를 얻은 성숙

커다란 탁월성을 가질만큼 빠르게 자라난 카트라이트는 진보된 개혁자가 되었다. 그리고 메리 여왕의 박해(Marian Persecution)가 계속되는 동안에 그는 케임브릿지를 떠나서 법률 학도로서의 기간을 가졌다.

1560년 그가 돌아온 다음 해에는 성 요한 대학의 특별회원으로 선출되었다. 3년 후에는 현저한 학식과 평판으로 인해 상급 특별회원 중의 한 사람으로 선출되었기 때문에 트리니티 대학으로 자리를 옮겼다.

여왕을 방문했을 때 그는 그녀 앞에서 논쟁하기 위해 선출되었던 학자들 중의 한 사람이었다. 그에 대해서 로저 아스함(Roger Ascham)은 다음과 같이 말했다. "여왕 폐하의 말년에 훌륭하게 나타난 사람들의 모양으로 볼 때 거기에는 힘세고 커다란 재목으로 성장할 것 같은 좋은 나무들이 많이 있었다." 1567년에 카트라이트는 문학사 학위를 취득했고, 1569년에는 레이디 마가렛(Lady Margaret)의 신학교수가 되었다. 사도들에 대하여 강론하는 그의 사도행전 강좌는 많은 청중들을 끌어 모았고, 그가 성 메리의 교회에서 설교했을 때에는 그 장소가 군중들을 수용할 수 없어서 실내로 들어오지 못한 사람들에게 그의 설교를 듣게 하기 위해서는 부득이 창문들을 뜯어 내어야만 했다. 그리고 그가 무엇보다도 위대했던 점은 사람들의 창조적인 정열을 끓어 오르게 만드는 것이었다. 카트라이트의 설교들은 다음 주일에 위트기프트에 의하여 응수되어졌다. 이 두 사람의 각자의 성취에 대해서 풀러(Fuller)는, "만약 카트라이트가 학식에서 위트기프트보다 좀더 우수했다고 한다면, 위트기프트는 설사 보다 소수의 사람들만이 자신을 따른다고 할지라도 카트라이트의 우수성을 저지하는 데에 좀더 큰 힘을 가지고 있었다"라고 말했다.

14. 카트라이트를 반대하는 장해

위트기프트의 예에서 보는 것같이 특별한 장해들이 카트라이트에 대해서 공식적으로 나타났으며, 그것들은 찬슬러(Chancellor), 세실(Cecil)에게도 보내어졌다. 그것은 그를 교회의 목회자로 선택하거나 올바르게 청탁한 일이 없는 자격 없는 사람이라고 말하는 것 같은 것들이었다. 그는 명예박사 학위를 받는 것을 방해당하였다. 그러나 그는 케임브릿지에 수많은 친구들을 가지고 있었다. 그 대학의 가장 저명한 18명 멤버(Member)의 서명이 되어 있는 총장에게 보낸 편지 속에서 그들은 카트라이트에 대해 "문학의 가상 훌륭한 묘사"이며, "경선과 의로움의 전형", "라틴어, 헬라어 그리고 히브리어에 노련한 사람"이라고 했으며, "그보다 더 우월한 사람은 없다", "대학의 존경과 찬사를 매일 무수한 양의 무리들이 그에게 돌리고 있다", "매우 위대한 후원자의 값어치를 가지고 있는 고객"[23)]이라고 묘사했다.

총장은 그 일에 대해 매우 관대한 견해를 가지고 있었고, 카트라이트는 명령이 접수될 때까지 논란되는 문제들을 토론하는 일을 절제하기로 쉽게 동의했다.

---

23) Strype's *Annals*, 부록.

15. 강사직의 해임

부총장 자리가 비게 되었는데 그 자리의 후임자의 선택은 카트라이트를 밀고 있던 대학 평의원들에게 달려 있었다. 그러나 영리한 술수꾼이었던 위트기프트는 규칙을 바꾸려고 획책하여 선택권을 평의원들로부터 박탈하고 자신이 부총장직에 선출되었다. 카트라이트는 이제 그 앞에 소환을 당해 그의 교리 주장들을 취소하라는 명령을 받았다.

그의 죄목은 다음과 같은 교리들에 그가 사로잡혀 있고 그것들을 가르쳤다는 것이었다. 즉 교회의 행정은 사도적 형태에 부합되어야 한다. 그리스도인들은 그들 자신의 일을 담당하는 사람을 선택할 수 있도록 허락되어져야 한다. 목회자에게만 설교할 수 있는 자격이 부여되어야 한다. 오직 정경의 성경만이 교회에서 대중에게 읽혀져야 한다. 그리고 사람들이 복음서가 읽혀질 때 일어서야 하는 이유와 예수님과 다른 성도들의 이름이 읽혀질 때 머리를 숙여야 하는 이유가 분명하지 않다. 주님의 성만찬 자리에 앉는 것은 합법적인 것이다. 세례 때 성호를 긋는 것은 미신이다. 양친들은 그들의 자식을 세례받게 하여야 한다. 목회자들의 서품식에서, "너희는 성령을 받아라"고 하는 말들은 주제넘은 건방진 소리들이다. 이상의 주장들은 위험하고 선동적인 주장들로서 카트라이트의 강의에서 발췌된 말들이었다. 그것을 이제 취소하라고 명령을 받은 것이었다. 물론 카트라이트는 그 주장들을 철회하기를 거절했다. 부총장으로서의 위트기프트는 그 일로 인해서 그를 강사직에서 파면하고 대학이나 그 관할 안에서 설교하기 위해 거주하는 것을 금지했다. 이에 앞서 카트라이트는 이미 특별회원권을 박탈당했다.

16. 대륙으로의 망명

카트라이트에게는 총장이나 세실 그리고 여왕의 총애를 받는 라이체스터의 얼(The Earl of Leicester) 등의 권세있는 친구들이 많이 있었다. 그러나, 그는 지금 닥쳐온 현실적인 상황에서는 영국을 떠나는 것이 보다 더 바람직하겠다고 생각했다. 그때가 1571년의 가을이었다. 그는 대륙에 체류해 있는 동안 제네바를 방문했었는데, 그때 베자(Beza)와 다른 학자들을 만나게 되었고 그들의 신임을 얻게 되었던 것이었으며, 제네바에서 신학 교수직을 맡기도록 하자는 말들이 거론되었다. 그러나 영국의 친구 리버, 폭스 그리고 다른 여러 사람들로부터 그의 귀국을 열심히 종용하는 편지들이 계속 전달되었다.

17. 영국으로의 귀환

그들의 간청에 순종하는 마음으로 그는 1572년 11월에 영국에 도착했는데 그때가 바로 "훈계"(Admonition) 사건이 난 직후였다. 나라는 여왕이 교황주의자이며 방탕한 생활을 하고 있는 안쥬 공작(Duke of Anjou)과 결혼할 수 있느냐 하는 가능성의 문제 때문에 매우 혼란해 있는 상황이었다. 그러자 달렝콘 공작(Duke D'Alencon)에 관한 간단한 보고서가 착수되었다. 그것은 물론 그러한 결연 관계에는 반대를 할 것임에 틀림없는 카트라이트의 의견을 물어보고자 하는 카트라이트를 향한 세실의 존경을 증명해 보여 주는 배려였다.

그 일의 착수는 같은 주제를 다룬, 『갈라진 간격의 복구』(The Discovery of the Gaping Gulph)라는 제목으로 존 스텁스라는 사람이 쓴 책 때문에 시작되었는데, 스텁스는 그의 오른 팔을 절단하는 형벌에 처하라는 판결을 받았고, 그 형벌은 백정의 칼과 망치를 든 짐승 같은 야만성을 가지고 집행되었다. 그럼에도 불구하고 그는 오른 손이 잘려 나갈 때, 왼손으로 자신의 모자를 흔들면서, "하나님께서 여왕을 구원하시기를!"이라고 외쳤던 것은 용감한 청교도의 충성을 보여 준 사건이었다.

18. 의회에 대한 두번째 충고

카트라이트는 감옥에 있는 필드, 윌콕스 그리고 다른 성도들을 방문하고서는 그들의 받는 고난에 심한 마음의 충격을 받았다. 그래서 그는 영국 역사에 기록되고, 모든 개혁교회들의 주의를 끌게 되는 가장 유명한 논쟁들의 하나가 될 일에 즉시로 착수했다. 그는 "의회에 대한 두번째 충고"(A Second Admonition to the Parliament)를 준비하고 발행했는데 그것은 첫번째 충고보다 더 대담하고, 유력한 것이었으며, 밴크로프트(Bancroft)가 말한 바에 의하면, "하늘과 땅이 서로 맞부딪치는 것 같은 거대한 섬광과 천둥"의 충격을 가진 것이었다. 이 두번째 충고는 영국 국교회의 조직과 그 기초를 흔들었던 오랜 논쟁의 시작을 열었다. 이 힘있는 서류들을 파괴하고 진압하기에 불가능했던 대주교 파커는 콕스 감독과 쿠퍼 그리고 또 다른 몇 사람들의 지원을 받는 위트기프트(Whitgift)를 시켜서, 카트라이트에 대한 응수를 쓰게 했다. 이 응수는 매우 큰 세심함을 가지고 만들어진 문서였다.

카트라이트는 형제들의 요청에 의해 "의회에 대한 경고'를 반대하는 학장 위트기프트 박사가 제출한 대답에 대한 응답"이라는 제목의 저술로써 대답했다. 의회에 대한 충고의 옹호를 위해 글을 쓰는 행위는 법적으로 금지되었고, 출판된 청교도 작품들은 모두 가장 극심한 어려움 속에 놓여 있었다. 그럼에도 불구하고 카트라이트의 이 작품은 모든 방면에서 '논쟁의 걸작'으로 인정받았고, 또한 깊은 감명을 끼쳤다.

위트기프트의 논증은 영국 국회를 위해서 보다 로마 교회를 변호하는 데에 더 유능한 작품이었다. 로마 카톨릭주의자인 발라드는 로마 교회의 교리를 증거하기 위해 이보다 더 좋은 작품을 요구할 수 없다고 말했다. 그러므로 감독들은 감옥에 투옥시키기 위한 구실로서의 필력의 논쟁을 좀더 보충할 필요성을 느끼게 되었다. 그렇게 해서 영장이 발부되었다. 1574년 초기에 카트라이트는 다시 한 번 대륙으로 피신하게 되었고, 거기에서 처음에는 안트워프(Antwerp)의 영국 상인들의 목사로 후에는 미들버그(Middleburg)에서 약 11년 동안을 일했던 것이었다. 위트기프트는 2절 판의 큰 페이지로 된 800페이지의『두번째 대답』을 발간했으며, 망명 중에 있던 카트라이트도 4절 판의 660페이지로 된『두번째 회답』을 준비하여 발행했다. 그 동안 여왕은 의회를 소집하기를 서두르지 않았다.

제 3 장

청교도 기구의 설정

예언자들

1. 청교도 조직의 필요성은 어떻게 생겨났는가?

국교회 내의 설교자의 결핍과, 많은 대중은 물론 직책을 맡은 성직자의 무지 그리고 보다 나은 신령한 것들에 대한 가르침을 원하는 절규하는 필요성들에 대해서는 이미 앞에서 언급한 바 있다. 그 당시의 보다 진지한 사람들은 이 필요성을 더욱 깊게 느끼고 최소한의 범위에서나마 요구되어지는 바를 충당하는 방안을 강구했다.

쮜리히와 제네바에서, 스코틀랜드를 포함한 다른 개혁교회들에서 '수련자들" 혹은 해석자들로 알려진 조직이 있었다.

낙스(Knox)와 다른 사람들이 제작한 스코틀랜드 교회의 『제1양육서』의 제12장에는 다음과 같은 내용이 기록되어 있다.

2. 『제1양육서』 안에서의 설명

스코틀랜드의 하나님의 교회(the Kirk of God)는 인간의 지식, 판단, 자비 그리고 발언 등의 수련을 쌓게 하고, 이로 인해 하나님의 말씀 안에서 얻는 유익을 가지고 교회를 더 충성되게 섬기게 하려는 것이 그 조직의 목적이다.

학교들과 학식 있는 사람들의 모임이 있는 모든 도시에서 매주일마다 어떤 한 날을 지정하여 성 바울이 예언이라고 부른 연구를 행했다. 이 조직의 질서는 바울이 한 다음과 같은 말에 의해 지켜지고 있었다. "예언하는 자는 둘이나 셋이나 말하고 다른 이들은 분별할 것이요 만일 곁에 앉은 다른 이에게 계시가 있거든 먼저 하던 자는 잠잠할지니라 너희는 다 모든 사람으로 배우게 하고 모든 사람으로 권면을 받게 하기 위하여 하나씩 하나씩 예언할 수 있느니라 예언하는 자들의 영이 예언하는 자들에게 제재를 받나니"(고전 14:29~32).

바울 사도의 이 말씀에 의하면 고린도 교회에서는 사람들이 이 목적으로 모일 때, 성경의 어떤 곳을 읽고, 그들 중의 한 사람이 회중에게 자신의 판단을 설명해 주고 위로해 주었으며, 다음에 다른 사람이 먼저 말한 사람의 의견을 더욱 굳게 해주거나, 생략된 것을 보충해 주거나 점잖게 고쳐 주고, 혹은 앞의 사람에게서 나타나지 않은 전체적인 진리를 설명해 주었다. 그리고 이 두 사람의 이야기에서 진리가 완전히 드러나지 않는 경우에는 세번째 사람이 교회의 선도를 위해 자신의 판단을 말할 자유가 있었다. 그리고 혼란을 피하기 위해서 이 세 사람 이외에는 다른 사람이 앞에 나서는 것을 허용하지 않았다.

이 훈련은 이 시대의 스코틀랜드의 하나님의 교회(the Kirk of God)를 위해서 가장 필요한 것이었다. 그러므로 이 훈련에 의해 이미 말한 바와 같이 교회는 자신의 지체 안에 있는 모든 사람들의 은혜와 은사들, 그리고 지식과 판단을 갖출 수 있었다. 이로 인해 얻어진 간단한 도움들은 매일마다 전체 교회의 교화와 지식의 진전 그리고 연구에 도움이 되었다. 이 훈련은 듣고, 배우는 배움의 방식에 대해서 인내하게 했다. 모든 사람은 그의 생각과 지식을 교회의 위로와 안위를 위해 발표하고 선포할 자유가 있는 것이다. 이상과 같은 설명이 앞날의 일을 미리 예보하는 일 같은 것은 물론, '수련'의 규칙과 안내를 위해 제시되었다.

이 조직은 성경의 해설을 위해 매주마다 모이는 회합이었고, 그곳에는 목회자가 한 사람도 없고, 모든 교회 회원들이 한 부분씩 맡아서 일을 했는데 특별히 지식과 언변의 특별한 은사를 받은 사람들이 이 일들을 담당하였다.

3. 많은 감독들의 격려

이제 영국 감독들 중에서 보다 진실한 사람들 몇 명은 그들 자신이 개혁교회들 가운데에서 본 바 있는 유익한 점을 가지고 있는 이 수련 기관들을 격려하기 시작했다. 우리는 그 첫번째의 격려를 피터 보로우의 감독인 스캠블러 박사(Dr. Scambler)의 주교관구가 있는 노뎀톤에서 들을 수 있는데 그는 그들에게 도움을 주었던 사람이었다.

프루드(Froude)는 그의 『역사』 속에서 시장과 지방 행정 장관들의 협조와 인정을 받아서 노뎀톤에서 실행된 수련가들의 모임에 대해 흥미있는 기사를 썼다.[24] 그 모임들은 감독들이 공감을 갖고 있는 교구에서 즉시 확립되었다. 그리고 많은 사람들이 그러한 모임은 그 시대의 부르짖는 요청에 부합하기 위해 피할 수 없이 일어나게끔 되어 있는 것들이라는 느낌을 갖게 되었다.

청교도인이 아닌 스트라이트조차도 이 모임에 대해 "매우 칭찬할 만한 종교개혁"이라고 말했다.

---

24) Froude's *History of England*, Vol. ix. 제4장.

4. 여왕이 불쾌해 함

그러나 평신도들에게 소개되고, 법의 관할에서 떨어져 독립적이며 교회 안에 조직의 한 종류를 만들어서 고위 성직자제도의 심장부로 그들이 몰고 온, 개혁교회의 특징적인 형태들은 고위의 권위를 누리고 있던 사람들, 특히 여왕에게 불쾌감을 가져다 주었는데 그녀는 약간의 시간이 흐른 후에 대주교 파커에게 그들을 진압하라고 명령했다. 파크허스트(Parkhurst) 감독 아래에, 놀위치의 주교관구 아래 있는 예언가들은 특별히 대중적이고 저명한 모임이었는데, 파크허스트는 모임을 폐지하라는 명령을 받았다. 그는 그 문제를 추밀원 앞에 내어 놓았다. 추밀원의 회원들은 그에게 모임을 보존하라고 격려했다. 그러나 이어 모임을 강제로 폐지하라는 단호한 여왕의 명령이 파커를 통하여 왔다. 그러나 파커는 이 명령을 따르기를 주저하다가 얼마 안 가 1575년에 죽었다.

파커는 냉혹한 군주에게 복종하는 삶을 살다가 그린달 박사에게 캔터베리의 대주교의 자리를 물려 주었다.

5. 그린달이 고난을 받음

대주교가 된 그린달은 여왕과 예언자들을 화해시키는 규칙들을 만들고 여왕과 그들의 문제에 대한 타협을 짓기 위해 최선을 다하였다. 그러나 그녀는 만족하지 않았고, 그들을 없애라는 엄한 명령만을 내렸다. 그 당시의 시대에는 여왕의 격한 성질과 전제적인 의지에 반대할 만한 힘을 가진 사람이 없었다. 그러나 주목할 만한 한 편지로 그린달은 솔직하게 여왕에게 충고를 했다. 그녀는 한 주에 셋이나 네 명의 설교자만 있으면 충분하다고 말한 적이 있었다. 그린달은 여왕에게 설교가 신성한 의식이라는 것을 상기시키고 해석자들은 사람들을 성직자

보다 더 부지런하고 학구적으로 만들고 있으며, 대부분의 감독들은 그들을 아끼고 있다고 말했다. 그리고 그는 그녀에게 이런 문제들은 왕실에서 결정할 문제가 아니라 교회나 종교회의에서 취급할 문제이고, 하나님의 문제들에 있어 군주들은 하나님의 아들에게 복종해야 한다고 말하고, 그린달 자신은 선한 양심으로서 그들을 억누를 수 없다고 말하고, 정중하게 "여왕도 죽어야 하는 존재이며, 얼마 있지 않아서 십자가의 심판대 앞에 서야 할 사람"이라는 말로 그의 충고를 끝냈다.

캔터베리의 대주교가 썼던 편지 중에 가장 고상한 이 편지에 대해 짧은 침묵의 간격이 흘렀다. 그러나 성실법원(Starchamber)에서 만났을 때 여왕은 그린달의 성직을 박탈하라는 명령을 내렸다. 그녀는 그의 모든 자격을 정지시키고, 그를 죄수로서 집에 연금시키라고 주장했으나 그녀의 왕실위원회의 회원들은 그것은 작은 일에 불과하다고 간청하며 이 일로 인해 일어난 잡음을 막아 보고자 애썼다. 그린달은 자기의 주장을 철회하기를 거절했다. 그리하여 그를 아끼는 수많은 청원에도 불구하고 그의 자격 박탈과 격리는 1583년 늙고 건강이 약해져 죽을 때까지 계속되었다. 해석자들은 주권자에 의해 박멸되었다. 그녀는 감독들에게 만약 감독들이 그들에게 즉시 그러한 모임을 갖지 않도록 하지 않는다면 그녀가 그들을 당장 잡아 넣겠다고 했다. 그래서 그들은 여왕의 위협스러운 명령을 순순히 따랐다!

장로교 조직의 창설

1. 기억할 만한 해

1572년은 장로교 역사에서 기억될 만한 한 해로서, 네덜란드에서의 거대한 투쟁의 진전과정에 가장 아슬 아슬한 위기를 몰고 온 기간이었고, 무서운 피의 축제라고도 부르는 성 바돌로매의 대량학살이 일어난 해였다. 그때에 콜리니 제독과 위그노 지도자들 그리고 노인들과 부인들 또 어린아이들을 포함한 수많은 위그노 신자들(Huguenots)이 파리와 프랑스의 여러 지방에서 학살되었다. 이 사건 많은 한 해는, 스코틀랜드에서는 존 낙스가 죽은 연도로서 기억되며, 이 해에 귀족들이 늑대 같은 탐욕을 가지고, "툴찬"(Tulchan) 감독들을 세웠으며, 그들을 통해서 가난한 사람과 학교들과 교회에 가야만 할 재산들을 가로챈 일이 있었던 한 해였다. 그러나 다음의 사실이 영국 장로교주의의 역사 속에 특별히 기억할 만한 사건인데 그것은 1572년은 '두 개의 의회에의 충고'가 나타난 해일 뿐만 아니라 그 해에 장로교 조직이 영국에 설립되게 되었다. 이 일의 경중을 측정해 보건대 "횡포한 왕관과 핍박받는 교회의 양자를 위해 운명적인 큰 일이었고, 시민과 종교적인 방면의 자유에 있어서 양자에게 향한 약속을 가진 큰 일이었던 것이었다."[25]

2. 장로회가 설립된 윈즈워드

이 사건에 대해서 우리에게 전해지는 유일한 기록은, "그 모든 운동을 손상시키고 불신하게끔 만들기 위해" 쓰여진 것 뿐이다. 벤크로프트의 『위험스러운 위치들과 전진들』(Dangerous Positions and Proceedings)이라는 책이 종교개혁과 장로교적 성도양육의 목적을 폄계하고서 영국(Britain) 안에서 발행되고 적용이 되었다.

벤크로프트의 책은 매우 신랄하고 사악한 것이었는데 그것은 스파이들과 정보제공자들이 고등위원회 법정(High Commission Courts)과 별의회에 제보한 보고서에서 크게 참고되어 날조된 것이었다. 이 책으로 인해 1572년에 존 필드(John Field)를 목사로 하고, 11명의

---

25) "British and Foreign Evangelical Review", 1872년 10월호.

장로로 구성된 장로회의 의미를 『청교도 역사』를 쓴 니일(Neal)과 부룩크(Brook), 마르스덴(Marsden) 등이 오해를 하게 된 것이다. 이 일에 대한 진정한 의미는 로리머 교수의 이미 참고된 바 있는 논문 속에 잘 나타나 있다. 윈즈워드에 세워진 장로회는 필드와 청교도 원리들에 동정을 가지고 있었으며, 그들 가운데에서 성경적 훈련을 계속하려고 필드와 협동하는 그 교구민들에 의해서 선출된 장로들의 회의였다. 필드는 성직을 가지고 있는 목사가 아니었고 오직 윈즈워드의 강사일 뿐이었으며, 그 결과로써 장로들이 선출되고, 양육훈련을 목적으로 하는 비밀한 조직은 그것을 원하는 청교도 교구민에 의해서만 되어지는 일이었던 것이다.

3. 선구자와 더욱 많은 사람들 중의 모범적 형태

윈즈워드에서 조직된 회중 장로회는 즉시 전 영국에서 오랜 침묵 속에서, 그리고 비밀스럽게 조직된 수백 개의 그와 유사한 장로회들이나 장로모임의 선구자와 모형이 되었다. 가장 최초로 가장 완전하게 조직된 주는 노뎀톤 주였다. 그 주의 가장 으뜸되는 마을이 장로 감독회(혹은 현대적인 의미에서는 장로회)의 중심지가 되었다. 그리고 주회의는 각 장로 감독회의 두 명의 대표자들을 파견하여 매달마다 노뎀톤에서 열렸다. 그 자신이 노뎀톤 주 출신인 풀러는 독특한 표현으로, "이 회의들은 영국의 다른 어느 곳보다도 노뎀톤 주에서 가장 정식적으로 그 자리를 잡았다. 그 주의 서쪽 부분이 영국에서 가장 높은 곳으로 추측되며, 거기에서 솟아나는 강물이 네 방향으로 흘러 내려가는 지리적인 요건들이 보여 주고 있는 것 모양으로 그 주는 영국의 최고 중심지역답게 왕국의 모든 부분에 그 자신을 퍼뜨리게 하기 위해 거기에 세워진, 장로교적 성도양육을 위해서는 이상적인 지역이었다"라고 말했다.

4. 성도양육서의 작성

이 성도의 양육은 "왕국의 모든 부분으로 퍼져 나갔다." 워익크 주, 서포크, 노오포크, 에섹스 그리고 그 밖의 다른 지방으로 퍼져 나갔다. 지방의 종교회의들이 케임브릿지와 옥스포드에서 열렸고, 커다란 국가회의도 역시 개회되었다. 그리고 곧이어 대단히 주목할 만한 성도양육서가 작성되었다. 1574년에 교회훈련에 관해 유능하고도 공을 들여 만든 작품이 월터 트레버스(Walter Travers)의 펜을 통해 나타났다. 이 작품은 라틴어로 쓰여졌던 것이었는데 토마스 카트라이트가 번역을 했다. 트레버스의 이 작품에 근거해서 카트라이트와 트레버스에 의해 성도양육서가 작성되어졌다. 후에 이 책은 런던과 냉카셔의 협의회의 검열을 받고 런던의 총체적인 종교회의에 의해 개정이 된 후 받아들여져서 매우 넓게 승인을 받은 책이 되었다.

1644년 토마스 카트라이트의 연구에 기초한 성도양육서 사본이 장기의회와 웨스트민스터 신학회의를 위해서 재발행되었다. 이 사본은 다음과 같은 제목을 가지고 있었다. "오래 전부터 투쟁해 왔고 시대가 계속되는 한 고초를 겪을 것이며 엘리자베스 시대의 비국교도에 의하여 처음으로 실시되는 교회통치규칙서, 가장 크게 성공한 성도 토마스 카트라이트가 죽은 후에 그의 연구 논문에 근거했으며, 지금과 같은 시대에 출간하게 되었다. 1644년에 권위를 가지고 출판하다." 그 책은 두 부분으로 나누어져 있었다. 첫번재 부분은 성경에서 나온 모든 시대에 필요한 원리들에 대한 진술이다. 이 부분은 3페이지 만을 차지하고 있다. 두번째 부분은 좀더 크고 세밀한 부분인데 이에 대해서는 다음과 같이 말하고 있다. "가능한 한 이 내용은 성경의 권위에 의하여 명백히 확증되어지는 것일 뿐만 아니라 같은 성경을 해석하는 일반적인 규율이나 유추에 따라 각자의 다양한 상태가 요구되어지는 교회의 여러 시대적 상황들이나 사용 방법에도 똑같이 적용되는 것이며 교회들이 그것을 받아들이는 것이 유익하다고 판단되어진 것들이다. 그러나 교회에 다양한 상태가 전개되어지는 것인만큼 신령한 이성 위에 세워진 훈련의 핵심에 속하지 않은 상황들 가운데에서는 이 내용이 변질되어질 수도 있을 것이다."

저어지와 권시에 세워진 장로회주의

1. 어떻게 그들이 장로교인이 되었는가?

노르망디에 인접해 있는 섬들인 해협제도의 거주민들은 노르만 혈통을 가지고 있었다. 그러나 노르망디가 프랑스에 의해 영국으로부터 수복되었을 때, 그들은 영국에 편입되었다. 이런 이유와 그들의 프랑스에의 아주 가까운 근접성과 그들이 프랑스에 충성하기 위해 돌아 설 가능성 때문에 예외적 특권이 영국 왕에 의해 그들에게 주어졌다. 노르망디는 프랑스 신교주의가 가장 강력하게 미치는 곳이었다. 그래서 노르망디로부터 그들은 성경을 가지게 되었고, 성경과 함께 개혁주의적 원리들과 문학, 그리고 그들을 신교적인 믿음으로 굳게 하는 설교자들을 얻게 되었다. 그래서 프랑스 위그노파에게 떨어진 무서운 박해가 일어 났을 때에도 프랑스 말을 쓰지만 영국의 법의 지배를 받고 있는 이곳은 장로교인들이였던 위그노들이 프랑스에서 도망질 수 있는 가깝고도 안전한 은신처가 되었다.

예배 모범의 형태가 제네바식의 형태나 혹은 프랑스식의 형태가 그들 가운데에서 사용되게 되었다. 에드워드 6세의 기도서가 작성되었을 때 그들이 실행하기를 바란다는 왕실위원회의 이름으로 된 왕의 명령이 동봉되어서 그들에게 보내어졌다. 그러나 이 기도서는 그들이 보기에 지나치게 로마교회적인 것이었다. 그리하여 그들은 자신들의 장로교적 예배와 훈련을 계속하도록 허락받았다.

2. 엘리자베스가 장로교 형식을 허락한 이유

그러나 어떻게 엘리자베스는 이 섬들에게 개혁교회를 인정해 줄 수 있었던가? 그녀가 영국에서의 같은 종교를 믿고 있는 자들을 추적하고 괴롭히던 것처럼 그들을 괴롭히고 박해했던 것이었을까? 결코 그렇지 않았다. 정치, 그것만이 그녀를 인도하는 기준이었다. 그녀의 빈틈없는 성품은 그들의 프랑스와의 근접성을 잘 알고 있었고, 그들의 감정이 그쪽으로 기울어질 위험성을 잘 알고 있었다. 그래서 그녀는 자신의 주장들을 포기하고 그들을 달래어 영국왕실의 권한 속에 묶어두기 위해 내심 몹시 못마땅했으며 비뚤어진 감정을 가지고 있었지만 그 감정을 억누르고 그들이 요구하는 것을 들어 주었던 것이었다. 그래서 약간의 협의 후에 장로교 질서가 모든 해협제도 전체에 세워졌다.

3. 카트라이트와 스네이프에 의해 세워진 조직

저어지(Jersey)의 장로회나 토론회 가운데에서 논의되었던 사항들과 권시(Guernsey)의 생각 사이에 불일치가 생겼다. 카트라이트가 스네이프라는 이름의 한 청교도 목사와 안트워프로부터 온 때가 바로 이 위기의 시간이었다. 이들은 그 불일치를 없애고 그들이 재결합을 하도록 만들었을 뿐만 아니라 그들의 요청에 의하여 그들 자신의 교회에 보다 적당한 양육서를 만드는데 도움을 주었다. 이런 상황들은 제임스 1세 치하에 영국 정경서가 소개됨으로 인하여 부분적으로 그리고 1662년의 찰스 2세 치하의 기도방식통일법령에 의하여 완전히 없어질 때까지 계속되었다.

제4장

위트기프트의 학정

1. 영국국교회 종교재판관

　1583년 그린달의 죽음으로 위트기프트는 캔터베리의 대주교가 되었다. 엘리자베스의 독단적인 뜻을 수행하는 데에 위트기프트보다 더 적당한 사람은 없었다. 스트라이프가 말한 바에 의하면, "그에게는 그린달처럼 될 위험성은 없었다." 우리는 이미 케임브릿지에서의 카트라이트와 그의 관계를 살펴본 바 있다. 프루드는 다음과 같이 말했다. "영국 종교개혁에 의해 역사에 표출된 사람들의 모든 형태 중에서 위트기프트 같은 사람들은 가장 흥미가 적은 존재들이다. 국교이 체제 속에는 그런 인물을 만드는 어떤 요소가 있다. 그럼에도 불구하고 그들은 귀를 기울이기를 거절하는 정치가들과 그들이 멸망시키려고 힘쓰는 청교도들이 있었기 때문에 구교가 다시 밀려오는 밀물처럼 그 나라에 돌아오게 되는 것을 방지할 수 있었던 것이었다. 청교도들은 새로운 순교자들을 내었고, 선과 악을 통해서 정치가들은 자유를 수호했다. 그러나 고교회의 성직자들은 국교신봉의 그늘로 슬그머니 도망을 쳤고 보다 대수롭지 않은 존재로 전락해 버렸던 것이었다."26)

위트기프트는 "교회의 의자에 앉아 있는 제프리스(Jeffreys) 혹은 토르끄마다(Torquemada)만큼이나 비정하고 완고한 종교재판관" 등으로 칭하여졌다. 그의 경직스럽고 좁고 진부한 성격은 그 자신보다 지성적으로나 도덕적으로 우월한 사람들에게 자신이 생각하고 고안한 형벌을 가하는 데에서 최고의 쾌락을 찾는 것처럼 보였다. 대주교로서 그가 독재적 노선을 시작하는 것은 법과 율령에 대해 똑같이 주의를 기울이지 않는 것으로부터 시작되었다.

2. 위트기프트의 취임논문

그의 첫번째 발걸음은 전체가 15개의 논문으로 되어 있는 취임논문들을 발행하는 데에서 시작되었다. 이 논문들 중의 한 가지는 영국 교회의 방식에 따라 임명되지 않은 사람이라면 아무도 설교할 수 없다는 것을 강조한 것이었다.

여섯번째 논문은 그 중에 가장 비위가 상하는 글들이었다. 이 논문은 다음과 같은 결론을 내린다. "만약 주교관구의 일을 보고 있는 주교 앞에서 다음의 사항들에 순종하고 동의하지 않는다면 이는 누구도 설교나 성경을 강독하거나 교리문답, 성례의 집전 또는 어떤 교회의 기능을 수행하는 것이 허락되어질 수 없다.

(1) 여왕의 왕권은 하나님 아래에서, 모든 계급의 사람들을 다스리는 법과 주권을 소유하고 있고, 또한 마땅히 소유해야 한다. 따라서 모든 이유를 막론하고 교회와 시민은 그녀의 왕권적 지배 아래 놓여 있는 것이다.

---

26) Froude's *Op. cit.*, p. 348.

(2) 일반 기도서와 감독과 사제, 그리고 집사들의 계율서 속에는 하나님의 말씀에 위반되는 것이 하나도 없다."

3. 비합법적이며 불합리한 일들

대주교가 사실상에 있어서 국가의 헌법에도 직접적으로 반대되는 이러한 취임사를 할 수 있는 합법적인 권위가 없다는 것이 유능한 법률가들에 의해 밝혀졌고, 참으로 평범한 사람의 생각에도 그것은 명백한 것이었다. 장로교 안수식의 타당성은(우리가 살펴본 바와) 법규에 의해 명백히 인정되는 일이다. 그리고, 우리가 역시 살펴본 것처럼 왕위계승령에 의하여 성직자는 교권조직이나 교회의 의식에 서명하는 것이 면제되었다. 그런데 청교도들은 이제 강요되어지고 뒤이어 계속 제기된 교권조직의 요구를 지탱하려는 시도하에 놓여지게 되었으니, 실로 이것은 비합법적이며, 반체제적인 것이라고 할 수 있는 것이다. 그 일의 즉각적인 결과가 훌륭한 성직자의 많은 숫자가 그 논문들에 순종하기를 거부했기 때문에 직권을 정지당하는 일로서 나타났는데 그 숫자는 다음과 같다. 노포크에서 64명, 써포크에서 60명, 써섹스에서 30명, 에섹스에서 38명, 또 다른 지방에서 이와 비슷한 비율의 숫자가 나왔으며, 청교도주의가 항상 예외적으로 강세를 보이는 런던에서는 대단히 많은 숫자의 사람이 직권을 정지당했던 것이다. 많은 사람들의 가정에서 깊은 탄식이 흘러 나왔고, 진지한 청원서들이 여왕과 대주교에게 보내어졌으나, 모두 허사가 되어버리고 말았다.

4. 새 고등위원회 법정

대주교 위트기프트의 탄압의 경력에 있어 두번째 단계가 같은 해인 1583년에 취해졌다. 그의 의뢰에 따라, 아마 위트기프트 자신과 여왕,

그리고 다른 감독 한 사람, 모두 세 사람으로 이루어졌을 것으로 생각되는 권력을 막대하게 확장한 새 고등위원회 법정이 여왕에 의해서 세워졌다. 이 법정은 직권이 정지된 사람들을 모두 불러다 놓고 그들과 관계되어 있는 모든 풍문과 의견들을 조사, 심문하고 어려움없이 그들을 자격정지와 투옥 그리고 특권을 박탈할 수 있는 권력을 가지고 있었다.

배심제도는 거기에 아마도 설치되어 있었으리라 추정된다. 만약 증인이 나타나지 않으면, "다른 모든 방법들과 당신이 생각할 수 있는 방도들로"라는 조항에 의해 고문이라는 방법을 그들에게 사용하게끔 되는데, 비교적 가벼운 고문이라고 할 수 있는 것은, 런던 탑의 좁은 삼각형의 굴 속에서 죄수가 그의 머리를 무릎에 대고 앉아 있어야 하는 것이었다. 그러나 가장 마귀 같은 장치는 자격이 정지된 사람이 추종해야 하는 순전히 직무상(ex officio mero)의 선서였다. 그것은 마귀적인 창안력을 가지고 고안한 24명의 심문자에 의해서 희생자에게 죄를 뒤집어 씌우는 방법이었다.[27]

5. 예배의 선언

엘리자베스가 항상 취하는 변덕스러운 행위와 방법의 입장에서 본다고 하더라도 이 법정은 명백하게도 위헌적인 것이었다. 순전히 직무상(ex officio mero)이라는 선언은 국가의 법과 자연의 본능에 어긋나는 것만큼이나 특별스러운 증오의 대상으로 여겨졌다. 어떤 사람도 그 자신을 기꺼이 정죄하거나 복종하지 않으려는 것은 전우주적으로 인정되어지는 금언인 것이다. 이교도의 지배자조차도 그들의 지방총독들이나 하급 지방 장관들이 근본적인 그리스도인들을 대항해서 그런

---

27) The twenty-four articles in Neal's *History*, i. 331.

행위를 취하려고 했다면 그런 계획은 활용하거나 명령하기를 거절했을 것이다.

트레쥬어러 경(Lord Treasurer), 벌라이 경(Lord Burleigh)은 이 재판은 "로마 교회의 종교재판의 냄새를 풍긴다"고 비판했는데 그는 그것에 대해 부정적으로 언급하기를 "스페인의 종교재판도 그런 심문을 가지고 그들의 짐승을 덫에 걸리게 하지는 않았다"고 했다. 위원회의 귀족들도 직위를 박탈당한 성직자들 때문에 대주교에게 편지를 보냈는데 거기에서 그들은 다음과 같이 말했다. "학식도 없고 훌륭한 명예도 없는 사람들이 성직에 임명되었다. 성직을 가지고 있는 사람들 중의 많은 숫자가 현저하게 그 직위에 부적당한 것으로 나타났으며 대부분이 학식이 모자라고 많은 사람이 크고도 말할 수 없는 결점들, 즉 술주정뱅이, 생활의 추잡함, 카드놀이, 선술집에 자주 출입하는 등의 결점들을 가진 흠 있는 자들이며 그들을 향해서 하는 변론을 듣지 못하고 오직 곤욕스런 소리만을 들을 뿐이다." 이 편지는 벌라이 경, 위빅크의 얼, 쉬류스 베리 그리고 라이체스터, 찰스하우드 경, 제임스 크로프트 경, 크리스토퍼 헤이트 경, 프란시스 월싱검 경들이 서명했었다. 그러나 그 충고는 무시되어지고 말았다.

6. 청원들로 홍수를 이룬 추밀원과 의회

불만은 깊고도 넓게 퍼져 있었다. 추밀원은 청원들로 홍수를 이루게 되었다. 그 결과는 위트기프트와 쿠퍼 감독이 한 편이 되고, 트레버스와 스파츠스가 다른 한 편이 된 회의의 개최였다. 이 회의는 이틀이나 걸렸으나 아무것도 얻지 못한 채 끝이 났다. 그러는 동안 청교도들의 열심은 박해의 격렬함에 의해 더욱 격화될 뿐이었고 훈련은 모든 측면에서 더욱 퍼져 나갔다. 1854년 의회는 청원들로 쇄도되었다. 교회의 개혁을 요구하는 강한 의지가 발현되었으나 여왕의 반대가 그것을 봉쇄하였다. 그녀의 왕권을 향한 주목할 만한 청원이 의회 자체 안에서 나왔는데 그것은, 장로들은 서품행사에서 감독들과 동등한 지위에 놓여져야 하며 어떤 성직자도 주민들의 동의없이는 교구에 정착할 수 없으며 해석의 모임이 다시 열리고 성직 정지의 명령은 취소되며 비합법적인 순종은 폐기되어야 한다고 주장하는 내용이었다.[28]

위트기프트는 약간 놀랐으나 그 자신을 다시 되찾았다. 놀위치 사람들이 여왕에게 보내는 탄원은 그녀가 비기독교의 교리를 제거하는 이상 반기독교적인 통치를 개조함으로써, 그리고 성경에 매우 쉽게 서술되어있는 장로직을 배양함으로써, 또 벙어리 같은 목회사역을 제거하고, 그들의 자리에 백성이 뽑은 사역자를 세우는 등의 일을 함으로써만이 여왕의 사업을 성공시킬 수가 있을 것이라는 것을 탄원하고 있었다. 이제 위트기프트의 학정하에서 고생을 하고 있는 사람들 중에는 두 명의 청교도지도자들이 있었는데, 그들은 카트라이트와 트레버스였다.

7. 고난자들 중의 카트라이트

카트라이트가 11년 간의 망명생활 끝에 영국으로 돌아온 것은 1585년의 여름이었다. 크게 상한 건강을 회복하기 위해서 의사들은 그에게 그의 고향의 기후가 좋은 곳으로 돌아갈 것을 권유했다. 라이체스터의 얼과 버라이 경, 이 두 사람은 그를 위해서 여왕에게 호소하였다. 그러나 여왕의 성정 속에는 억척스러운 여자의 억지가 있었기 때문에, 카트라이트의 귀환을 거부했다. 마침내 카트라이트의 건강상태는 그에게 모험을 할 것을 강요했다. 좀 관대한 적들은 그런 재능을 가지고 그만큼 고양된 인격을 가진 사람의 건강에 대해 동정을 가졌으며, 고통을 좀더 덜어 주고 싶어했다. 그러나 런던의 감독인 아일머

---

28) D'Ewes, *Op. cit.*, p. 339; Strype's *Whitgift*, bk. iii. 제10장.

(Aylmer)의 소심한 성품과 여왕의 억척스러운 성격 안에는 관대함을 베풀어 줄 수 있는 방 한 칸의 여유도 없었다. 그래서 카트라이트는 도착한 바로 그 순간에 급습을 당하여 체포되어 감옥에 수감되었다. 아일머는 그 자신을 정당화하기 위해서 그 체포와 투옥은 "그녀의 왕권의 명령에 의한 것이었다"라고 밝혔다. 이 일에 대한 이런 배신 때문에 여왕은 아일머를 크게 책망했을 때, 아일머는 믿을 수 없을 정도의 비굴한 울음을 울면서 여왕 앞에 꿇어 엎드렸고, 벌라이는 그녀가 노여움을 풀 것을 간청했다. 얼마의 시간이 흐른 후에 라이체스터의 얼과 그의 동생 워빅크의 얼의 힘을 입어 카트라이트는 자유로워져서 워빅크 병원의 원장이 되었는데 그곳은 말하자면 감독교회의 관할에서 제외된 곳이었으며, 거기에서 그는 면허없이 그의 목회사역을 성취시킬 수 있었다. 그리고 거기에서 그는 비교적 평화스러운 상태로 그의 삶의 마지막 몇 해를 보낼 수가 있었다.

8. 똑같은 희생자인 트레버스

카트라이트 사건이 일어난 때에 월터 트레버스는 벌라이 경의 가정 목사와 템플교회의 강사였으며, 위트기프트의 논문에 순종하지 않고 일을 할 수 있었던 사람이었다. 풀러는 그에 대해 말하기를 만약 카트라이트가 장로회의 머리였다면, 월터 트레버스는 "장로회의 목에 해당하는 인물이고, 사람들의 존경을 받는 두번째의 인물이다"라고 했다. 케임브릿지와 옥스포드의 두 학교를 졸업한 저명한 학자로서, 그는 화란에서 목사의 임직을 받았고, 잠시 안트워프에 있는 영국 회중 안에서 카트라이트의 보조자로서 활약했다.

템플교회의 목사는 유명한 리차드 후커였다. 문필가로서 후커는 높은 평판을 얻었었지만, 후커와 연분을 맺고 있는 트레버스는 웅변가로서 보다 유능한 사람이었다. 풀러는 그들에 대해 기묘하게 표현하기를 청중은, "아침에는 밀려나가고 오후에는 몰려들었다", "후커의 목소리는 낮고 작은 신장을 갖고 있었으며, 그의 몸의 자세는 움직일 수 없는 견해를 가진 그의 정신을 상징이라도 하듯이, 설교단에서 조용한 바위와 같이 서서 전혀 제스추어를 쓰지 않았다. 그의 눈은 설교를 처음 시작할 때, 고정시켜 둔 곳에서, 설교를 끝낼 때까지 움직이지 않았으며, 말씀 속에서 그가 전하는 교리에는 그 교리자체 이외에는 아무것도 그것에 수식을 꾸미지 않았다. 그의 설교 형식은 한 문장의 끝에 이르기 전에 몇 절을 가지고 전체의 양무리를 움직이는 길고도 힘찬 것이었는데, 그 때문에 그의 훌륭한 설교들에게, 마땅한 인정을 받지 못하고 부당하게도 불명료하고 지겨우며 난해하다는 비난을 받게 되었다…트래버스의 웅변은 은혜롭고 찬란할 만한 제스추어, 효과적인 태도, 쉬운 방법을 가진 것이었고, 트래버스의 설교 형식은 그의 성화된 마음속에서 놀라울 만큼 은혜스럽게 흘러나오는 것이었다." 풀러는, "설교는 아침에는 순수한 캔터베리를 강론했고 오후에는 제네바를 강론했다"고 했다.

9. 트래버스가 트리니티 대학의 학장이 됨

위트기프트는 케임브릿지에서 카트라이트에게 대답하던 방법을 계속 사용하여, 그는 이제 트래버스를 침묵시키고 제거하기 위한 구실을 그 방법 안에서 발견해 내었다. 영국 내의 어디에서나 설교하는 것을 제지당한 트래버스는 삼위일체 대학에서 그의 동료이었던 대주교 로프투스에 의하여 아일랜드로 건너왔고, 새로 설립된 대학의 학자이었던 벌라이 경을 통하여 더블린의 트리니티 대학의 학장이 되었다.

로프투스 자신은 잠정적이며, 명예상의 학장직만을 가지고 있었고, 트래버스는 정식으로 첫번째 학장이었던 것이다. 후에 유명한 대주교가 된 제임스 엇셔(James Ussher)는 그가 총애하고 애착을 느끼는 학생들 중의 한 사람이었다.

10. 브라운주의자들

위트기프트의 격렬하고도, 비합법적인 방법은 자연히 몇 사람들을 극단적인 방향을 몰았다. 브라운주의자들이라고 불리우는 한 당파가 형성되기 시작했는데 그들은 영국의 교회를 어떤 의미에서 참된 교회로서 인정하기를 거부했는데, 여왕을 따르는 목회자들을 진실한 목회자로서 인정하기를 거부했고, 또한 여왕의 성례전들과 서품들을 타당한 것으로서 인정하기를 거부했다. 그들은 국교에서 완전히 분리하였고 계속 국교와 관계를 가지고 있는 장로회 청교도들을 탄핵했다. 그들은 처음으로 회중주의 혹은 독립주의의 원리를 선언했는데, 그 원리는 각 교회의 회중은 그 교회 자체 안에 통치의 모든 권세를 갖는다는 것이었다.

그들의 또 한 가지 특징적인 교리는 기도의 통일, 미리 기술된 형식들의 비합법성을 지적하는 것이다. 장로교도들은 자유로운 기도를 할 수 있는 기도처를 원했다. 그러나 모든 서술된 기도의 양식들을 거부하지는 않았다.

11. 로버트 브라운

브라운주의자의 설립자요, 지도자는 로버트 브라운이었다. 그는 트레쥬어러나 벌라이 경과 매우 가까운 관계를 가지고 있었으나 좀 이상스러운 데가 있는 사람이었으며, 과격하고 고집이 세면서도, 훌륭한 재능을 가진 사람이었다. 그는 교회와 여왕의 의식들, 그리고 여왕과 관계를 계속하고 있는 모든 사람들을 헤아릴 수 없는 많은 말로 탄핵했다.

브라운은 후에 32명의 죄수들 중에 끼었음을 자랑할 수 있었다. 브라운과 그의 추종자들은 결국 영국에서 추방되어 화란으로 건너갔는데, 얼마 안가서 자신들끼리 의견의 대립이 일어났다. 브라운 그 자신은 영국으로 돌아가서, 그가 버렸던 교회와 다시 연합했는데, 그러나 풀러의 말에 의하면 그는 게으르고 방탕한 삶을 살았다고 한다.

12. 브라운주의자들의 고난

그러나 비록 브라운 자신은 실패를 했지만 그의 견해는 다른 사람들에 의해 적용되어지고 주시를 받게 되었다. 1583년 두 명의 목사, 엘리아스택커와 존 코핑과 몇 명의 사람들은 재판을 받지 않고 오랫동안 감옥에 있던 사람들이었는데, 브라운의 작품을 돌려서 읽었다는 이유로 성 에드먼즈베리에서 교수형에 처해졌다. 많은 사람들이 재판을 받지 못하고 수 년 동안 감금당했다. 추밀원의 귀족들에게 보내는 청원서에서 우리는 이 죄수들이 다음과 같이 불평하고 있는 것들을 볼 수 있다. "그들 중의 몇 명은 재판없이 4년, 혹은 5년이나 감옥에 감금되었으며, 어떤 사람들은 수갑이 채워졌고, 어떤 사람들은 곤봉으로 심하게 맞았으며, 끔찍한 감옥에 감금되어 사악한 무리들과 같이 떼를 지어 살아야 했으며, 닐(Neal)이 말한 것을 보면, 거기서 그들은 병든 양처럼 죽었고, 어떤 사람들은 감옥의 질병에 또는 전염병에, 어떤 사람은 소망 속에서 죽어 갔다."

그들 중의 한 사람이었던 바로우(Barrowe)는 말하기를, "만약 우리가 죽음을 받아들인다면, 추위와 배고픔 속에서 굶어 죽거나 지겨운 감방 속에서 질식해 죽는 것 같은, 거의 살해당하는 것 같은 죽음을 당해서는 안될 것이다"라고 말했다. 그는 6년 동안에 17명 내지 18명의 사람들이 무서운 감옥에서 죽어 갔다고 말했다. 이 사람들 중의 한 사람이 로저 리폰이었는데, 그의 관 위에 그의 동료 수감자들이 다음과 같은 기록을 남겼다. "이것은 로저 리폰의 시신이다. 그는 그리스도의 종이었으며, 여왕의 왕권의 충성스러운 백성이었다. 캔터베리 대주교와 그의 고등위원회의 커다란 원수인 17명 혹은 16명이 예수 그리스도를 증거함으로 인해 그 5년 동안 뉴 게이트에서 살해당했다."

13. 탄압으로 인해 더욱 확장된 주장

그들에게 가해진 고통들로 인해, 그들이 탄압을 받는 바로 그 주장이 확장되었기 때문에 박해가 더욱 가중되었다. 1592년 월터 렐라이 경(Walter Raleigh)은 의회에서 브라운주의자와 분리주의자들은 20,000명에 달한다고 말했다. 그들 중의 매우 저명한 인사 몇 명은 감옥에서 서서히 죽어가는 운명을 달갑게 받아들였으며, 중죄수로서 교수대 위에서 처형되었다.

14. 바로우, 그린우드, 펜지의 순교

헨리 바로우는 그레이 법학원의 변호사였으며, 훌륭한 가문의 신사이며 학식이 많고 솔직한 사람이었으며, 브라운주의자들의 유능한 지도자였다. 그는 조합교회주의와 장로주의를 적당히 배합한 "잘못된 교회의 간단한 발견"이라는 글을 썼다. 그와 존 그린우드(John Greenwood)는 런던 교회의 협동목사였는데, 주일에 친구의 집에서 성경을 읽었다는 이유로 오래된 영국 감옥인 크링크 감옥에 처음 수감되었다. 그리고 후에 플리트 감옥으로 이송되었다. 마침내 그들은 선동적인 책 『국교회를 비난하는 글』을 발행했다는 죄로 기소되어 변호도 없이 사형 선고를 받고 처형되었다. 그들은 1593년 4월 6일 티번(Tyburn)에서 처형되었다. 그리고 6주 후에 존 펜리가 몇 가지 범죄의 죄목으로 처형되었다.

웰시 지방 출신인 펜리는 케임브릿지와 옥스포드에서 교육을 받았고, 무식하고 게으른 사람에게보다는 그의 고향 친구들에게 복음을 전하는 일에 투신했다. 그도 역시 종교개혁을 찬양하고 교회를 비난하는 글을 썼다.

15. 마틴 마프릴래이트

우리가 이미 살펴본 바와 같이 청교도들은 비록 비밀에 붙여야 하는 것이긴 했지만 광범위하고도 효과적으로 그들의 견해를 보급하는 데 출판물을 사용했다. 출판물의 운용은 원래 감독들이 관할하고 있었으나, 위트기프트가 더 탄압하고 제한시켰던 것이었다. 성실법원(Star Chamber)의 명령으로 출판물의 운용은 집약되고 조직화되었다. 인쇄는 런던과 두 대학에 한정되었으며 모든 출판물은 런던의 감독이나 대주교의 허락을 받아야만 되었다. 카트라이트나 트레버스와 그 밖의 다른 사람들의 위대한 논쟁서들은 비밀리에 인쇄되어야 했고, 대륙에서 배포되든지 아니면 비밀리에 배포되어야 했다. 그러나 위트기프트의 첫번째 결실인 출판을 통제하고 제한시키려는 시도는 그가 의도했던 바와는 다른 결과를 낳았으니, 이전보다 더 출판이 효과적으로 사용되게 된 것이다.

이때에 마틴 마프릴래이트(Martin Marprelate)라는 필명의 의미심장한 일련의 팜플렛들이 출현하였는데, 이 팜플렛들은 감독들과 그들의 체제 속에 있는 약점들과 오류들을 날카롭고도 통렬하게 노출시키는 글들이었다. 그 글들은 거칠고 상스럽고, 독설을 담은 것이었으나, 능력이 있었고, 구절마다 반짝이는 재치가 있었으며, 매섭게 흔드는 흔들림이 있고, 보통 사람들의 귀를 기울이게 할 수 있는 것이었다. 이 글들은 교권주의, 특별히 감독들을 격렬한 우박의 쏟아짐같이 질책했다. 40건에 달하는 그런 팜플렛이 비밀 인쇄소를 통해 신속하게 지방귀족의 저택들 가운데서 배포되고 있었으며, 위트기프트의 충실한 추종자들은 그것을 발견하는 데에 허탕을 치기만 했다. 이 글의 저자에 대해서는 항상 많은 논쟁이 되어져 왔는데, 주로 존 펜리, 욥 트록모튼(Job Throgmorton)의 시대에 있던 인물들로 추측되어졌으며, 캄덴(Camden)이 "학식이 많은 사람이고 익살스럽고 풍자적인 기질을 가진 사람"이었다고 묘사한 인물로서 헨리 바로우와 존 유달이 추정되지만 그들에 대해 만족할 만한 증거는 나타나지 않았다.

지금으로서는 펜리와 트록모튼 그리고 인쇄사 월드그레이브(Waldegrave)가 주로 그들과 관계되어 있으리라고 추측만 하고 있다. 장로교도나 청교도들은 이 글에 개입되어 있지 않았으나, 이 글들 때문에 고초를 겪었다. 위트기프트와 그의 동료들이 날카로운 화살로 청교도들을 쏘아댔으나 그 글의 근원은 알아내지 못하고, 저자라고 추측되는 사람들 중의 하나인 펜리를 체포하라고 영장을 발부했다. 펜리는 1590년 스코틀랜드로 도망을 가서 1593년까지 거기에 머물러 있었다. 1593년에 그는 여왕에게 교회의 오류들을 지적하면서, 자신의 고향에서 복음을 전파할 수 있게 해 달라는 청원을 했다. 그 청원서를 직접 내기 위해 영국으로 오다가 체포되어서, 죄상의 여부를 추궁당하여 유죄가 인정되어 같은 달에 처형되었다. 그의 처형을 위해 영장에 처음으로 서명한 인물은 위트기프트였다.

16. 장로교 순교자 존 유달

이보다 훨씬 더 심한 경우는 장로교 순교자인 존 유달이 겪은 일이었다. 유달은 케임브릿지의 문학석사였으며, 당시 최고 학식을 가진 사람들 중의 한 사람이있다. 그는 베임스의 킹스튼에서 임명받은 정식 성직자로서 일했으며, 신앙서적의 저자로서 일했다.

1588년 그에게는 익명의 작품에 대한 혐의가 포함되어 있었는데,

그 하나는 『디오트레프스』(Diotrephes)라는 제목으로 고위 성직자들의 행정을 날카롭게 비판하는 글이고, 또 하나는 『그리스도께서 그의 말씀 속에서 지시하신 성도양식에 대한 진리의 논증』이라는 작품이었다.

그러나 이 두 가지 작품을 유달이 썼다는 아무런 증거도 제시되지 않았다. 고등 위원회의 법정에서 그 죄명에 대해 심문을 받게 되자 그는 대답하기를 거부했으나, 그가 마프릴래이트의 소책자에 약간이나마 연관되어 있다는 것은 부인했다. 유달의 묵비권 행사는 죄가 있다는 증거로서 받아들여졌다. 직무상(ex officio) 서약이 그에게 제지되었으나, 그는 받아들이기를 거절했다. 수개월 동안 감옥에 투옥된 그는, 그의 다리에 족쇄를 차고 반역죄라는 중죄의 명목을 가지고 순회재판에 넘겨졌다.

감독들을 공격했다는 증명되지도 않은 그에 대한 고소는 여왕에 대한 반역죄로서 해석되었다. 그를 위한 변호도 거부되었고, 그의 범죄를 증언하는 단 한 사람의 증인도 법정에 나타나지 않았으나 유달은 무죄의 증거를 제시하도록 허락을 받지 못했다. 물론 그는 유죄로 선고되었다. 그러나 판결은 연기되었다. 1591년에 사순절 재판에서 사형언도가 떨어졌으나 그것이 실행되기 전에 그는 마샬해의 감옥에서 죽었다. 월터 렐라이 경(Sir Walter Raleigh)은 그를 위해 여왕에게 탄원을 올렸고 스코틀랜드의 제임스 왕도 여왕에게 유달의 사면을 요청했다. 유달의 사망에 대해 제임스 왕은, "나의 무능에 의해 유럽의 가장 위대한 학자가 죽었다"고 탄식했다고 한다.

가장 자신의 감정을 절제하는 사람들 중의 하나인 할람은 유달의 고난에 대해 선언하기를 "영국 정의의 명예에 대한 모욕"이라고 했고, 그의 유죄선고에 대해서는 "엘리자베스 통치의 가장 큰 부정판결 중의 하나"라고 말했다.

17. 왕국으로부터의 추방

위트기프트조차 자신이 모든 일을 너무 강압적으로 행했다고 하는 것을 느끼게끔 되었다. 그래서 국외로 추방하는 처벌이 투옥시키는 것이나, 사형에 처하는 것에 대체되었다. 세계의 역사 중에 이 처벌보다 커다란 영향력이나 혹은 그것의 창안자의 의도에 보다 더 반대되는 결과들을 가진 의미심장한 처벌은 없다.

왕국에서 추방된 사람들 가운데서는 존 스톤과 에인스 워어드 그리고 스미스와 헬위스, 브류스터 그리고 조합교회주의의 가장 위대한 이름이며 그것의 진정한 창시자요, 심령의 위대한 호흡과 영혼의 고상함을 가진 존 로빈슨(John Robinson) 같은 사람들이 있었다. 네덜란드의 레이든에 있었던 로빈슨의 회중은 순례자들의 모교회였다. 엘리자베스와 위트기프트가 그런 사람들을 추방시키려 했던 의도는 영국 국교도들만의, 이스라엘을 어지럽히는 이러한 사람들을 제거하고, 자신들의 독단적인 조직을 영원히 세우려고 했던 의도였다. 그러나 그들이 그 조처를 통하여 이루어 놓은 결과는 전제주의에 치명적인 역할을 할 자유의 온상을, 그리고 대서양을 건너 보다 춥지만 쾌적한 땅에 새로운 씨와, 그 씨로부터 모든 사람의 이익이 성장해 나갈 그런 씨를 뿌릴 강하고 용감한 사람들을 보내게 되는 온상을, 화단에 심어 놓은 일이었다.

제 5 장

로마 카톨릭의 공격에 대한 보루였던 청교도주의

1. 로마 카톨릭 동맹

로마 카톨릭을 신봉하는 군주들 가운데에서 개신교의 근절을 목적으로 하는 하나의 동맹권이 형성되었다. 교황, 스페인 왕, 프랑스 왕 그리고 몇몇의 소군주들이 여기에 관계되어 있었다. 그들의 목적은 개신교의 주권자들을 축출하고 그 자리에 로마 카톨릭 통치자들을 세우는 것이었다. 그 주제가 카톨릭 교도가 아닌 왕자에게는 달갑지 않은 내용을 선포하는 성명서가 발표되었다. 네덜란드에서 일어난 전쟁은 이 동맹권의 원주를 받는 것이었다. 네덜란드의 신교도들은 엘리자베스의 도움을 구했다. 그러나 그녀는 마지 못해서 도움을 주었는데 그것은 정치적이나, 경제적인 긴박성이 그녀를 강요하는 한도 내에서만 할 뿐이었다.

2. 마지 못해 화란인들을 도운 엘리자베스

그러나 전쟁이 파르마(Parma)의 군주에 의해 안트워프(Antwerp)

가 공략을 당하는 위기를 맞고, 필립 2세가 모종의 내적 분규를 통해서 프랑스를 보호함으로 영국에 공격력을 곧 집중시키게 될 것처럼 보이자 엘리자베스는 그녀의 뜻과는 많이 어긋나지만 네덜란드에 조력을 하기 위해 신교의 용사들을 보내야만 하게 되었다. 그녀는 정치자로서 현명하지도 않고, 장군으로서 능숙하지도 못한 라이체스터의 얼을 대장으로 삼아 5,000명의 보병과, 1,000명의 기병을 파견할 것에 동의하였다.

라이체스터의 고상하고, 고귀한 기품은 영국 역사의 가장 고귀한 유산 중의 하나이며, 그의 시대에 자연스러운 가치를 지녔던 사람으로 평가되어지는 라이체스터의 조카인 필립 시드니 경이 치명적인 상처를 받은 것은 바로 이 전쟁 가운데 쥬트펜의 공성전(攻城戰)에서 있었던 싸움에서였다.

라이체스터는 네덜란드인들을 위해서는 큰 도움이 되지 못했다. 심지어 네덜란드 군대는 라이체스터와 전투를 벌이기까지 했다. 엘리자베스는 그녀의 특질상 네덜란드의 동맹자들을 희생시키게 될 필립과의 협상을 추진했으나, 다행스럽게도 그들은 아무런 협상도 얻지 못했다.

3. 프란시스 드레이크 경

스페인군을 괴롭히고 무능하게 만드는 데 있어서 라이체스터보다 훨씬 효과적인 역할이 프란시스 드레이크 경에 의해 이루어졌다. 드레이크는 디본셔(Devonshire) 사람이었다. 그는 아주 젊었을 때에 해협의 항구들을 오가며, 교역하는 선장으로 일했었으며, 곧 숙련되고 능력 있는 뱃사람으로서 평판을 얻었다. 그는 서인도제도에서 쌓은 찬란한 공적으로 유명하게 된 존 호킨스 경과 밀접한 관계를 갖고 있었다. 그 자신의 배를 준비해 가지고 드레이크는 그의 친척인 호킨스에게 동참했으며, 가장 과감한 모험에 뛰어들었던 것이었다. 그의 가장 현저한 업적들 중의 하나는 그가 용(Dragon)이라고 부른 100톤짜리 슬루프형 군함을 타고, 두 대의 작은 쾌속정과 동반하여 세계를 돈 항해였는데, 그 항해를 통해 그는 케이프 혼(Cape Horn)을 통과하여 미국의 서쪽 해안을 북상하여 태평양과 인도양을 횡단하고 희망봉을 돌았던 것이었다. 그는 이 항해를 통하여 남아메리카의 스페인 도시들과 스페인 보물선들로부터 수많은 종류의 보물들과 재산, 보석, 금 등의 수많은 노획물들을 탈취했다.

4. 스페인 무적함대의 준비

무기력하게 된 필립은 그러한 일들에 의해 자극을 받고 격분하게 되었다. 그래서 그가 오랫동안 스페인과 네덜란드에 대한 영국의 커다란 해적행위에 대처하려는 목적으로 생각해 오던 것을 실행하려고 마음먹었다. 그는 스코틀랜드의 여왕인 메리를 통해 영국의 로마 카톨릭을 부흥시킬 것을 기대했다. 그는 엘리자베스를 축출하고, 파르마를 메리와 결혼시켜 영국을 교황과 스페인의 이익을 위해 통치하려는 야심을 가지고 있었다.

필립은 이 계획을 위한 준비에 착수했다. 스페인의 모든 항구는 바쁘게 되었고 리스본, 카디즈(Cadiz), 바르셀로나, 나폴리 그리고 그 밖의 등지에서 그의 조선공들은 일에 몰두하게 되었다. 카디즈의 항구는 특별히 식량선과 화약통들, 수송선 그리고 무적함내를 위해 준비된 저장품들로 가득 차 있었다.

5. 메리 스튜어트의 처형

그 동안 라임스에 있는 로마 카톨릭 신학교에서는 한 가지의 음모가 계획되어 안토니 바빙톤(Anthony Babington)이 이 음모를 수행하도록 임명되었다. 이 음모는 엘리자베스를 암살하고 스페인의 도움으로 메리 스튜어트를 영국 옥좌에 앉히려고 하는 것이었다. 이 음모에 메리가 공모한 사실이 그녀 자신의 서신에 의해 증명되었다. 메리는 46명의 추밀원 위원들과 귀족들의 위원회에 의해 유죄로 선고되었고, 1587년 2월 8일 포터린게이 성의 공회당에서 사형을 당했다. 메리가 사형을 당함으로 사람들의 마음에서 부담이 덜어졌고 보다 자유롭게 호흡을 하게 되었다.

엘리자베스의 안전에 대한 가장 커다란 위험은 메리의 인격에 있었다. 그러나 필립의 영국 침략의 결심은 조금도 늦추어지지 않았고, 오히려 메리의 죽음에 의해 더욱 굳어졌다. 왜냐하면 메리가 영국의 옥좌를 계승하라는 유언을 그에게 남겼기 때문이었다.

6. 필립 왕의 수염을 태우기 작전

물론 드레이크는 스페인 항구에서 진행되고 있는 준비에 대해 잘 알고 있었다. 그는 보나벤투라(Buonaventura)라고 이름한 여왕의 배에 25명 혹은 30명의 플리머스(Plymouth)로부터 항해해 온 힘센 신교도 해적들인 선원들을 태우고 스페인 해변을 살펴 보았다. 그리고 그 다음해에, 그 자신이, "필립 왕의 수염을 불태우는 일"이라고 명명한 작전을 시도했다.

우리가 조금 전에 살펴본 바와 같이 필립의 항구인 카디즈에는 수송선들과 양식선들이 가득 차 있었는데, 드레이크의 배는 거기에 도착해서 빗발치는 대포의 폭풍 속을 꿰뚫고 값어치 있는 것들을 약탈하고 선박의 닻줄들을 끊어버리고, 배에 대포를 쏘아 격침시켰으며, "일 년 동안의 노력이 허사로 돌아가는 약 일백만 듀카 금화 어치의 충격"을 주었다. 여러 가지의 공적을 쌓은 후에 그는 서인도 제도로부터 보물들을 실은 스페인 배 중의 하나를 나포함으로써 그 일을 끝마친 후, 이 부를 가지고 플리머스로 돌아왔다.

7. 계속된 무적함대의 준비

3년 동안을 스페인은 거대한 공략을 목적으로 고심하며 준비를 했다. 동쪽에서부터 서인도까지 멕시코의 광산과 페루의 광산으로부터 모든 종류의 금과 보물들이 스페인 왕의 보물 창고 안으로 쏟아져 들어와서 거대한 해군력이 스페인 선창을 마련하는 데 쓰여졌다. 마침내 그곳에는 150개의 거대한 갤리온선(galleons)과 갤리스선(galeases) 그리고 갤리선(galleys), 또 보다 작은 소전함들로 붐비게 되었다. 갤리온선 등은 커다란 달걀 모양의 선박들인데 이물에서 고물까지 성의 모양으로 지어졌다.

갤리스선도 비슷하게 큰 선박이었다. 이 거대한 축조물보다 더 커다란 장관은 없을 것이지만 거친 바다를 항해하고 전쟁을 수행하는 목적으로는 이것보다 더 불편하게 지어질 수는 없었다. 이 선박들은 물에 뜨기에 너무나 무거웠으며 빠른 운항을 할 수 없을 뿐만 아니라, 적에게 너무나 눈에 잘 띄는 목표가 되는 선박이었다.

이 거대한 함대는 9,000명의 선원과 3,000명의 노 젓는 노예와 21,855명의 군인과 3,165문의 대포와 그 군인들을 격려하기 위해서 탑승한 예수회파 신부들, 탁발 승려들, 사제들에 의해서 움직여졌으며, 그 성직자들은 스페인 군대가 영국을 정복하기만 하면 즉시 영국 전체를 개종시킬 수 있게 하기 위해 고문의 도구와 커다란 미사경본, 고자리오의 기도, 성유물과 죽은 성자의 유해들을 지니고 승선했다.

8. 파르마 공작의 협력

무적함대와 협력하기 위해서 6만 명의 노련한 군인들로 구성된 거대한 군대가 파르마 공작 치하의 네덜란드에서 소집되었다. 그러나 필립왕은 그들을 영국에 수송하기 위한 방도를 강구하지 못했다. 그리하여 플랑드르 삼림이 그 목적을 위해 격류와 무장한 전함의 공격을 견디기에는 너무나 무능력한 밑이 평평한 바닥의 보우트를 만들기 위해 수송되어 사용되어졌다.

9. 무적함대가 바다로 발진함

1588년 5월 중순에 거대한 무적함대가 메디나 시도니아 공작(Duke Medina Sidonia)의 지휘 아래서 바다로 발진해 나아갔는데 시도니아는 자신이 지휘관이 되어야 하는 운명을 한탄했으며, 아무에게도 손해를 끼치지 않게 되기를 원한다고 말했다.

발진하기 석 달 전에 그 함대의 갑판 위에는 침수가 발견되었으며 배 안에는 더럽고 악취가 났고, 실었던 고기가 부패했으며, 빵은 구더기들로 가득 차 있었고, 오래지 않아 수백 명의 사람들이 이질에 걸리게 된 것이었다. 무적함대는 파도 때문에 흩어지게 되었고, 많은 배들이 운항이 불가능해져서 수선을 위해 코른나(Corunna)로 입항했다.

10. 영국의 상황

한편 우리가 질문해 보아야 할 문제가 남아 있다. 즉 영국의 상황은 어떠했던가? 이러한 어리석은 침략에 대처하기 위해 어떠한 준비가 되어졌던가? 런던의 인구는 약 15만 명이었으며, 영국의 인구는 모두 합해서 4백만 명에 달하지 않았다. 영국의 해안은 여기저기 부서진 항구와 항구 간의 사이가 멀리 떨어진 채 노출되어 있었다. 영국의 정규군은 현재 런던의 경시청 경관의 반 수에도 못미치는 숫자였다. 라이체스터 백작과 다른 몇 사람들은 그것을 조직화하고, 증가시키는 책임을 맡았다. 전체 영국 해군은 6,279명의 수병과 837문의 대포를 가진 34척의 배로 이루어졌다. 하워드 경은 제독으로서 지휘자가 되었고 드레이크는 부제독이 되었으며, 호킨스는 후위의 제독으로 임명되었다.

그들은 상선에 크게 의존하고 있었다. 잘 기억해 두어야 할 것은 영국 인구의 절반이 로마 카톨릭주의자였으며, 교황은 그들을 동정하여 무죄를 인정하고 엘리자베스를 축출하는 데 필립에게 크게 도움을 줄 것을 약속했던 것이었다.

이러한 상황에 있어 영국에는 거의 희망이 없어 보였다. 그러나 필립이 영국을 침략하려는 저의를 생각하기를 거부하려는 엘리자베스의 거부만큼 치명적인 위험은 없었다. 파르마 공작은 마지막 순간까지 완전한 변덕성을 가지고 그녀와 평화협상을 벌였다.

11. 영국 국민의 정신

마침내 여왕은 깨달았다. 모틀리(Motley)가 영국 내의 광경을 묘사해 놓은 다음과 같은 말들은 기억할 만한 것이다. "위대한 여왕이 프랑스와 필립의 술책에 의한 망상에서 깨어났다. 모든 사람이 살기보다는 오히려 죽게 될 결과를 낳을 외국의 침략과 오만함에 대한 영국의 도전을 재현시키려 했을 때, 국민들 가슴에 통하는 기쁨의 격정이 존재했다. 억누르는 긴장이 마침내 사라졌을 때, 거기에는 적을 향한 오직 하나의 단결된 울타리만이 남아 있을 뿐이었다.

오랫동안 커다란 위험으로서 영국에 퍼졌던 열광주의보다 더욱 커다란 광경이 역사 속에 나타났다. '16세기의 즐거운 영국'으로 불려졌던 400만의 작은 국가는 오래 기다리던 공휴일을 맞은 것만큼이나 즐거워하는 커다란 대적자의 손에 놓여 있었다. 스페인은 거대한 제국이었고, 세계에 영향을 미치는 나라였다. 그에 비해 영국은 하나의 지방에 불과한 나라였다. 그럼에도 불구하고 앞으로 있을 전쟁을 위해 준비하는 과정에서 스페인 측보다 아무것도 나은 것이 없었던 것이었다." 런던뿐 아니라 해협을 따라 나 있는 거의 대부분의 모든 영국 항구들이 겨우 배와 선원만을 모아 주었을 뿐이다.

12. 영국 함대의 전술

1588년 7월 20일 영국 함대는 플리머스로 오는 길에 160척에 달하는 거대한 무장을 한 무적함대가, 그 뿔이 7마일에 걸쳐서 놓여 있는 초승달 모양을 하고 해협 위에 죽 늘어져 있는 것을 처음으로 보게 되었다. 영국의 전술은 스페인 함대의 후미를 지키고 있다가 그것을 공격하고, 낙오선을 격침시키며 스페인 군대의 함대를 하나씩 해치우려는 것이었다. 스페인 제독이 전투를 결정했을 때, 영국의 배들은 이미 스페인 배들을 몰아부치고, 큰 갤리온선에 대포사격을 집중시키고 있었다. 스페인 군대들이 혼란에 빠진 것을 보면서 공작은 당황하여 해협을 지키도록 신호했으나, 가장 유능한 지휘관 중의 한 사람인 돈 페드로와 갑판 위의 500명의 선원들, 또 수많은 돈과 충분한 분량의 화약 그리고 한 박스의 보석을 박은―필립이 영국 카톨릭 귀족들에게 보내는―칼이 카피타나(Capitana)를 떠나서 드레이크의 수중에 떨어졌던 것이었다.

영국 함대는 해협을 거슬러 오르면서 급속하게 증가했으며, 민첩하고도 그칠새 없는 포화는 무적함대를 철저하게 마비시켰고, 다른 수많은 보화들을 노획했다.

13. 영국의 전략

스페인 군이 칼라이스에 닿았을 때 영국 제독들은 보다 결정적인 행동을 취할 순간이 왔다고 생각했다. 스페인 군이 던커크에서 파르마의 군주를 만나기 전에 교전이 일어난다는 것은 영국을 위해서는 좋은 기회였다. 그러나 프랑스 바다에서 그들을 공략하는 것은 프랑스를 침범하는 것이 되었다. 영국인들은 스페인군을 그들의 지역 성 안으로 이동시키려는 수단을 썼다. 그래서 가장 낡고 쓸모 없는 배 8척에 역청을 발라서 스페인 함대 가운데로 불을 붙여서 보내었다. 바람은 순조

로웠고, 그 배들은 거의 스페인 군의 중앙으로 흘러 들어갔다. 그러자 갑자기 스페인 함대는 "수면에서 마스트 꼭대기까지 온통 화염으로 휩싸였다." 당황과 공포 속에서 전체 스페인 함대는 닻줄을 놓치고 바다로 흘러 나가게 되었고, 영국군의 추적을 당하게 되었으며, 소총의 끊임없는 사격과, 서로 자기 편이 퍼붓는 대포에 휩싸이게 되었다. 영국군의 화약 공급은 부족했었지만 낭비되지 않았다.

14. 무적함대의 재난

4시간 동안 전쟁이 맹렬히 계속되었으나 피해는 일방적으로 한쪽만 당했다. 스페인의 대포알은 작은 영국 군함의 선체 위를 높이 날아다녔다. 오후가 되자 스페인의 포화는 늦추어졌고, 그들의 화약은 고갈되었다. 영국 편은 그들의 여왕처럼 가시돋힌 성격을 가진 군대가 되었다.

스페인의 몇 안되는 배들이 화란 해변에 닿았고, 파괴되었다. 밤을 지나는 동안 바람이 일어났고, 폭풍은 돌풍으로 변하여 높아져 갔고, 돌풍은 영국이 시작해 놓은 역전극을 끝내 주는 태풍으로 변해 갔다. 그들의 함선들은 격풍에 의해 북해로 밀려갔으며, 그들 중의 대부분이 스코틀랜드 해안에서 괴멸되었다. 그러나 30척 혹은 40척의 배들이 스코틀랜드 서쪽해안을 돌아 밀려간 후에 아일랜드의 해안에서 난파되었다. 기의 만 명의 스페인 군이 기인의 둑길과 블라스게트(Giant's Causeway and the Blaskets) 사이에서 죽었다. 일설에 의하면 스페인 귀족의 꽃을 실은 배 한 척이 던루스(Dunluce)의 암초에서 침몰되었다고 한다. 100구의 시체가 슬리고만(Sligo Bay)의 해변가에서 발견되었다. 막강한 "무적함대" 중의 53척에 불과한 배가 그리고 30,000명 군대 중에 9,000명 가량이 페스트와 죽음 속에서 혹은 질병에 의해 거의 죽게 된 채로 스페인으로 돌아갔다.

15. 그러한 공략을 가능하게 한 청교도주의

청교도주의의 역사를 서술하면서 무엇 때문에 무적함대에 대한 공략에 그처럼 많은 지면을 할애했는가고 물어 볼 사람이 있을 것이다. 그 대답은 다음과 같다. 즉 그러한 공략을 가능하게 만든 것이 바로 청교도주의이기 때문이다.

프루드는 이에 대해 다음과 같이 말했다. "무적함대의 공략을 무사히 이루게 만든 그 역사적인 정열과 힘과 화력은 청교도들, 즉 네덜란드의 로쉘(Rochelle)의 칼빈주의자들과 똑같은 신념을 가진 사람들에게서 나온 것이었다." 이 사실에 대한 예수회파 신부의 증거는 이미 참조된 바 있다. 즉 "우리가 맞서야 할 적들은 우리가 청교도라고 부르는 완고한 이교도들이다. 그들은 여왕이 만들어 놓은 산물이며, 라이체스터 백작, 헤팅돈 그리고 그 밖의 사람들이 만들어 놓은 무리들인 것이다"[29]라고 그는 말했다. 여기에 프루드는 덧붙이기를, "그 전쟁은 5분의 4가 개신교의 모험가들로 이루어졌는데, 그들 중에는 열심 있는 청교도들이 태반이었으며, 그들의 여왕에 대한 충성심은 그 예수회 신부 자신도 인정하는 바였다(p. 157).

영국의 해운업에 종사하는 사람들은 스페인 항구에서 종교재판소의 재판으로 인하여 고난을 당했다. 그리고 그 한 사람 한 사람이 어떻게 고문을 받았고 어떻게 감옥으로 보내어졌으며 갤리선의 노 젓는 일에 투신되어졌고, 오토 다 페(Auto Da fe)에서 화형을 당했다고 하는 고난의 이야기들이 영국에 들려왔다. 세실이 기록하기는 1562년 한 해 동안에 26명의 영국 사람들이 스페인의 각기 다른 지방에 있는 화형장에서 화형을 당했다고 기록했고, 프루드에 의하면 수많은 사람들이 토굴 속에서 굶어 죽은 것이 열 차례나 된다고 했다. 그래서 해운

---

29) Froude's *English Seamen*, etc., p. 153.

업계에서는 종교재판을 증오하는 감정이 점점 자라났으며, 설욕을 원하는 감정이 살아났던 것이다.

16. 로마 카톨릭 영향의 최상의 노력인 무적함대

무적함대의 무너짐과 흩어짐은 영국 역사뿐 아니라 유럽 역사에 있어서도 결정적인 순간이었다. 그것은 해군력의 지도자로서의 스페인의 통치권을 부수어 뜨리는 것이었을 뿐만 아니라, 영국이 최고의 중요성을 갖는 국가로 부상하는 것을 나타내는 신호도 되었다. 영국을 정복하기 위한 무적함대의 조직과 정비는 신교주의를 근절시키려고 하는 로마 카톨릭의 영향력이 최대로 발휘된 결과였다. 그러나 그 결과는 신교의 근절 대신에 신교를 근절하겠다는 헛된 희망을 근절하는 치명타가 되었던 것이었다. 무적함대의 전복은 청교도 투쟁에 있어서도 중요한 영향을 끼치는 일이었다.

여기에서도 청교도주의는 영국의 대부분에 영향을 끼치는 로마 카톨릭의 침략의 공포로 인하여 많은 도움을 받았다. 이제 그 공포는 지나갔고, 많은 것들이 덜 격렬해졌으며, 사제주의에 대항하는 투쟁도 보다 느슨해졌고, 보다 큰 종교개혁을 요구하는 주장도 덜하여졌다. 그러한 생사가 달려 있는 접전을 겪은 후에는 청교도들이 주역이 되어 이긴 현저한 승리에 높임을 받거나, 그들이 이제까지 받은 것보다 좋은 배려가 그들에게 있어야 할 것으로 기대될 것이었다. 그러나 그렇게 되지는 않았다.

약간 변형되기는 했지만 위트기프트의 탄압적인 독재는 어떠한 면으로도 조금도 줄어 들지 않았다. 우리가 지난 장의 끝에서 본 것처럼, 영국의 훌륭한 국민들을 왕국에서 추방시키고, 영구히 망명시키려는 한 가지의 '망명시키려는 정책'이 실천되었던 것이었다.

제6장

청교도주의의 고등문학

1. 청교도주의 교육과 사회적인 지위의 부활

대학에서 청교도들의 숫자와 영향이 어떠했던가 하는 것은 이미 살펴본 바 있다. 그리고 그들이 최고의 교육을 받았으며 가장 최선의 헌신된 성직의 몫을 감당했다는 사실은 의문의 여지가 없다.

할람이 엘리자베스의 시대에 대하여 말한 바에 의하면 "성직자의 대다수는 무식했었고, 그들 가운데 많은 사람이 술에 인이 박힌 사람들이었고, 저질의 악한 행위를 저지르는 자들이었다." 그는 다시 말하기를, "청교도들은 보다 많이 배우고, 이 시대에 앞서 말한 성직자들의 침묵의 결과로서, 대단히 적은 숫자의 사람들만이 설교의 경험을 가진 그러한 종교계에서 부지런히 일하는 사람들로서 구성되어 있었다." 그 당시 한 예로서는 약 1578년에 콘월(Cornwall)에서는 140명의 성직자들 가운데서 단 한 명도 설교할 능력이 없었던 것이었다. 그리고 일반적으로 그들 가운데 대부분이 설교할 능력이 없었을 뿐만 아니라 예배서를 읽을 수도 없는 사람이 거의 네 명에 한 명 꼴밖에 안되었던 것이었다.[30] 우리가 살펴본 바와 같이 청교도들은 역시 주로 땅을 차지하고 있는 귀족들과 그 당시의 보다 많은 교육을 받은 사람들로 구성된 의회에서도 우월한 위치를 차지하고 있었다. 그래서 엘리자베스 시대의 고등문학에서 표출된 그들의 이름을 발견한다는 것은 우리에게 놀라운 일이 아니다.

2. 리차드 후커

리차드 후커라는 이름에 대해 주의를 기울이지 않고, 넘어간다는 것은 실로 불공평한 일이라고 할 수 있을 것이다. 그 이름은 엄격하게 평가할 때, 그 시대의 영국 국교회주의의 가장 저명한 투사였었고 높은 수준의 학문가 속에 속해 있는 이름인 것이다. 그의 저서『교회정치』의 여덟 권 가운데 첫번째 네 권이 1594년 출판되었다. 그 첫번째 책은 특별히 일반적인 법률을 다룬 것으로서, 영원한 가치를 가진 책이었다. 다른 책들은 보다 세부적인 사항들을 다룬 것으로써, 성격상 보다 논쟁적인 것이었으며 가치가 약간 덜한 것이었다. 후커의 중심된 견해는 교회가 다른 사회들과 같이 순탄함을 위해서 법을 만들도록 힘을 기울여야 하며, 성경이 교의의 완전한 기준이라 할지라도 통치와 양육의 기준은 아니므로, 이와 다른 부문들에 사물의 분별과 일반적인 사고를 의지해야 한다는 것이었다.

3. 리차드 후커의 견해에 내포되어 있는 의미

후커가 취한 견해는 두 가지의 역동적이고도 참으로 치명적인 반대에 개방되어 있는 것이다. 첫째, 사실상에 있어서 그의 견해는 로마 교회의 지지를 받을 수 있는 것이었고(아마 로마 교회의 지지를 받았

---

30) *Constitutional History*, 제4장의 노트.

을 것이다) 영국 국교회주의에 적용되는 것만큼이나 로마 카톨릭주의
에도 똑같이 적용될 수 있는 것이었다. 할람은 다음과 같이 말했다.
"『교회정치』의 서문은 제임스 2세가 그의 복귀를 로마 교회의 덕분으
로 돌리려고 쓴 두 권의 책 중의 한 권이라는 것은 이미 잘 알려진 사
실이며, 이런 영향을 받은 그 견해가 가지는 추리의 과정을 인식한다
는 것은 어려운 일이 아닌 것이다."[31] 둘째, 후커가 특히 강조한 사물
의 본성과 공평과 이치에 대한 보편적인 사고에 대한 호소는 영국 국
교회의 형태에 부합된다고 하기보다는 훨씬 큰 영향을 가지고 청교도
들이 옹호하는 통치의 형태에 부합된다고 할 수 있다.

　근본적으로 사도들에 의하여 적용된 교회정치의 양식과 청교도들이
바라는 그 양식은 아마도 다스림을 받는 사람이 선출한 위원회에 의한
통치로 요약될 수 있을 것이다. 그것은 통치의 대리형식이 될 것이며,
어디에서나 자유로운 사람들의 공동체에 의해서 적용되는 자치제의 형
식이다. 그리고 이 교회정치의 원리는 영국 헌법의 골격을 이룬 통치
의 양식이다. 그것은 교회에 그 권위를 부여하는 독재적인 것이거나,
전제적인 것이 아니라 오히려 기독교 공동체 자신의 마음에서 표현되
는 것으로서 그것이 바로 육아실이며, 자유의 가정인 독특한 영적인
사회에 특별히 적용되는 정책이다. 그것은 독재 없는 우월성, 무질서
없는 동등함 그리고 예속이 아닌 복종을 확보하는 것이다.

4. 리차드 후커의 건전한 감독제도에 대한 이론

　감독제도에 대한 후커 자신의 이론은 매우 건전한 것이었다. 그는
말했다. "때로는 감독없이 서품을 허락해야 할 매우 타당하고 충분한
이유들이 있을 것이다." 또, 감독직의 영구적인 계속의 필요성이 없다

---

31) *Ibid.*

고 보며, 성례전에 타당성을 허락할 필요를 느끼지 않는다는 것들을 인정한다. 그는 다음과 같이 단언했다. "전체의 가견적인 교회는 모든 힘의 진정한 근원적 주체"라고 했는데 그 견해는 올바르게 살핀 것이며, 넓게 본 것이고, 사제주의와 교권제도가 포함되어 있는 독재적 통치를 모두 완전히 전복시키는 것이었다. 그러므로 의심할 것도 없이 후커는 그 논쟁을 높은 수준으로 끌어올렸고, 양측에 보이는 원칙들을 끄집어 내어 놓은 것이었다. 스케츠(Skeats)가 공평하게 말한 것을 보자. "한 시대의 거의 모든 학문과 문화가 청교도들과 독립파들의 편에 놓여 있었다. 그때 국교회의 대다수의 성직자들은 사람들 가운데 최저의 질을 가진 자들이었으며, 가장 저질의 업무를 가진 자들로 이루어져 있었다.

후커는 교회적으로 알프스 산맥과 같은 존재로 보임에 틀림없다. 그리고 시간이 흘러도 그의 위대성은 감소되지 않는다."[32]

5. 후커에 못지 않은 베이컨의 명성

그러나 후커의 명성에 맞서서 문학과 과학의 양쪽에 관련되어 있으며, 후커의 이름보다 더욱 크고 부유하며 포괄적인 지성을 보유하는 한 이름이 놓여져야 한다. 그것은 후커와 동 시대의 위대한 인물인 베이컨 경의 이름이다. 그는 청교도는 아니었다. 그럼에도 불구하고 청교도들이 찾고 있는 똑같은 개혁을 원하고 있었다. 그는 말했다. "우리가 하나의 믿음과 하나의 세례, 하나가 아닌 성직주의와 성도훈련이 있는 하나님의 교회 안에 있는 고대의 공동체로 돌아가며, 우리가 우리의 구세주이신 그리스도께서 계획하신 그리스도인들의 연합체로 인식되어지는 것은 참 좋은 일이다. 그것이 이 교리의 요약이다. 우리와

---

32) *History of the Free Churches of England*, p. 22.

함께 하지 않는 모든 것이 우리를 대적하는 것이 아니라, 단지 무관심이며 다른 상황일 뿐이다. 그러니까 우리를 대적하지 않는 것은 우리와 함께 하는 것이다. 이 사실은 다음과 같은 기록을 남긴 신부에 의해 아주 훌륭히 암시되어 있다. 즉 그리스도의 옷에는 갈라진 틈이 없다. 그럼에도 불구하고 교회의 의복에는 다양한 색상들이 있다. 그리고 그 위에 한 개의 법칙이 놓여 있는 것이다. 그 옷에 다양성이 있어도 좋다. 그러나 찢어지지는 말라는 법칙이다."

베이컨은 좀더 청교도들과 보조를 맞추어 나갔다. 그의 『구조적 역사』라는 책의 제6장의 기록에서 할람은 베이컨의 발자취를 더듬어 보았는데, 『영국 교회의 논쟁에 관련된 공시』라는 책에서 할람은 말하기를, "베이컨은 몇 가지의 의식적인 것들을 받아들였는데, 즉 모자와 백의, 결혼 반지, 사면의 형식과 같은 것들이었다. 그리고 그는 파문장의 남용, 성직자가 교구 내에 거주하지 않는 것, 성직자의 겸직, 직무 선서, 서품의 독점적인 실천, 감독의 판결 같은 것들에 대하여 통렬한 비난을 퍼부었다. 그리고 그는 진보적인 탁월한 정신으로 묻기를, "왜 시민국가에서는 매 3년이나 4년마다 한 번씩 열리는 의회에서 만들어지는 좋고도 건전한 법률에 의해서, 시간의 흐름이 악영향을 끼치기가 무섭게 그 치료방법이 고안되어 깨끗이 일소되고, 회복되어지지만 그 반대로 교회에서는 시간의 찌꺼기 위에서 계속 유지되어야 하며 이 45년 혹은 그 이상의 시간 속에서 아무런 변화도 얻지 못해야 하는가?"[33]라고 했다.

6. 스펜서: 목자의 달력

위대한 시인 스펜서의 『요정의 여왕』 속에는 우리가 이미 생각해 본

---

33) Spedding's *Bacon*, iii. p. 105.

바 있는 의문, 영국 시가와 같은 것이 있는가 하는 의문이 해결되어 있다. 그리고 그는 보다 고등한 형식의 시 속에서 동정적인 표현으로서 발견되는 청교도정신을 가진 시인 중의 시인으로 불리워졌다. 1579년에 의명으로 발표된, "열두 개의 달에 어울리는 열두 개의 에글로그스(Aeglogues)를 가지고 있는 목자의 달력"이라는 시 속에는 그 당시의 교회의 사건에 대한 명확한 의견이 표현되어 있다. "목자의 달력"에 나오는 '알그린드'라는 인물은 그린달 대주교이며, 스펜서의 시 속에 있는 '모렐'이라는 인물은 런던의 감독인 '아일머'이고 또한 '엘모어'(Elmor)는 '엘모어'(Ellmor)를 다르게 쓴 것이다. 처음에 열렬한 청교도였던 아일머(Aylmer)는 그가 가진 직위와 자존심으로 인하여, 또한 그의 청교도들을 취급하는 잔혹성으로 인하여 유명해졌다. 돈을 벌 목적으로 풀함에 있는 느릅나무의 가로수를 잘라버림으로써, 그는 '엘머'(Elmer: Elm→느릅나무)라는 별명과, '마렐름'(Mare-lm)이라는 별명을 갖게 되었다. 그에 관해서 스펜서는 다음과 같이 질문했다.

"저 건너편 둑에 앉아 있는 이는 교만한 양치기와 같은 자가 아닌가?"

일곱번째의 목가시는 교회 내에 있는 두 개의 당파인 영국 국교회와 청교도들을 나타내는 모렐(아일머)과 토말린 간에 있는 대화이며 청교도에 대한 시인의 지지를 표현하는 방법을 쓰고 있는 것이다. 처음의 교회의 감독들에 대해서 토말린(Thomalin)은 다음과 같이 말한다.

"예전에 이 모든 일들은 기쁨과 겸손의 일이었으며, 양무리들을 사랑으로 먹였다. 그들은 결코 우두머리가 되려고 애쓰지 않았고 그들의 복장은 단순하기만 했었다."

그러나 현재의 감독들에 관해서는,

"그들은 자줏빛 의복과 아름다운 외투로 몸을 감쌌으므로, 그들의 신께서 그들을 축복하셨다. 그들은 모든 것을 통치하고 다스리며 그들이 원하는 것을 대접하도다."

대주교 그린달이 해석가들을 탄압하기를 거절하였으므로, 여왕에 의해 성직을 박탈당한 일에 관하여는,

"나에게 이제 말하여 다오, 알그린드, 그는 무엇이냐 그것은 그토록 허무한 이름이었는가?"

하고 묻고는 그 물음에 대하여 토말린은 대답하였다.

그는 은혜가 큰 목자이다.
그는 오랫동안 투옥되어 있었네.
어느날 그가 언덕 위에 앉으니(지금 당신이 나를 보듯)
그러나 나는 알그린드의 병으로 교훈을 받는다.
낮은 자를 사랑하도록 민둥 산에 앉았던
독수리 하늘을 치솟는 듯
흰머리의 조개가 물 속으로 나르듯
그녀는 조개를 깨고
그와 함께 그 머리도 상하도다.
이제 상처로 눌라고
긴 고통 속에 누워 있네.

"고별을 외치는 독수리"는 물론 여왕을 가리키는 것이며, 대주교의 운명은 "운이 나빴던 착한 알그린드"로서 탄식되고 있는 것이었다.

7. 『요정의 여왕』

그러나 청교도의 이상이 가장 풍부하게, 가장 시적으로 표현된 것은 나중에 출판된 『요정의 여왕』에서 발견된다. 그 첫번째 세 권의 책은 1590년에 나왔고, 두번째 세 권은 1596년에 나왔다. 초기의 스펜서는 보다 크고 원대한 교회 개혁의 주장을 지지했는데, 『요정의 여왕』은 그가 그 목적에 충실했던 이유를 보여준다. 『영국 기독교의 예증』이라는 책에서 헨리 모레이는 말하였다. "그 반대 견해의 가장 고등한 표현은 리차드 후커의 『교회정치』 속에 있다." 그리고 "엘리자베스 통치의 후반부에서의 영국 기독교의 청교도적 견해의 가장 뛰어난 표현은 『요정의 여왕』의 제일 권 속에서 발견되는 것이다".

그린(Green)은 그의 『짧은 역사』라는 책에서 다음과 같이 말했다. "개념에 있어서, 그리고 이 개념이 스펜서가 완성시킨 작품 속에서 실현된 방법에 있어서, 그의 시는 도래하는 청교도 사상의 명성을 확장시키는 것이었다. 그의 초기의 목회시인 "목자의 달력"에서 시인은 궁정의 교회정책에 대항하는 보다 진보적인 개혁자의 편에 담대히 서 있는 것이다. "그는 청교도에 대한 지지 때문에 치욕을 당한 그린달을 기독교 목사의 선형적인 이상형으로 신택했으며, 닐카로운 미닌으로 고등 성직자의 허영을 공격했다.

종교이론에 있어서 그의 『요정의 여왕』은 철두철미하게 청교도적인 것이었다. 우리가 생각하는 영국 청교도주의의 보다 고상하고 깊은 색조가 그의 작품의 성격과 목적 속에 있다."

8. 비유적 표현의 중요성

시의 비유적 형태와 용어들 그리고 중요성에 대한 간단한 참고는 시의 주된 경향을 보여주는 데 충분할 것이다. 요정이란 말은 물론 영적인 것을 의미한다. 요정의 여왕 혹은 글로리아나는 하나님의 영광이다. 그것은 모든 요정의 기사들이 추구하는 목적이며 혹은 다른 말로는 모든 교전상태의 미덕이고, 이것은 그리스도를 나타내는 아더 왕자(Prince Arthur)를 통해서만 이룰 수 있는 것이다.

용과 싸워야 하는 십자가의 기사인 성 조지는 영적인 기독교 신앙, 바로 그것이다. 성 조지가 타고 있는 방자하고 무엄한 말은 영국 국교회주의 혹은 의식주의를 표현하고 있다. 그리고 말을 탄 기사는 진리를 가리키는 아나(Una)라는 숙녀와 분리되어지며 자줏빛의 오류의 옷을 입고서 이 불행한 적십자(赤十字)의 기사를 '오르고글리오'의 감옥으로 이끄는 로마의 듀사(Duessa of Rome)를 거느리게 된다. 오르고글리오의 토굴은 개혁되지 않은 로마적 의식주의를 그대로 답습한 영국 국교주의의 허영과 교만을 말한 것이며, 그 오르고글리오의 토굴 속에서 적십자 기사는 속박당하게 되는 것이다. 스펜서의 영국 국교회주의에 대한 인상은 로마의 듀사에 부적(不敵)됨으로써 오르고글리오의 토굴 속에 갇히는 것이었다!

이런 표현의 빛이 비추어지는 시를 읽을 때, 우리는 영국 역사에서 그리고 개인의 영혼 속에서 진행되는 투쟁에 대해서 시가 얼마나 놀랍고도 중요한 진술을 포함하고 있는 것인가를 깨닫게 된다.

9. 세익스피어

그러니 다음과 같은 것은 깊은 관심을 끄는 또 한 가지 문제가 된다. 즉 스펜서(Spenser)보다 더 위대한 시인 그리고 베이컨(Bacon)보다 더 큰 지성을 가진 사람인 세익스피어(Shakespeare)가 청교도주의와 어떤 관계를 가지고 있는가 하는 것이다.

10. 청교도 분위기 속에서 만들어진 시인

어떤 비평도 위대한 시인의 신념이 기울여지는 세익스피어의 작품들을 자신 있게 추론할 수 없다. 그와 같은 경우의 한 단순한 실례로서 다음과 같은 말이 인용되어진다. "인간 감정의 기본적인 범위에서 움직이며, 시적 영감의 보다 고요한 분위기 속에서 호흡하는 가장 천부적인 은사를 받은 상상력이 풍부한 예술가는, 자신의 시대를 혼란시키는 격앙으로부터 떨어져서 자신의 예술을 할 수 있는 것이다." 교회의 개혁에 대한 명백한 무관심으로부터 몇몇의 로마 카톨릭주의자와 다른 작가들은 세익스피어의 비밀스런 신앙들이 오래된 믿음 속에 있었다는 것을 논의하였다. 그러나 그 논의는 근거가 불확실한 것이었다. 카터 목사(Rev. T. Carter)는 그의 『매우 사려깊고 흥미있는 청교도이며 국교회를 거부하는 세익스피어』라는 책에서 세익스피어가 청교도 학자들에게 교육을 받고, 설교자에게서 설교 듣기에 익숙하며, 그의 사랑하는 딸은 열렬한 청교도와 결혼을 했고, 만년에는 스트래트포드(Stratford)로 돌아온 후에 많은 청교도들과 습관적으로 대화를 나누었던 청교도 가정 출신의 인물이 세익스피어였다는 사실을 분명하고도 설득력 있게 설명했다.

필자는 오직 카터 목사가 훌륭한 증거를 가진 것으로 보이는 사실들을 가지고 그의 결론으로 인도하는 것을 그대로 나열할 뿐이다.

11. 영국에서 가장 청교도적이었던 워빅크 주

세익스피어가 살았던 워빅 주는 영국에서 가장 청교도적이었던 지방들 가운데 하나였다는 사실을 기억해야 한다. 이곳보다 더 청교도주의가 영향력 있었던 지방은 없었다. 카터 목사가 우리에게 가르쳐 준 바에 의하면, 나이체스터의 백작, 워빅크 백작, 헤이슬리의 욥 트로그모튼(Job Throgmorton of Haseley), 울스톤의 로버트 윅스톤(Robert Wigston of Woolston) 그리고 카벤트리의 존 헤일스(John Hales of Coventry) 등의 사람들이 평신도 중에서 탁월한 사람들이었고 토마스 리버는 험프리 팬(Humphrey Fenn)이 40년 동안 청교도 원리들을 전파한 곳인 카벤트리의 대감독이었다.

에드워드 로드(Edward Lord)와 휴그 크락(Hugh Clark)는 울스턴의 교구목사들이었으며, 존 후커(John Hooke)와 에브라임 히웨트(Ephraim Hewet)는 룩스홀(Wroxhall)의 교구목사였다. 그 밖에 알체스터의 사무엘 크락(Samuel Clark of Alcester), 스트레트포드의 리차드 바이휠드(Richard Byfield of Stratford) 등의 사람들은 모두 기억될 만한 청교도들이었다. 이 사람들 가운데 보다 뛰어나고 가장 위대한 청교도 지도자였던 토마스 카트라이트는 스트레트포드에서 불과 수 마일밖에 떨어지지 않은 워빅의 병원에 목사로서 있었다. 거기에서 그는 그 지방의 부근에서 몰려든 큰 무리의 회중들에게 설교를 했다. "그 주 전체를 통 털어서 카트라이트의 무리를 제외하고는 종교적인 지식을 가진 사람이라고 생각되어지거나, 하늘을 향한 것처럼 보이는 성질의 신사나 귀족은 없었다."

12. 세익스피어의 아버지 존 세익스피어는 청교도였다.

윌리엄 세익스피어가 탄생한 해인 1564년에 우리는 그의 아버지인 존 세익스피어와 존 테일러(John Tayler)가 스트레트포드 도시위원회의 대표로서, 위원회의 감독 아래 놓여 있는 구교회의 제단과 성상과 십자가들을 지우는 일을 했던 사실을 발견할 수 있다. 1571년에 존 세익스피어는 스트레트포드의 시의회 의장이었고, 존 웰러(John Wheler)는 시의회 위원이었으며, 아드리안 퀴니(Adrian Quyney)는 법집행관이었다.

니콜라스 바네슈스트(Nicholas Barneshurst)와 토마스 바비(Thomas Barber)는 자치도시의 수입관이었다. 이 사람들은 강력한 청교도적 사업들이 추진되어질 때마다 굳게 뭉쳤다. 존 세익스피어와 존 웰러는 십자가가 끌어 내려지고, 교회 맨 꼭대기의 십자가 위의 그리스도상이 파괴되며, 성상들과 그림들이 치워질 때 열렬히 일하던 수행원들이었다. 1571년 시의회의 기록이 가르쳐 주는 데에 따르면 위에 이름을 든 의회의 위원들과 그 도시의 시민들은 세부적으로 기록된 바 있는 그 제의들과 주교의 망토들을 없애기로 결정했다. 1572년에 특별히 영국 의회에서 개혁을 위한 커다란 노력이 기울여졌을 때 존 세익스피어와 아드리안 퀴니 그리고 토마스 바비는 그 계획을 보다 크게 하기 위해서 런던으로 파송되어 올라갔다.

13. 청교도였던 세익스피어의 학교 선생

윌리엄 세익스피어가 소년으로서 입학했던 스트레트포드의 문법학교의 선생은 강력한 청교도이며, 후에 루딩톤(Luddington)의 목사로서 그의 청교도 사상 때문에 성직을 박탈당한 토마스 헌트(Thomas Hunt)였다. 세익스피어는 그의 교육을 받았다. 그러므로 집에서나 학교에서의 세익스피어는 청교도의 교육 아래 있었다. 1592년 스트레트포드의 시의회가 위의 권위에 의해 사주를 받아 청교도들을 박해하기 시작했을 때, 존 세익스피어와 존 윌리와 같은 시의회 사람들은 매우 훌륭한 사람들 편에 있었으며, 영국 국교를 반대하는 청교도, 즉 그들의 교구교회에 출석하기를 거부하는 사람들 가운데에 이름이 적혀 있었던 것이었다. 카트라이트가 워빅크에서의 그의 목회사역이 그토록 많이 성행한 것은 바로 이때였었다.

14. 청교도들인 세익스피어의 동료들

카터 목사의 말에 따르면, 세익스피어가 스트레트포드로 돌아와서 뉴 플레이스(New Place)에 정착했을 때, 그의 아버지의 친구들은 그

제6장 청교도주의의 고등문학 **175**

의 동료나 친척이 되어졌다. 뉴 플레이스에 있는 그의 집 근처에 있는 교회의 종탑은 그가 교회를 보기에 적당했으며, 유명한 청교도인 리차드 바이휠드 박사가 그의 목사였고, 아버지에 못지 않게 유명한 바이휠드 박사의 아들이며 후에 청교도 주석가로서 널리 알려진 니콜라스 바이휠드와, 웨스트민스터 신학회의 서기 중 한 사람인 아도니랑 바이휠드 그리고 스트레트포드의 젊은이들이 그의 친척과 친구들 가운데 있는 사람들이었다. 세익스피어가 애정을 쏟았던 딸 스잔나는 청교도들의 후원자이며 따뜻한 친구이고, 열렬한 청교도였던 의사 존 홀(John Hall, M. A.) 씨와 결혼했다. 이 위대한 극작가는 청교도의 분위기가 살아 움직이는 뉴 플레이스에서 살았으며, 그와 가장 가까운 사람들은 청교도주의에 헌신함으로써 기억되어지는 사람들이었다.

15. 제네바역 성경을 사용한 세익스피어

세익스피어의 희곡들의 현저한 특징 가운데 하나는 성경을 인용하기 좋아하는 것이며, 성경과의 친숙성, 그리고 그 인용의 정확성이라고 할 수 있다. 성경적 사고와 단어들이 그가 만약 어릴 때부터 성경적인 관념과 언어와 상징들에 열중하지 않았다면 불가능했을 그러한 정도로 그의 연극 속에 연결되어 있는 것이다. 할리웰 필립스(Halliwell Phillips)는 세익스피어가 사용한 성경은 그 당시를 참고해 볼 때 거의 청교도 집안들에만 한정되어 사용되어진 제네바역 성경이었다고 믿을만한 근거를 제시하였다. 필립스의 지적에 의하면, 세익스피어가 인용하는 낱말들과 구절들의 많은 부분이 제네바역 성경 속에서 발견되어졌다고 한다.

필자는 카터 목사가 제시한 세익스피어가 청교도 가정에서 양육되어졌고, 그의 삶의 마지막 몇 해들을 청교도적 분위기 속에서 지냈다고 하는 것을 의심할 수 없는 것으로 보이는 증거 위에 입각한 중요 사실들을 간단하게 서술하고 있을 뿐이다. 카터 목사의 책에 서문을 쓴 다이크의(Dyke) 말을 빌리면 다음과 같은 가정이 생겨난다. "진보한 신교도들이 목적하는 바는 그들이 세익스피어의 초기에 활동한 작가인 에드먼드 스펜서의 지지를 받고, 그와 동시대에 활동한 그보다 어린 존 밀턴의 힘있는 필력을 주장함으로써 이 둘 보다 더 힘있는 완숙한 지성 위에 그들이 남아 있게 됨으로써 세익스피어의 작품들을 능가할 만한 것은 아주 적거나 없다는 것을 주장하려는 목적인 듯하다."

16. 존 밀턴

존 밀턴은 우리의 주의를 끄는 시대보다는 청교도 투쟁의 후반기에 속해 있는 사람이었다. 이 장의 주제는 고등문학 속에서의 청교도주의이므로 엄격히 말해서 우리의 이야기를 혼란시킬 필요가 없이 여기에서는, 그 수가 천문학적인 숫자에 달하는 세익스피어의 다음에 나오는 모든 인물을 다 살펴볼 수는 없고 그 위대한 시의 세계에서 천재인 존 밀턴이 청교도 운동과 어떻게 연결되어 있는가만 알면 된다.

17. 교회정치 토론에서의 세익스피어의 주장

엘리자베스 시대에 불붙기 시작한 교회정치에 대한 논쟁은 1640년에 다시 일어나게 되었다. 이 논쟁의 기원은 스코틀랜드의 라우디파의 감독교회를 휩쓴 운동에 주로 기인하고 있는데, 이 논쟁은 남부 트위드의 단순한 운동과 결합하여 영국까지 휩쓸려고 하는 기세였다. 에섹터의 감독인 조셉 홀(Joseph Hall)은 "신적인 권위로서 주장된 감독교회"라는 제목으로 1640년에 출판된 소논문을 라우드에 의해서 착수했다. 그것이 20년 간이나 계속된 팜플렛과 책의 전쟁의 신호였다.

1640년과 1660년 사이에 이 주제에 대해서 약 30,000개의 논문들이 출현했던 것으로 계산되어지며, 그 결과 이 기간 동안에 팜플렛과 소논문들의 이름들은 여름의 곤충처럼, 혹은 바다에 떨어지는 눈송이처럼 흩날렸다. 이 거대한 논쟁에서 한 몫을 차지했던 사람들은 그들 중에 특출나고 담대한 사람이었던 알렉산더 핸더슨(Alexander Henderson), 로버트 베일리(Robert Baillie), 조지 길렛스피(George Gillespie) 그리고 로버트 블레어(Robert Blair) 등이었다. 그러나 홀(Hall)에게 향한 중요한 응답은—그 전체 논쟁에 이름을 붙여준 사람들—S. M. E. C. T. Y. M. N. U. U. S.—저자들의 이름에 첫번째 글자를 따서 만든 부호—에 의해서 쓰여진 것들이었다. 여기에서 S. M.은 스테판 마샬(Stephen Marshall)을 가리키는 것이고, E. C.는 에드먼드 칼라미(Edmund Calamy), T. Y.는 토마스 영(Thomas Young), M. N.은 메튜 뉴코멘(Matthew Newcomen) 그리고 U. U. S.는 윌리엄 스포스토우(William Spurstow)를 가리키는 약자이다.

그 가운데에서 가장 중요한 역할을 한 사람은 베일리의 말에 따르면, 스코틀랜드 사람인 토마스 영이었다. 그는 밀턴의 개인교사였었다. 그리고 메이슨 교수는 밀턴이 그 일 가운데에서 아주 중요한 역할을 담당했다는 것을 대해 믿을 만한 증거를 제시했다.

런던에 거주하면서 발행한 대주교 엇셔의 『감독교회의 축소』가 나온 것이 1641년이었다. 그 책 속에서 그는 감독교회와 장로교회와의 타협을 제안하였다. 그러나 감독교회에 대항하여 밀턴은 여러 가지 모양으로 일련의 눈부신 낙뢰를 내던졌다. 첫번째 작품은 『영국에서의 교회 훈련에 대한 종교개혁적 고찰』(*Of Reformation Touching Church Discipline in England*)이라는 제목을 가졌으며, 두번째의 작품은 엇셔의 제안에 대한 날카로운 비평이었고, 그의 세번째 작품은 '스멕툼누안스'를 옹호하여 홀 감독을 무섭게 공격한 것이었다. 고위 성직자의 권리에 대한 최후의 일격을 준비하기 이전에 존 밀턴의 두 권으로 된 『고위성직자 제도를 대항하여 논의된 교회정치의 논거』라는 제목과 장로교 정치의 해설과 그의 이름 아래에서 힘있는 방어를 표현하여 발행하였다. 밀턴에 의하여 옹호된 행정의 장로교적 형태는 국가의 후원과 지배에서 자유롭고, 오직 종교적인 동기와 도덕에 의존하고 있으며 시민과 정책의 형벌이나, 혹은 특권들의 인가를 위해서가 아닌 역동적이고 일반적인 찬성을 기초로 하고 있는 것이다. 이러한 관점에서의 밀턴의 견해는 그의 시대를 진척시키는 데 있어서 불행했던 것이었다. 그들의 제도를 강화하기 위해서 강압적인 방법을 사용하려 하는 웨스터민스터 회의의 시도는 밀턴으로 하여금 더욱더 격렬하게 대항하도록 만들었다.

필자는 웨스터민스터 회의가 개최되고 장로교주의가 분명하게 영국에 정착되며, 고위성직자 계급이 폐지될 때까지 그 논쟁은 끝나지 않았다는 것을 부언해 두려고 한다. 그것은 이 시기에까지 계속되었다.

18. 밀턴은 진정한 청교도 기질의 소유자

밀턴은 "악한 시대와 악한 독설들" 가운데 떨어졌지만 독특한 청교도의 특징인 사고의 고양과 셀 수 없는 정도의 고상함을 지닌 사람이었다.

> "암흑 속에서 위험으로 둘러 싸이며 또한 고독이 그를 둘러 싸지만"

워즈워드가 그에 대해서 말한 것을 보면,

> "그의 영혼은 멀리 떨어져서 거하는 별과 같았었도다!"

혹은 그가 그 자신에 대해 말한 것과 같이,

"그의 위대한 주인의 눈 안에 영원히 거하였다."

라는 표현대로 살았던 것이다. 그러므로 그러한 삶이 그를 올림피아 언덕 위에 높이 떠서, 페가수스의 날개로 더 높이 날아오를 수 있도록 만들어 준 것이었다. 그는 단순히 초월적인 상태와, 위험이나 어려움 앞에서 자신의 목적에 대한 강직성과 꿋꿋함과 신념의 청교도적인 평온을 유지하기 원하는 청교도적인 시도를 하였던 것이다. 그는 자유를 사랑했으며, 그들 중에 가장 인격이 고상한 사람보다 더 격렬하게 독재를 미워했고, 세련된 삶을 싫어하지 않았으며, 문학의 아름다움과 예술의 아름다움에 심취했었다.

19. 청교도 정신에 열중된 밀턴의 시

우리가 밀턴 그 자신과 그의 산문으로부터, 그의 시로 눈을 돌릴 때 그것이 청교도 정신에 열중되어 있다는 사실을 발견하게 된다. 그의 영국 국교회 성직자에 대한 통렬한 비난이 리시다스(Lycidas) 속에 있는데, 이 시는 즉시 마음속에 와 닿는 것이다.

"젊은 녀석들, 내 어찌 너희를 용서할 수 있으랴.
제 뱃속만 채우려는 탐욕스런 것을 이제 그만하면 됐지,
귀중한 손님들을 밀어제치고
양치기들의 잔치에서 긁어먹는 것보다 더
다른 일에는 여념이 없이 욕심만 채우려 하네.
섣난 번시르한 노래 소리와 쌔시는 듯한 피리소리에
내 마음 상할대로 상해 버렸네.
굶주린 양떼들은 목을 내미나 배고픔을 채우지 못하네.

허나 그들은 으시대며 안개 속으를 양떼를 몰고가네
속이 썩을 대로 썩어 폐품만을 퍼뜨리는 이 못된 놈들아"

　로마의 험상궂은 늑대는 영국 국교회주의의 도움을 받는 비밀스런 발톱을 가지고 "매일 게걸스럽고도 재빠르게 먹어대면서 아무 말도 하지를 않는다." 그러나 끝이 가까왔다. 사형집행자의 두 손에 든 병기인 도끼는 하나를 칠 준비를 하고, 또 하나를 더 이상 치게 되지 않기를 바라면서 문 앞에 서 있다.
　와튼(Warton)이 말한 바에 의하면, "이 구절에서 우리의 작가는 대주교 라우드의 처형을 기대하고 있는 것이다"라고 말했다. 『실락원』은 청교도주의의 서사시로서 서술된 것이다. 신적인 명령의 개념은 청교도주의의 기초 위에 놓여 있는 것이라고 『실락원』은 지적하고 있다. 『실락원』이 내포하고 있는 문제인 선과 악의 영원한 전쟁, 죄와 구속의 문제들은 청교도의 정신 위에 언제나 놓이는 것이다. "정의와 법과 보다 고상한 선을 위해 길고도 요동하는 투쟁 속에 나타나 있는 청교도적 목표의 위대성, 그것의 무대 위를 활보하는 선과 악의 거대한 양떼들, 20년 동안이나 인간의 삶 속에 있어 왔던 전쟁과 음모와 논쟁들, 전쟁이 실제로 일어나게 한 보다 힘있는 야망과 힘있는 웅변, 이 모든 것들이 『실락원』 위에 그들의 자취를 남겨 놓았던 것이었다. 청교도 기질 속에 있는 가장 고상하고 가장 좋은 것은 무엇이냐, 시의 고양과 고귀함 속에서 그리고 그 색조의 순수성 속에서, 또 그 개념의 광대함 속에서, 그리고 그 거대한 목표의 제정된 현실화 속에서 엄금되어진 것이었다"라고 그린은 말했다.
　도우덴 교수는 말하기를, "청교도적 영향을 떠나서는 『실락원』과 『복락원』 그리고 『천로역정』 같은 작품들을 설명할 수 없는 것이다"라고 했다. 베이컨, 스펜서, 밀턴과 같이 청교도적 정신에 대해 말한 음성들을 통하여 가장 고상한 문학의 증거를 가지고, 청교도 가정의 산출로서의 세익스피어 그 자신을 가지고, 또 청교도적 정신의 생명을 쏟아부은 것과 같은 『천로역정』을 가지고서, 청교도주의는 그것의 문학적 기록에 대해 부끄러워할 하등의 이유가 없는 것이다. 맥콜리는 말하였다. "17세기의 후반부에 측량할 수 없는 정도의 상상적인 기능을 보유한 두 개의 마음이 있는데, 그 한 마음은 『실락원』이 내어 놓은 것이고, 나머지는 『천로역정』이 만들어 놓은 것이다."

제 3 부

스튜어트 왕조하의 청교도주의

제 1 장

제임스 1세 치하의 청교도주의

1. 엘리자베스 시대의 마지막 해들

엘리자베스의 통치가 막판에 이르게 되자 청교도들을 질타하는 격랑을 달래는 일이 있게 되었다. 외부적으로 볼 때, 청교도 조직은 사정없이 망가뜨려졌으나 근본적인 정신은 연연히 이어지고 있었다. 그것은 대학가에서 여전히 강한 세력을 떨치고 있었다. 늙은 성직자들이 각 교구에서 죽어 없어지게 되자 그들의 자리는 전통이나 중세적인 의식에 대한 습관에 물들지 않은 사람들에 의해 채워지게 되었다. 기도소의 사용이 강화되었다. 교회의 예배는 청교도적 이상에 가까워졌다. 성찬상이 일반적으로 교회의 중앙을 차지하게 되었으며, 백의는 치워지게 되었고 의식들은 가능한 한 간소화되었다.

청교도들을 향한 강압적인 탄압도 늦춰졌는데, 그 주원인은 탄압받는 청교도들을 위해 간청하는 탄원서에 가로막힌 엘리자베스의 계승자가 망설이는 가운데 고려한 정책의 추구였다. 감독들의 공포와 육감과, 제임스의 계승이 그들의 안식을 지켜 줄 구원을 가져올 것이라고 믿는 청교도들의 희망은 그들을 조심성스럽게 만들었다.

2. 스코틀랜드에서의 제임스의 정책

메리 스튜어트(Mary Stuarts)와 단리(Darnley)와의 사이에서 난 아들이며, 헨리 7세의 직계자손인 제임스가 공식적으로 최소한도 스코틀랜드 정부의 통치를 맡게 되었던 것은 그가 12세였던 1578년이었다. 그는 유명한 조지 부케넌(George Buchanan)의 수업을 받게 되었는데, 부케넌은 급한 성미로 인해 제임스를 제자로 사랑하지 않았다. 그가 제임스를 오직 현학적으로만 만들었다는 암시를 받았을 때, 부케넌은 그것이 왕의 재목으로 만들 수 있었던 최선의 결과였었다고 자신은 대답했다. 제임스는 특징적으로 스코틀랜드 교회를 향한 정책을 세우는데 주저했었다.

1581년에 그는 교황권과 관계를 끊게 된 국제언약(National Covenant)을 채택했고, 그 자신은 스코틀랜드 개혁교회의 성도양육과 교리를 수호하기에 열중하겠다는 서약을 했던 것이었다. 그러나 그는 값어치 없는 충신들의 악영향하에 있게 되었는데, 왕이 총애하는 그 값어치 없는 신하들은 그에게 장로교주의를 싫어하게 만들었으며, 정부의 변덕스러운 지배원리들에 애착을 갖게 만들었다.

1584년 왕은 모든 일에서 최고권자이며, 왕의 허락을 받지 않은 모든 모임들은 비합법적이고, 교회권위의 주권을 감독들의 손에 맡길 것을 선포하는 '검은 조항들'(Black Acts)을 통과시켰으며 목회자들은 그 조항들에 서명하라는 요구를 받았다. 1590년에 우리는 왕이 총회의 석상에서 크게 방향을 전환한 것을 발견하게 되는데, 그는 스코틀랜드 교회를 '이 세상에서 가장 순결한 교회"라고 말했으며, 자신이 그러한 교회가 있는 나라의 왕으로 태어난 것을 하나님께 감사드렸다.

제임스는, "제네바의 교회는 유월절과 그리스도 강림절을 지킨다. 그들은 그것들을 위해서 무엇을 행하는가? 그들에게는 관례라는 것이 없다. 우리의 이웃 교회인 영국을 보면 그곳에는 잘못된, 중얼거림의

미사가 있을 뿐이다. 나는 나의 훌륭한 백성들, 목자들, 박사들, 장로들, 귀족들, 신사들과 그리고 남작들에게 자신들의 신앙적 순결을 지킬 것을 부탁하며, 그와 같은 일을 하도록 사람들에게 권고하는 바이다. 그리고 진실로 내가 나의 삶과 왕관을 지키고 있는 한에는 나의 모든 죽은 것들에 대항하여 이와 같은 사항들을 유지할 것이다"라고 하였다. 1592년에 검은 조항은 폐지되었고, 감도교회 정책은 철폐되었으며 국교회는 장로교적 기초 위에 서게 되었다. 그러나 그 변덕 많은 군주는 곧 그의 자세를 바꾸었다. 괴팍하고, 변덕스러운 태도를 가진 왕과의 개인적인 면담에서 앤드류 멜빌(Andrew Melville)과 그의 장로교 친구들은 교회 모임을 소집하여 그를 비난하였다. 거기에서 멜빌은 왕에게 다음과 같은 사실을 상기시켰다. "스코틀랜드에는 두 명의 왕과 두 개의 왕국이 있습니다. 제임스 왕은 일반복지의 우두머리이고, 예수 그리스도는 교회의 머리이며 왕이십니다. 그의 지배를 받는 제임스는 그의 왕국에서 왕이 아니며, 기사도 아니고, 머리도 아니며, 단지 하나의 구성원일 뿐입니다. 우리가 그리스도의 이름 안에서 자유롭게 만날 수 있도록 허락해 주십시오. 그리고 그 왕국의 번영에 참석할 수 있도록 허락해 주십시오. 그것은 그리스도 자신에 의해 우리가 다스리도록 권위를 부여받은 것입니다." 그러나 왕은 스코틀랜드의 감독파교회를 정착시키려고 했다. 그의 의뢰에 따라 총회는 그들의 위원들로서 활동할 몇몇의 목자들을 임명하도록 부탁받았고, 그 위원들은 제임스 멜빌(James Melville)의 말을 인용해 보면, 감독파의 바늘에 꿰어 있는 실과 같은 감독들의 공식적인 서열을 가지고, 의회에서 그들의 좌석을 배정받았다. 영국 국교회의 지도자인 데이비드 퍼거슨(David Ferguson)은 그 책략을, 목마로 점령한 트로이 성 공격전술과 비교하였다. 그러나 그것은 제임스가 그의 목적을 달성하기 이전에 있었던 잠깐 동안의 좋은 기간이었을 뿐이었다.

3. 제임스가 영국의 왕으로 즉위함

우리는 이제 엘리자베스의 죽음으로 인해 제임스가 영국의 왕이 된 1603년 3월에까지 오게 되었다. 제임스는 왕권에 대한 영국의 이상과는 너무나 거리가 먼 사람이었다. "그의 큰 머리, 군침을 흘리는 혀, 누빈 옷, 헨리나 엘리자베스에게서 모든 사람이 보았던 것과는 대조적으로 우스꽝스럽도록 흔들거리는 다리, 재잘거림, 개인적 위엄을 가지려는 욕구, 광대질, 연설의 조잡, 현학적인 학자의 말할 수 없는 천한 비겁함과 같은 것이 그에 대한 인상이었다." 그는 심술궂었으며, 재치를 가지고 있었고, 넓게 독서를 했다. 그리고 예정론에서부터 당대에 이르기까지의 주제들을 가지고 글을 썼다. 그러나 그는 첫번째의 현학자였고, "제임스 왕은 기독교국에서의 가장 영리한 바보"라고 헨리 4세에 의하여 적절하게 표현되었다. 가디너(Gardiner)는 다음과 같이 말했다. "어떤 종류의 문제도 갖기를 매우 싫어하는 사람이었다. 그는 그 자신을 자신의 태생과 연결되어 있는 신성한 권리에 의해, 특히 무엇보다도 그 자신의 지혜의 우월성으로 인하여 영국을 지배하도록 권위를 부여받은 사람으로 믿고 있었다."

4. 천인 탄원

여왕이 죽자 캔터베리의 수석목사가 영국 감독들과 성직자들의 이름으로 그들의 특권과 의무에 대한 그들의 위엄을 보장하기 위해 즉시 스코틀랜드에 급파되었다. 제임스 왕은 청교도들이 천인 탄원으로 알려진 탄원서를 가지고 그에게 나아갔을 때, 이미 런던으로 향하고 있었다. 그 천 명의 탄원은 탄원자들이 인간의 의식과 예식들의 짐 아래서 신음하는 천 명 이상의 목회자들이었기 때문에 그렇게 불리었다. 그들은 요청하기를 세례 때에 십자가를 사용하는 것과 여자에 의한 세례, 견신례 때의 모자와 백의의 사용, 결혼식 때의 종, 예수의 이름이 불리울 때 절하는 것 그 밖의 그와 비슷한 종류의 의식들이 철폐되거나, 선택될 수 있게 해줄 것을 요구했으며, 주의 날은 모독되어서는 안되며, 정경의 성경 이외에는 아무것도 교회에서 읽혀져서는 안될 것이라고 말하였다. 또한 합당한 능력이 있는 사람들만이 목회자로 임명되어져야 하고, 그들은 주의 날에 설교를 해야 하며, 교구 내에 거주하지 않는 일은 마땅히 금지되어야 하고, 법에 따를 것 이외에는 다른 어떤 것에도 순종해서는 안되고, 12페니의 문제 때문에 파문되어서도 안될 것이며, 엑스 오피시오 선언은 관대하게 사용되어져야만 할 것이다.

5. 햄프턴 법정의 회의

그가 즉위한 지 거의 10개월 후인 1604년 1월 14일에 제임스 왕은 햄프턴 법정의 위원회 앞에서 2개의 교파들이 회의를 열도록 소집하였다. 만약 제임스가 자부심이 강한 현학자인 동시에 실수하기에 바쁜 사람이 아닌 현명한 통치자였다면 양측의 양보를 얻어 쉽게 행동할 수 있었을 것이다. 그러나 그의 목적은 허망한 것이었고, 그 자신의 자부심을 표현하며, 사람들이 솔로몬의 지혜로 알아 들을 수 없는 위협일 뿐이었다.

그는 아홉 명의 감독과 여덟 명의 목사와 고위성직자 편의 두 명의 다른 고위성직자들과 회의에 참석한 청교도들 가운데에서 네 명의 목회자, 즉 래인놀즈(Rainoldes), 스파크스(Sparkes), 채더톤(Chadderton) 그리고 뉴스텁스(Knewstubs)를 선택했다. 그러나 그가 위에 적은 사람들에게 개인적으로 생각한 모든 것은, 어떻게 그들의 적들을 가장 잘 공격하는가 하는 것이었다. 우리가 고위성직자 중의 한 사람에게 의지해야만 하는 일이 일어났기 때문에 풀러가 말한 것처럼 발로우 박사(Dr. Barlow)는, "칼의 날카로운 면을 그 편에 두고 그의 적들에게는 무딘 면을 주었던 것이었다"고 했다. 그 회의의 첫날에 청교도들은 전혀 말하는 것이 용납되지 않았다. 말하는 것을 용납받았을 때, 청교도들은 다음과 같은 것들을 주장했는데, 그것은 교회의 교리는 순결하게 지켜져야 하며 복음을 전파할 훌륭한 목사들이 모든 교회에 배치되어야 하고 일반적인 기도소는 경건을 진작시키는 데 사용되어야 하며, 교회의 행정은 성경에 따라 시행되어야 할 것이라고 했다. 래인놀즈가 말을 하고 있는 동안, 벤크로프트는 무릎을 꿇고 왕에게 래인놀즈의 말을 중단시켜 달라고 요청하였는데, 그 이유는 그들의 감독들에 대항하는 분리론적인 말을 듣는 것은 고대의 교회기준에 어긋나는 일이라는 것이었다. 왕은 긴 장광설을 편 끝에, "감독이 없으면 왕도 없다"라는 그의 가장 멋진 말을 함으로써 끝을 맺었다.

래인놀즈가 성경의 개정판 번역을 주장한 것이 이 회의에서였는데 그 주장이 우리가 친숙하게 대하고 있는 흠정역의 준비라는 결실을 맺게 된 것이었다. 그러나 래인놀즈가 교회에서 외경을 읽는 것을 금지하고, 세례에서의 성호를 긋는 것과 백의를 입는 것과, 그러한 종류의 것들을 사용하는 것을 금지하라고 요청했을 때, 왕은 이러한 문제 등에 대해서 더 이상 말하지 말라고 명령했다. 그러한 문제를 결정하는 것은 오직 왕에게 달린 것이고 다른 신하에게 속한 문제가 아니라고 말했으며, 그는 왕국에 하나의 교리와 하나의 훈련 그리고 실체와 의식에 있어서 오직 하나의 종교만을 가질 것이라고 말했다.

청교도들이, 해석자들 그리고 교구의 신조들을 부활시켜 줄 것을 요청했을 때, 왕은 급격한 분노를 터뜨렸다. 그는 청교도들이 "하나님과 마귀에게 만큼 군주와도 잘 타협하는 스코틀랜드 장로교회를 목적하고 있는 것을 안다"고 말했다. 그는 마지막으로, "나는 청교도들이 나를 따르도록 만들든지, 아니면 이 땅에서 그들을 괴롭게 할 것이다"라고 위협했다. "나는 그들을 바람직하게 쏘아붙여 주었다"라는 것이 그 회의에 대한 제임스 왕의 진술이었다.

　대성당 참사회원인 페리(Perry)가, "청교도의 목회자들은 재치나 세련된, 양식없는 조롱으로 모욕과 경멸을 당했으며 웃음거리가 되었다"라고 말했다. 조용하고 강직한 성격의 할람(Hallam)은 "우리는 감독들의 추잡한 자질과 점잖지 못한 왕의 일방적인 행동에 놀라운 충격을 받았다"라고 말했다. 캔터베리의 대주교는 자신의 권력이, "하나님의 영의 특별한 계시에 의하여 받은 것"이라고 공언했으며, 런던의 감독은 무릎을 꿇고, 왕에게 극도로 지나친 아첨의 말로 아부를 했다. 마르스덴(Marsden)은 이렇게 말한다. "대주교가 자리를 맡고 있던 동안 왕에게 요청했던 것은 대학의 학부들을 부패시키는 관용이었는데 그것은 정말 치욕스러운 일이었다. 제임스는 아마도 가장 남에게 속기 쉬운 사람이었을 것이다. 그러나 이렇게 끝난 그 기억할 만한 회의로 인하여 겨우 욕지거리나는 아첨의 말들을 분별하여 믿지 않을 수 있게 된 것이었다."

　청교도들은 공동기도서에서 빗나가서는 안되며, 그것에 대해 불평하지 않고 순종해야만 된다는 논의를 했다. 그러나 관찰해 보건대 청교도들은 자신들의 양심이 증거하는 합당한 예배의 형식을 가질 자유가 없었다. 그들은 양심이 비난하는 의식들과 예식들에 순응하든지, 아니면 그 땅에서 괴로움을 당하든지 둘 중에 하나를 택해야 했다.

　기디너(S. R. Gardiner)는 이렇게 말한다. "회중 중에 불만을 품고 있는 사람들이 그것을 철폐할 자유를 가질 것인가? 아니면 그들 자신의 예배를 따로 드릴 것인가 하는 신중한 문제를 논의하는 토론은 사실상에 있어서 오직 하나의 예배형식만이 허용되는 그 국가에 적용되는데 있어서 타당성이 많이 결여되어 있는 논의였다."[1]

---

1) Gardiner's *Puritan Revolution*, p. 14.

6. 교회의 기준들

위트기프트는 1604년 2월에 죽었고, 벤크로프트(Bancroft)가 대주교에 임명되었다. 그 승진에 앞서서 크로포트는 일련의 교회기준들을 선포할 회의를 주재했는데 그 규칙은 다음과 같이 것이었다. 영국의 교회가 진정한 사도적인 전승을 갖지 못한 교회라고 공인을 하거나 그 교회의 예배와 의식과 예식들의 형태들은 비합법적이며 미신적인 것이라고 말하든지, 또한 그 교회의 대감독, 감독, 목사 그 밖의 구성원에 의해 치리되는 교회조직이나, 봉헌된 감독과 사제들 그리고 그 밖의 성직자들의 양태는 성경에 모순된다고 말하는 자, 혹은 그것의 교회연합으로부터 분리하려는 자는 파문에 처하여지며, 공식적으로 잘못을 사함받고 파문장이 취소되기까지 그는 결코 원상으로 회복될 수 없다는 것이었다. 이 야만적인 규칙들은 여전히 교회의 예배사에 남아 성직자들을 옭아매고 있다. 마르스덴은 말하였다. "그 규칙들이 런던탑의 유물만큼이나 그 시대에 현존한 고문의 도구로서 손색이 없다는 사실은 의심할 바가 없다." 그러나 그것들은 제임스의 치하에서는 해독이 없는 것이었다. 그 규칙에 따를 수 없었던 많은 성직자들은 침묵해야 했고, 감옥에 갇혀있던지, 혹은 추방을 당하게 되었다. 가디너는 말하기를 300명, 다른 권위자들이 말한 바에 따르면, 1000명을 웃도는 성직자들이 생계를 위협받았다고 한다.

7. 앤드류 멜빌과 대감독

앤드류 멜빌(Andrew Melville)과 다른 몇몇의 스코틀랜드 성직자들은 스코틀랜드에서의 교회문제의 정착에 대해 왕과 상의하기를 원하는 탄원을 런던으로 가지고 왔다. 그러나 그들은 왕에게 괴롭힘을 당했으며, 왕의 예배에서 감독교회의 가치와 왕실의 뜻에 순종해야 할 의무에 관하여 강의를 받았다. 치체스터의 감독인 앤드류 박사는 교회 연합회를 해산하거나 소집할 권력은 왕에게 속해 있다는 '은의 포고' (Silver trumpet)와 그것의 사용에 대한 참조로 인하여 생긴 그 자신의 만족감을 음미했다. 예배당에는 두 권의 닫힌 책들과 두 개의 불이 켜져 있지 않은 촛대와 두 개의 빈 성찬 배가 놓여 있는 제단이 있었다. 그런데 거기에서 익살스런 설교가 진행되어지고 있었다. 멜빌은 라틴어로 풍자시를 쓰는 것을 즐겼는데, 그것을 영어로 번역해 보면 다음과 같다.

> "왜 그대는 두 권의 닫혀진 책과 눈 먼 불과, 두 개의 웅덩이진 잔이 높여 있는 왕실의 제단 위에 서 있는가?
> 영국은 하나님의 가슴과 예배를 닫아 억누르고, 눈은 멀고, 찌꺼기 같은 것 속에 묻혀 버렸는가?
> 그녀는 로마의 종교성의 표현인 로마의 옷들을 입은 예배로 만족할 것인가?"

이 풍자시의 복사가 어떤 궁정의 스파이에 의해 왕에게 전달되어졌다. 앤드류 멜빌은 휫트 홀에 있는 왕의 심사위원회 앞으로 소환되어졌고, 그때 벤크로프트와 왕의 인가를 받은 예배를 중상했다는 반역죄로 그를 옭아매려는 벤크로프트 사이의 기억할 만한 만남이 이루어졌다. 멜빌은 다음과 같이 외쳤다. "왕이시여! 앤드류 멜빌은 결코 반역자가 아닙니다. 그러나 왕이시여! 리차드 벤크로프트에게 그런 혐의가 있습니다. 그는 돌아가신 여왕 폐하의 생전에 그의 영국 왕관을 받는 폐하의 임명에 반대하는 논문을 쓴 사람입니다. (코루프스 델리티 〈Corpus Delicti〉를 그의 주머니에서 꺼내면서) 여기에 그 책이 있습니다. 이 책은 내 형제인 존 데이비슨에 의하여 답변되어진 것입니다!" 그리고 멜빌은 대주교의 의복 소맷자락을 움켜잡으면서 그는 그

옷을 '로마의 쓰레기"라고 불렀으며, 『제네바 훈련을 향한 스코틀랜드적 영국』의 저자인 벤크로프트를 유럽의 모든 개혁교회의 적이라고 칭했다. 벤크로프트 주교가 당황에서 회복하고 위원회가 놀라움에서 회복하기까지에는 약간의 시간이 흘렀다. 잠시 후에 멜빌은 커다란 혼란을 일으킨 죄의 명목으로 런던탑에 구금되었으며 거기서 4년을 지낸 다음 프랑스로 추방되었다. 그는 세단(Sedan)에서 신학교수가 되었으며 거기에서 1622년에 죽었다.

8. 절대왕권의 강조

제임스는 자유왕정의 참된 율법에 관한 자신의 저서와 『그의 가장 사랑하는 헨리 왕자』에게 기증한다고 써 놓은 바실리콘 도론(Basilikon doron)이라는 제목의 역작을 출판했다.

첫번째 책에서 제임스는 '왕은 자신의 백성과 함께 기뻐하는 일을 할 수 있으며 야생 짐승의 경우에서처럼 패주하는 경우가 아닌 다음에는 어떠한 저항도 허락하지 않을 수 있는 절대적이고 자유로운 군주라는 것을 가르쳤다. 후자의 책에는 왕의 업무가 부분적으로는 시민 행정적인 것이며, 부분적으로는 교회적인 것인데 왕의 기능의 중요한 부분을 교회를 다스리는 것으로 규정하고 있다. 그는 설교자가 그들의 교본에서 빗나가는 것을 심판할 권리가 자신에게 속해 있으며, 목회자들 가운데에서의 분파는 왕권과 대립하는 것이고 감독과 교회의 제도는 정착되어야만 하고 장로교 성직자들은 그 나라에서 마땅히 추방되어야 할 것이라고 주장했다. 그는 왕정은 모든 법의 지배로부터 자유로우며 그 자신의 의지에 의하여만 움직이는 것이고 심판을 주도하고 기획할 수 있는 원리도 부여받을 수 있는 것이라고 했다. 그는 말하였다. "하나님이 하실 수 있는 것을 논박하는 것은 무신론이며 신성모독이다. 훌륭한 그리스도인들은 하나님의 말씀 안에 표현되어 있는 하나님의 의지에 따르는 것에 만족해 하는 것이다. 이와 마찬가지로 왕이 할 수 있는 것을 놓고 이것이나 저것을 할 수 없다고 말하거나 논박하는 것은 왕을 경멸하는 것이며 외람된 말인 것이다."

그가 청교도들을 미워하는 주된 이유는 정부의 그러한 독재적인 조직에 반대하는 그들의 성향 때문인 것이며, 그가 고위성직자 계급을 총애하는 주된 원인은 그들이 그의 가장 커다란 요구를 들어 주는 열심에 있었던 것이었다. 왕의 신성한 권리와 수동적인 복종이 조직적으로 왕에 의하여 가르쳐져 있다. 대주교의 수석보좌역인 코웰 박사(Dr. Cowell)는 1606년 한 작품을 발표했다. 그는 그 작품 속에서 말하기를 왕은 법이나, 그의 내관식 선언에 묶이지 아니하며, 법을 만들 수 있다고 말했다. 블랙우드 박사도 똑같은 말을 했다. 이미 참조된 바 있는 이 교회규칙들은 모든 시민의 힘과 관할지배권과 권위가 백성에게서 나온다는 주장은 절대적인 잘못이고, 주권은 출생시에 타고 나는 대권이며, 수동적인 순종은 종교적인 의무라고 말했다.

반면에 청교도들은 정부의 국헌적 원리들을 완곡하게 옹호했으며 군주는 그의 가장 천한 백성과 마찬가지로 법에 매여 있다는 원리를 옹호했다. 시민과 종교적 자유를 위해서 그리고 정부의 합헌적인 형태를 위해서 싸운 눈부신 모든 투쟁을 통해서, 영국의 교회가 맥콜리 경이 지적한 바와 같이 "노예적 시녀와 공공의 자유에 대한 적"이었다는 것은 숨길 수 없는 명백한 사실인 것이다.

9. 『오락의 책』

벤크로프트는 1610년에 죽었으며 그 자리는 조지 에버트에 의해 계승되었다. 그는 청교도들에 대하여서 잘 배치된 사람이었다. "그는 오직 칼빈의 교리에만 열중하였으며, 자신이 해야 하는 교육에 대해 잘못 생각하지 않았다"라고 클라렌돈(Clarendon)은 말했다. 왕의 통치

기간 전체를 통하여 투쟁이 왕과 그의 의회 간에 계속되었는데, 그것은 왕의 변덕스러운 율령과 그의 반청교도 자세에 반대하는 것이었다. 그의 왕궁의 유명한 부도덕성으로 인해 그의 인기는 하락했다. 제임스가 왕자 찰스를 스페인의 왕녀에게 결혼시키려는 외교정책에 의해 불만이 격증되었고, 신교도들의 이익과 그의 수양 아들의 이익이 결부되어 있는 팔라티네이트(Palatinate)의 전쟁에 있어서의 엉뚱함에 의하여 더욱 불만이 가중되었다. 에버트는 이 문제들에 관한 정책을 강하게 반대했다.

왕의 지도하에 재판된 안식일 준수에 관하여 바운드 박사가 집필한 책의 영향을 가로 막으려는 견해를 가지고, 『오락의 책』(Book of Sports)이 발행된 것은 1616년이었다. 책이라기보다는 오히려 한 장의 커다란 인쇄물이었던 『오락의 책』의 목적은 주일에 흥청거리며 놀 수 있는 즉 뜀뛰기, 댄싱, 궁도, 5월의 게임, 성신강림 축하 맥주축제, 모리스댄스 등의 모든 종류의 게임들을 장려하고 합리화시키기 위한 책이었다. 이 책을 교구교회의 학생들에게 읽히라고 명령하였으나, 대주교가 이것을 금지시켰다. 국가의 일에 대한 대주교의 개입은 갑작스러운 사고로 중단되었다. 햄프셔에서 사슴을 사냥하기 위해 귀족들과 함께 나갔다가 대주교는 사슴을 쏘지 못하고 몰이꾼 한 사람을 쏘게 되었다. 그 불상사는 그의 마음을 너무나 무겁게 압박했기 때문에 그는 공직에서 물러났으며, 그의 위치는 링컨의 감독인 윌리엄스에 의해 계승되었는데, 윌리엄스도 역시 청교도들에게 친숙한 사람이었다.

10. 왕의 방문을 받은 스코틀랜드

1617년에 왕은 그 자신이 말하였던 것처럼, 연어가 서식처를 보기를 원하는 것 같은 자연스러운 욕망을 만족시키기 위해서 그의 고향 땅을 방문했다. 홀리루드(Holyrood)의 예배당은 런던에 있는 왕실 예배당처럼 제단을 가지고 있었고 두 개의 켜지지 않은 양초와, 열두 사도의 성상들을 가지고 있었다.

백의를 입은 감독들이 집전하는, 영국 국교도의 예배형식을 따르는 예배가 시작되었다. 추밀원 위원들과 에딘버러의 귀족들은 영국식을 따른 성찬예식에서의 무릎을 꿇는 의식을 행하기 위해 홀리루드(Holyrood)로 소환되었다. 그러나 스코틀랜드의 목회자들은 서로 만나 입법으로 제한된 그 일들에 대항하여 왕이 협박을 받을 만큼의 강한 저항을 했던 것이었다. 그래서 1618년 유명한 퍼스의 회의(Assembly of Perth)에까지 이르게 되었는데, 그 회의는 유명한 5개 조항을 통과시켰던 것이었다. 그것은, 성찬예식은 무릎을 꿇고 진행되어야 하며, 두 개의 성례전들은 개인적으로 진전되어지고, 감독교회의 확립 그리고 크리스마스, 성 금요일, 부활절, 그리스도 승천제 그리고 성령강림절을 준수해야 할 것을 강조하고 있었다. 대부분의 목회자들은 학생들이 그 조항들을 읽는 것을 반대했다. 그리고 그 조항들에 대한 반감은 백성들 가운데 거의 지배적인 것이었다.

왕의 성질을 설명하는 일이 일어났던 것은 이 시기에 속한 일이었다. 존 낙스의 딸과 결혼한 에이어의 목회자 존 웰시는 그 회의에 참가했다는 이유로 추방을 당하여 프랑스에서 망명 생활을 했다. 건강을 잃은 웰시에게 의사는 그를 회복시킬 수 있는 유일한 희망은 고향의 공기를 마실 수 있는가의 여부에 달려 있다고 말했다. 웰시의 부인은 왕을 대면하여 그녀의 남편이 돌아올 수 있도록 허락하여 달라고 요청했다. 왕은 그녀의 아버지가 누구였냐고 물었다. "존 낙스"라고 그녀는 대답했다. "낙스와 웰시라구? 마귀들도 그만큼 잘 조화를 할 수는 없을 걸!"이라고 왕은 말했다. 그녀는 말하기를, "정말로 그렇습니다"라고 대답했다. 그녀는 남편을 그의 고향의 기후로 돌아올 수 있게 해달라고 재차 요청했다. "마귀나 먹어라!"라고 왕은 점잖지 못하게 대

답했다. "당신의 배고픈 신하들에게도 마귀를 먹게 하십시오"라고 그
녀는 반박했다. 왕은 그녀에게 만약 그녀가 남편을 감독들에게 복종시
킬 수 있다면, 그는 그가 스코틀랜드로 돌아올 수 있도록 허락할 수
있을 것이라고 말했다. 그녀는 자신의 에프런(apron)을 들어 올리면
서 대답하기를, "왕이시여! 저는 차라리 그의 머리를 그곳에 두도록
하겠습니다"라고 말했다. 그녀의 청원은 거절되었고, 웰시는 잠시 후
에 망명지에서 죽었다.

11. 교리상의 청교도들

이제까지 교권계급의 당파와 청교도들 간에 있었던 논쟁은 의식과
행정의 초점에 돌려져 왔었다. 실제적으로 교리에 관한 것은 논쟁이
되어지지 않았었다. 위트기프트의 논문들은 과격한 칼빈주의적인 것이
기까지 했으며, 에버트의 인가로 제임스에 의해서 1618년에서 1619년
까지 있었던 도르트회의(Synod of Dort)에 보내어진 영국의 신학자
들은 그 종교회의에 의해 형성된 칼빈주의적인 위치들에 대한 강한 후
원자들이었다. 그러나 알미니안(Arminian) 교리의 영향력이 성직자
들 가운데 넓게 퍼져 나가기 시작했다. 그리고 왕은 그의 왕실의 대권
을 가장 따뜻하게 받드는 사람들은 역시 알미니안 교리를 받아들이고
있으며, 의식적인 형태의 것들을 묵인하며, 앞으로도 왕실의 호의의
햇빛 속에서 자라날 사람들이라는 것을 발견하게 되었다. 5개의 조항
들에 대해 네덜란드에서 일어났던 논쟁은 이제 영국으로 옮겨졌고 왕
은 특질상 침묵을 명령하고, 감독이나 목사의 인정을 받지 않은 어떤
사람도 예정론이나 선택설 혹은 은혜의 효력과 저항성에 관하여 설교
할 수 없다는 것을 명령하는 '방침서'라는 인쇄물을 배포하였다. 많은
경우에 있어서 왕실의 일에 참견 잘하는 사람들의 간섭과 혼란케 함은
종종 무시되었다. 그러나 이 시기로부터 우리는 교리적인 청교도들이

라는 말을 듣기 시작하게 되는데, 이 말은 감독교회의 행정에 대해 주저없이 탄핵했고 알미니안주의와 교황권에 대해서도 똑같이 탄핵했다.

12. 순례자들

독립의 역사 속에서 존 로빈슨보다 더 큰 영광을 가지고 빛나는 이름은 없을 것이다. 그는 당시에 보기 드물게 교양 있는 사람이었고 큰 열정과 고상한 정신을 지닌 사람이었다. 그는 그 시대의 대부분의 당파적인 사람들과는 달리 보다 덜 교조적이고 보다 더 철학적인 사람이었다. 그와 다른 몇 사람들이 영국에서 추방되어 화란으로 향했던 것은 1607년이었다. 그들은 마침내 레이든(Leyden)에 정착했고, 거기에서 300명을 웃도는 회원들이 하나의 회중을 형성했는데, 그것이 영국과 미국에 있어서 회중주의의 효시가 되었다. 로빈슨은 그 자신이 독립파의 아버지로서 간주되었다. 교회적인 의미에 있어서 독립파라는 이름은 헨리 야곱(Henry Jacob)이 1612년 발행한 『몇 가지 요건들에 대한 열려 있는 솔직함과 선포』라는 책 속에서 처음으로 나타난 바 로빈슨은 "교회란 비그리스도인 또는 반그리스도인이(antichristian) 세상과 구별되어, 두 세 사람이 언약에 의하여 그리스도의 이름으로 모여 그들이 알고 있는 하나님의 모든 길로 행하는 단체로서, 그리스도의 모든 능력을 소유한다"[2]라고 했다.

미국의 뉴잉글랜드를 발견하기 위해 찾아 떠난 순례자들은 화란의 데이든에 있던 로빈슨의 회중에서 출발한 사람들이었다. 제임스의 정책은 그들이 사랑하는 영국으로 그들의 양심이 허락하는 예배를 드리기 위해 돌아갈 수 있게 될 것이라는 희망을 그들에게 주지 않았다. 그들의 관심은 콜롬부스에 의해 발견된 신세계로 돌려졌으며 그곳 멀

---

2) *Works*, ii. 132.

고도 황량한 해변이나 원시적인 삼림 가운데에서 그들이 태어난 고향보다 더 안락하고 안전한 항구를 발견하게 되었던 것이다. 많은 기도와 진지한 고려 후에 그들은 그곳에 도착했다. 그들의 첫번째 조처는 왕실로부터 허락을 받은 대리인을 영국으로 보내는 것이었고 몇 명의 상인들과 연합 사업을 하는 것이었다. 이주를 결심한 사람은 주로 회중에서 보다 젊은 사람들이었다. 그들은 재산을 팔아서 공동의 기금에 예치시켰으며 60척의 작은 배를 구입하고 180명의 선원을 고용했다. 로빈슨 자신은 첫번째 탐험대의 보고를 기다리면서 레이든에 남아 있었다.

금식과 기도 후에 이루어진 이 일에 대해 그들이 존경하는 목사가 그들에게 평안을 빌며 했던 말은 역사적인 것이었다. 그는 다음과 같이 말했다.

"우리는 이제 서로가 한 부분이 되었습니다. 내가 이 땅에서 여러분의 얼굴들을 보기까지 살 수 있는가 하는 것은 오직 하늘의 하나님만이 아실 것입니다. 그러나 주님께서 그것을 약속하셨는가의 여부에 대해서 나는 하나님과 하나님의 축복받은 천사들 앞에서 담대히 말하건대 여러분들은 주 예수 그리스도를 따르는 나를 본 것만큼만 나를 따르도록 하십시오. 만약 하나님께서 자신의 다른 도구를 사용하시어 여러분에게 어떤 것을 계시하신다면 나의 목회 가운데서 어떠한 진리를 발견하기 위해 했던 것처럼 기다리십시오. 나는 주님께서 자신의 거룩하신 말씀을 통해 보다 많은 진리를 주실 것이라고 진실로 확언합니다. 지금의 신앙 상태에서 더 이상 개혁의 도구가 되지 못하는 현재 개혁교회의 상태는 아무리 통탄해도 지나치지 않습니다.

나는 여러분이 다음과 같은 사실을 기억하기를 바랍니다. 여러분은 기록된 하나님의 말씀으로부터 알려지게 될 어떠한 진리이든지 받을 준비를 하는 것이 여러분의 언약의 조항이라는 사실을 말입니다. 여러분의 거룩한 언약의 모든 조항들을 기억하십시오. 그러나 동시에 여러분이 진리로서 받아들인 것에 주의를 갖도록 나는 권고해야만 한다고 생각합니다. 먼저 신중히 검토하고 또 신중히 생각하십시오. 그리고 받아들이기 전에 진리의 다른 구절과 비교해 보십시오. 그리스도인의 세계가 반 그리스도인의 암흑과 같은 그러한 우둔함으로부터 곧바로 벗어날 수 있고 지식의 완성이 즉시 되어질 수 있다는 생각은 불가능한 일입니다."

여러 가지의 다양한 사건들이 일어난 후에 두 척의 작은 배가 사우뎀프턴 만(Southampton Bay)으로부터 항해를 했던 것은 1620년 8월 5일이었다. 하루나 이틀 안에 그들은 수리를 하기 위하여 돌아가야만 했는데 그때에 그들 중의 하나인 스피드웰(speedwell)이라는 배는 항해를 포기했다. 9월 8일에 메이플라워(Mayflower)라는 이름을 가진 배가 일백이 명의 용원들을 갑판에 싣고 아무도 시도해 보지 않은 대서양 횡단의 위험한 항해를, 뉴잉글랜드 식민지를 건설하기 위해 시도했는데 그것은 영원토록 역사에 남을 만한 사건이었다.

그러나 사실상 그들보다 앞서서 아메리카로 간 다른 망명객들이 있었다. 1562년의 이른 시기에 위그노파의 망명객들 한 무리가 프랑스에서 도망하여 플로리다(Florida)와 캐롤라이나(Carolinas)에 정착했으며, 헨리 4세로부터 필라델피아에서 몬트리올까지 다스릴 수 있는 권리를 부여하겠다는 특허권을 받았다.

첫번째 영국 망명객들이 버지니아에 정착한 것은 1608년이었다. 장로교 형식을 따르는 적지않은 청교도들이 이주민들 가운데 있었다. 그들 중의 한 사람이 케임브릿지의 신학교수인 윌리엄 휘테이커(Dr. William Whitaker)의 아들인 알렉산더 휘테이커였었는데 그는 웨스트민스터 신학회의 지도적인 요원이었던 윌리엄 구우즈(William Gouge)의 조카이기도 했다. 휘테이커는 트레버스와 카트라이트가 창안한 모양을 따라서 예배와 훈련의 형태를 조직했는데 그것은 '버지니아의 사도'(the Apostle of Virginia)로 알려진 것이었다.

　63일 간의 항해 끝에 메이플라워호는 메사추세츠 해변의 땅에 마침내 도착했다. 착륙한 장소에 그들은 자신들이 영국에서 마지막으로 본 항구를 기념하여 풀리머스(Plymouth)라는 이름을 붙였다. 그들도 겨울이 예외적으로 혹독했던 12월에 도착했다. 질병과 기근은 그들이 도착하기 전에 그들의 반수를 쓰러뜨렸다. 오직 50명의 남자와 여자 그리고 아이들이 생존하여서 미래의 뉴잉글랜드를 발견했다. 그들은 즉시 회중교회의 원리 위에서 교회를 형성하였고 시민정부를 건립했으며 그 속에서 매년 한 사람을 선출하여 대통령으로 삼았으며 일곱 명의 요원을 그 속에 두었던 것이었다. 모든 남자 거주자는 입법부의 첫번째 구성원이 되었다.

　1625년에 장로교 형식을 따르는 다른 무리의 망명자들이, 그리고 1630년에 천 명이 넘는 청교도들이 그들의 지도자로서 존 윈트로프(John Winthrop)를 앞세우고 대서양을 건넜다.

　케임브릿지와 보스턴, 콘코드 그리고 그 밖의 다른 지방도시를 건립한 것은 바로 그들이었다. 이제는 하버드 대학이 된 대학을 가진 케임브릿지도 청교도들의 많은 숫자의 알마 마데르(Alma Mater)였던 영국에 있는 대학교를 따라서 붙인 이름이었다. 보스턴은 그들 중 많은 사람들의 고향이며 거기에서 박해로 그들을 쫓아내었던 링컨주를 따라서 붙인 이름이었다. 1620년과 1640년 사이에 주민은 22,000명을 웃돌게 되었다. 어떤 5만 명이라고 하는 숫자의 청교도 이주민들이 영국과 화란의 항구로부터 항해하여 왔다.

　밀턴이 말한 바에 따르면 그들도 신실한 자유민의 태생인 영국사람이었으며 훌륭한 기독교인들이고 정이 든 집과 친우들과 친척들을 저버리도록 강압을 받은 사람들이었으며 오직 넓은 대양과 미국의 원시적인 황야만이 그들을 감독들의 분노로부터 숨겨 주고 살려 줄 수 있었던 사람들이었다.[3] 그리고 라우드(Laud)가 거기에서까지 그들을 괴롭히고, 추적했기 때문에 그곳도 간신히 그들을 보호해 주고, 지켜 줄 뿐이었다. 조지 허버트(George Herbert)가 쓴 글은 얼마나 진실한가!

"신앙이 미국 해변으로 갈 준비를 하고서
우리의 땅에서는 발을 들고
저 멀리 새로운 세계가
기다리며 서 있도다!"

그러나 지금과 그때가 얼마나 대조적인가! 부와 사치가 있는 오늘날의 미국과 그때의, 결핍에 대한 경계망을 친 인디언 부족과 격렬한 싸움과 차가움밖에는 거의 아무것도 없던 개척기와는 너무나 다르다. 이제 그 거대한 뉴잉글랜드 공화국은 그 넓은 항구로 들어오는 세계의 모든 배들을 받아들이고 있다. 그러나 이 수백 명의 쫓겨난 청교도들이 그 나라의 강건함을 첫번째로 세워 놓은 사람으로서 별로 알려지지 않고, 황량한 들판에서 그들의 감사의 찬송을 올려야만 했으며, 추위와 배고픔과 이질과 그들 주변에 죽어 있는 자신들의 자녀의 무덤을 바라보며, 한편으로 그들 가까이 배회하는 홍색 인디언들과 또 한편으로는 그들에게 엄했던 정들고도 무자비했던 영국으로부터 연결되어 있는 끝없는 수평선과 길고도 나지막이 찰싹거리는 음침한 파도소리 한 가운데에서 그들은 감사의 찬송을 올려야만 했다.[4] 제임스 시대의 울스터(Ulster)의 농장은 청교도주의의 또 다른 양성소의 형성을 의미하

---

3) *Of Reformation in England*, bk. ii.
4) Masson's *Milton*, i. 321.

는 것이었으며, 또한 영향력의 신장을 의미하는 것이었다. 그러나 그 운동의 세부적인 면은 아일랜드 장로교회의 역사에 속한 이야기이기 때문에 본서에서는 다루지 않으려고 한다.

13. 제임스의 마지막 시대

제임스의 통치가 마지막에 달했을 때 종교와 도덕의 부패는 실로 비참한 지경에 달하고 있었다. 진실한 신앙은 웃음거리가 되었고, 경멸의 대상이 되었었다. 헛친슨(Hutchinson) 부인은 그녀의 아버지의 가족이 점잖게 하나님을 두려워하는 삶을 살았기 때문에 당해야 했던 모욕과 조롱에 대해서 말한 바 있다. 만약 어떤 사람들이 『오락의 책』의 영향을 거절하기만 하면 그들은 선동자로 누명을 쓰고, 낙인이 찍히게 되었다. 그리고 만약 어떤 사람들이 악과 방탕에 대항하여 얼굴을 굳히기만 해도 청교도로서 웃음거리가 되었다. 또한 청교도들은 왕과 왕의 정부에 대한 적인 듯이 취급받았다. 리차드 박스터(Richard Baxter)의 양친은 국교를 승인하고 따랐던 경건한 사람들이었는데, 리차드 박스터가 우리에게 말해 주는 바에 의하면 그의 양친은 일반적으로 점잖은 삶을 살고 주일을 거룩하게 지내려고 했기 때문에 비웃음거리가 됐고 헐뜯음을 당했다.

제 2 장

찰스 1세 치하의 청교도주의

1. 찰스 1세

1625년 3월 제임스가 그의 아들 찰스에게 왕위를 계승시켜 주었을 때 그 왕국을 악과 멸망에서 구출하기 위해서는 특출나게 뛰어난 지혜와 넓은 아량을 가진 왕과, 슬기로운 상담자들이 있어야만 했다. 이러한 상황 가운데서 어떤 사람도 도와줄 수 없었던 그의 행동 속에는 그의 아버지의 조잡하고도 수다스러운 성격에 비할 때 약간의 겸손과 위엄이 있었던 것이 사실이었다. 그러나 그는 사악하고, 교활했으며, 자신의 아버지보다 훨씬 좁은 마음을 가졌고 완고했었다. 그는 아버지의 왕실의 대권에 대한 견해를 그대로 물려받았고, 그의 아버지처럼 자신의 입맛에 맞는 것을 고교회주의에서 찾아 내었으며, 아버지의 변덕스러운 행정원리와도 일치했다. 그의 왕비인 헨리에타 마리아(Henrietta Maria)는 프랑스 왕인 루이 13세의 누이이며, 로마 카톨릭에 헌신한 영리한 여자이고 국정에 간섭하기를 좋아하는 여자라는 점이, 그의 길을 평탄치 못하게 했다.

2. 찰스 1세의 주된 충고자들

찰스 1세는 충고하는 조언자들 때문에 더욱 불행하였다.

(1) 이들 조언자 중의 첫번째 인물인 버킹험(Buckingham)은 진리를 모르는 사람으로서, 사악하고 무모한 자였다.

클라렌돈은 말하였다. "내가 믿기로는 어떤 시대나 어떤 국가에도 그렇게 교만하고 오만한 인격의 소유자가 그토록 많은 힘과 명성의 위대함과 행운을 가졌던 적은 없었다." 지면 관계로 인용할 수 없지만, 버킹험을 탄핵하는 엘리어트의 고발 속에 그에 대한 선명한 그림이 그려져 있다.

1628년 암살을 당한 버킹험의 자리는 왕의 위원회의 선정에 의하여 웬트워드(Wentworth)에게로 넘어갔다.

(2) 윌리엄 라우드

이제 우리는 여기에서 교회문제에 대해 왕의 신임받는 상담자가 되었던 또 한 사람에 대해 보다 더 자세히 생각해 보고자 한다. 옥스포드의 우드(Wood)는 말하였다. "라우드(W. Laud)는 글을 아는 사람들에 의하여 매우 진보적이며, 신념이 있고, 열심 있는 사람으로 평가되어졌다." 그는 작은 신장, 붉은 얼굴, 날카로운 눈매, 기민한 표현 그리고 사려깊은 연설, 또 대학인의 재치에 의하여 작은 라우드라는 의미의 파르바 라우스(Parva Laus)라고 별명이 붙여졌었다.

풀러(Fuller)는 말하기를, "그는 세계가 그에 대해서 행하는 것보다 더 세계에 대해 주의를 기울이는 경향을 숨기지 않았다"고 하였다. 대주교 에버트는 말하였다. "옥스포드에서의 그의 생활은 일반 강사와 말다툼을 벌이는 것이었고, 덜함(Durham) 감독에게 자신이 왕에게 고한 내용들을 선전하는 것이 전부였다. 그런데 그가 왕에게 고한 내용들이란, 그가 청교도주의라고 칭하는 진리와 그의 취지를 불안하게 하는 정직한 사람들에 대한 불평들이었다." 그의 제자이며 전기작가인 헤일린(Heylin)은, 그것이 그의 동료들 간에 있어서 매우 위험스러운 사상이었다는 것을 인정하였다. 그는, "그의 주변에 있는 사람들의 결정을 모아내며, 그 결정들을 위에 있는 사람들에게 보고하는 습관을 가지고 있었는데, 그것은 관대하고 건전한 성격의 모양으로 생각되지 않았다"고 하였다. 클라렌돈은 말하기를, "그는 논쟁이 없었던 순간에 조차도 소동없이 어떤 것을 숙고할 수가 없었다"고 하였다.

라우드가 침착을 잃고, 어떤 비열한 말을 하게 만드는 것이 위원회에서의 프란시스 코팅험 경(Sir Francis Cottingham)의 즐거움이었는데, 특별히 왕이 참석했을 때는 더욱 그러하였다. 라우드의 진정한 모습은 그 자신의 일기 속에서 명백히 나타나고 있다. 거기에는 그의 조잡한 미신신봉과 소심함이 계속 나타나고 있다. 그는 꿈과 징조와 같은 것을 잘 믿었다. 한 마리의 방울새가 창문을 통하여 그의 서재로 들어온 것을 그는 굉장히 중요한 일이 일어난 것처럼 기록하였다.

런던의 감독인 윌리엄스(Williams)는 그의 꿈 속에 나타난 한 특출한 존재였다. "1627년 1월 14일 일요일, 아침이 되었을 때 나는 꿈을 꾸었는데, 그 꿈 속에서 링컨의 감독이 왔다. 나는 쇠사슬에 묶인 그를 잘 알아보지 못했는데 그는 그 쇠사슬에서 풀려나서는 말 잔등에 올라타고 사라져 갔다. 그런데 나는 그를 따라잡을 수가 없었다!" 지도적인 역사가들은 실제적으로 모두 그에 대해 일치된 견해를 가지고 있었다. 할람은 그의 재능에 대해서 "평범한 정도의 이상을 넘지 않았다. 그리고 그의 일기보다 더 경멸하기에 마땅한 책은 있을 수가 없다"라고 했다.

맥콜리(Macaulay)는 그의 이해능력에 대해서 "아주 좁다"라고 말했다. 가디너는 "그는 아무런 천재성도 가지고 있지 않았으며, 그 자신에게 대항하는 사람들에 대한 어떤 동정도 가지고 있지 않았고, 어떠한 종류의 매력도 지니고 있지 않았다"고 하였다. 그린은 그의 좁은 마음과 완고한 의지에 대해서 말한 바 있다. 라우드라는 사람의 모습은 다음과 같은 사건에서 잘 드러난다.

할람의 말에 의하면 라우드는 자신을 궁정에 소개해 주고, 그의 승진을 확보해 준 윌리엄 감독에게조차 악독하게 은혜를 모르는 양심을 품고서, 왕에게 자신의 은인을 참소하고, 냉혹한 박해로 그를 괴롭히는 악한 방법을 사용하여 내쫓고 대신 그 자리에 들어 앉았다.

① 성스러움의 미덕

초기사역 시기에서부터 영국교회를 교황의 관할에 넣지 않고, 로마교회의 의식과 교리에 흡사하게 가능한 한 끌고 가려고 목적했다는 것은 분명했다. 라우드는 1589년 벤크로프트가 교구감독없이는 어떠한 진정한 교회도 있을 수 없다고 말하고, 교회의 '사도적 계승'의 허구 속에서 처음으로 끄집어냈던 감독교회의 신성한 사도적 권위에 대해 강하게 확신하고 있는 사람이었다.

교리적인 면에서 그는 강한 알미니안주의자였다. 반면 그와 그의 성직자 친구들은 절대정치를 극단적으로 시도하려는 찰스의 열렬한 선동자였다. 그가 기도방식 통일법령에 관하여 외부적인 문제에 있어서 굉장한 잔소리꾼이었으며, "교회에서 기도방식 통일법령이 축출되어진다면 연합은 오래 계속되어질 수 없다"라고 말한 것은 그의 지적인 도량의 작용을 보여주는 것이다. 그는 특별히, '성스러움의 미덕'이라고 불렀던 것을 행하는 데 열심이었는데 그것은 예배에 있어서 감각적이고, 의식적인 것들을 증가시키고, 계절과 성자들의 축제일들을 그리고 사순절 기간에 생선만 먹는 일의 준수를 의미하는 것이었다. 또한 성스러움의 미덕은 특별히 성스러운 존재인 사제들이 거룩한 제복과 몸

짓을 통하여 거룩함을 나타내는 것을 의미하고 그리스도인의 건축물뿐만 아니라 그 건물 속에 있는 기구와 그릇들과, 칼과 냅킨까지도 거룩되게 구별되어야 하며, 그런 것들도 존경심을 가지고 만지고 보아야 한다는 것을 의미하는 것이었다. '성스러움의 미덕'에 의하여 그가 생각했던 것은 러시워드(Rushworth)가 묘사한 것처럼 런던에 있는 그의 교회들 가운데 한 곳에서의 봉헌 속에서 가장 잘 보여질 것이다.

러시워드는 그것을 다음과 같이 묘사하였다. "감독들이 서쪽 문에 접근할 때, 몇 명의 준비를 하고 있던 사람들은 큰 소리로 다음과 같이 외쳤다. '열려라 열려라 너 영원한 문들아! 영광의 왕이 들어오시는도다!' 그러면 실제적으로 문들이 열렸다. 그리고 감독과 몇몇의 박사들 그리고 많은 다른 교법사들이 들어왔고, 그 다음에 감독은 무릎을 꿇고, 눈을 뜨고서, 그 팔을 넓게 펴고 다음과 같은 말들을 외쳤다. '이곳은 거룩한 곳이요, 이 땅도 거룩하니 성부와 성자와 성령의 이름으로 나는 그것을 거룩하게 선포하느니라.' 그러면서 그는 약간의 흙을 손에 쥐고는 교회의 강대상(Chancel: 교회 앞에 목사가 앉는 자리가 있는 곳) 앞으로 나아가면서 그 흙을 몇 번 공중에 뿌렸던 것이었다. 그리고 감독을 위시한 그 사람들이 성찬상과 칸막이 쪽으로 가깝게 왔을 때, 감독은 몇 번 성찬상을 향하여 절했다…이후에 감독은 성찬상에 가깝게 다가가서는 그의 손에 책을 들고 거룩한 장소를 더럽히는 것들을 항하여 저주를 퍼붓는데 모든 저주마다 그 끝에는 동쪽을 향하여 절하면서 말하기를 '모든 사람들이여! 말을 하라. 아멘'이라고 했던 것이었다…감독이 성찬상에 접근했을 때 그 감독은 몇 번 낮게 절하였다. 그리고는 그 상의 한쪽 옆으로 올라갔다. 그곳에는 빵과 포도주가 진열되어 있었는데 그는 일곱 번 절하고 많은 기도문들을 읽은 다음 빵 옆에 와서 빵이 들어 있는 냅킨의 한 모퉁이를 점잖게 집어 올렸다. 그가 빵을 보았을 때 그것을 다시 내려 놓고 한 발자국이나 두 발자국쯤 뒤로 물러 서서는 그 빵에 대해서 세 번 절하고 다시 빵 옆으로 와서는 내프킨을 열고 그것에 세 번이나 절했다. 그리고는 그 손에 포도주가 가득 든 잔을 들고 그 잔의 뚜껑을 열고 그 속을 들여다 보고, 술을 본 후에 다시 그 뚜껑을 내려 놓은 다음, 뒤로 물러서서는 다시 절하였다.

대충 이와 같은 일을 했던 것이었는데 그런 유치한 기독교의 광대짓을 라우드는 '성스러움의 미덕'이라고 주장했다."

② 라우드의 교회정치

라우드는 자신을 제임스 시대의 주요인물로 만들려고 노력하기 시작했다. 그러나 제임스는 그런 종류의 사람을 충분히 알아볼 수 있을 만큼 통찰력을 가지고 있었다.

윌리엄스가 그를 성다윗의 감독직에 추천했을 때 제임스는 다음과 같이 대답했다. "내가 생각하고 있는 분명한 진리는 라우드가 모든 권위와 직위에서 물러나야 한다는 것이다. 왜냐하면 그는 침착하지 못한 정신을 가졌고 일들이 잘 되는 때를 알지 못하며 단지 변화의 동요 그리고 자신의 머리로 종교개혁의 한계를 설정하는 일들만을 초래하고 좋아하는 것을 내가 알기 때문이다." 제임스는 윌리엄스에게, 라우드가 자신에게 개인적으로, 스코틀랜드와 영국 교회가 기도서와 경전들에 보다 가깝게 연결을 가져올 것을 말했다고 했다. 그러면서 "라우드는 그 백성의 위장이 어떤 상태인지를 알지 못하는 사람"이라고 덧붙였다. 윌리엄스는 라우드를 위해서 간청하기를 계속했다. 왕은 말하기를, "그러면 그를 당신이 쓰도록 하시오. 그러나 맹세코 당신은 후회하고 말 것이오"라고 했다.

라우드는 버킹검 공작의 개인 목사가 되었는데 공작에게 자신의 궁정으로의 진출 여부가 달려 있었다. 라우드는 그의 일기 속에서 다음과 같이 기도했다. "당신께서 당신의 불쌍한 종인 나를 그의 눈에 들게 하시고 그가 나에게 진정한 마음의 친우가 되기를 계속하게 하시옵소서!" 그들의 상호간의 관계와 찰스와의 관계에 대해서 메이슨(Masson)은 다음과 같이 잘 서술해 놓았다. "버킹검은 주도력이 있는 고관대작이었던 반면, 라우드는 권력에 있어서 대담한 교권주의자"[5]라고 했다. 찰스의 즉위시로부터 라우드는 교회문제에 있어서의 찰스의 특별보좌관이 되었다. 할람의 말에 의하면, 그는 "그의 불행한 주권자의 사악한 전제가 되었다. 그리고 나라의 근본적인 법과 자유를 전복시키기 위해서 찰스와 웬트워드를 충동질했다. 그는 1633년 에버트의 죽음으로 캔터베리의 대주교가 되었는데, 그러나 이미 이 일 훨씬 전에 그는 실제적으로 권력을 쥐고 있었다.

제임스가 죽기 9일 전에 라우드는 버킹검에게 한 장의 성직자의 명단을 보여 주었는데, 거기에는 왕이, 누가 승진되어야만 할 사람이고, 누가 좌천되어야 할 사람인가를 알아볼 수 있게 하기 위해 오소독스(Orthodox), 즉 사제제도의 존중자를 가리키는 정통파라는 의미로 O'자의 표기와, 프리타니칼(Puritanical), 즉 청교도파라는 의미로 P'자로 쓴 두 종류의 계급을 표시한 명단이었다. 그가 대주교로 임명되고 나서 행한 우선적인 행동들 중의 한 가지는 주일에 시간을 메꾸고 오락을 즐기도록 권장하는 『오락의 책』을 재발행하는 것이었다.

많은 성직자들은 명령을 받은 대로 그것을 그들의 양떼들에게 읽어 주는 대신, 제4계명에 다음과 같은 말, "이것이 하나님의 율법이고, 다른 것은 인간이 만든 것이다"라는 말을 덧붙여서 제4계명을 읽어 주었던 것이었다. 그리고 그로 인하여 그들 가운데 많은 숫자가 파면되

---

5) The Grand Vizier is the Turkish prime minister; the Mufti of Constantinople is the head of the Turkish religion.

었던 것이었다. 1629년 '강령들'이 발표되었는데 그것은 예식들과 의식들을 보다 철저하게 준수할 것을 명하는 것이었다.

여러 가지의 다양한 예식적인 변화들이 소개되었다. 가령 예를 들면, 주의 식탁을 이제는, '제단'이라 부르고, 그것을 교회의 동쪽 끝에다 두게 되었으며, 성당에서 고위 성직자의 긴 망토를 보다 동일하게 만들어서 사용하며, 교회에서 백의를 균등하게 만들어서 사용하게 하는 것들이었는데, 이것들은 간단히 말해서 라우드적인 이상의 보다 엄격한 실천이었던 것이었다. 만약 성직자들이 그것에 순응하기를 거절한다면 그들은 고등위원회와 성실법원에 넘겨졌다. 그 결과는 많은 사람들의 성직 중지와 자격박탈이었으며, 그 결과로 오랜 기간 동안 테임즈 강의 많은 배들이 미국으로 향하는 이주민들로 가득 찼던 것이었다.

이 일들에 대한 평가는 가디너가 지적한 것처럼 성직자의 4분의 1이 청교도적 이상에 공감할 때에 취하여졌다. 카알라일은 그것을 다음과 같이 말했다. "영국 왕과 그의 중요 사제들은 한쪽 길로 나아가고 있었으며, 영원한 율법에 의하여 영국이라는 국가는 다른 길로 나아가고 있었다."

3. 계속되는 교황권의 침략

설상가상으로 교황권의 침략에 대한 공포가 이제 매우 넓고도 깊어졌다. 로마 카톨릭의 권세는 대륙에서의 성공 이후로 행운을 얻고 있었다. 제임스가 죽기 이전에 이미 독일 강 서안지역은 신교도에게 빼앗겼다. 덴마크 사람들의 저항은 루터에 의해 진압되었다. 그리고 북부 독일의 거의 전체는 왈렌슈타인(Wallenstein)과 틸리(Tilly)의 아래에 도움없이 내버려져 있었다.

프랑스에서는 리쉘류 이전에 로쉘이 떨어졌다. 영국 사람의 대부분은 손상되는 경향의 신교도 세력의 모든 형제들을 보면서 로마 카톨릭에 대해 매우 분개하고 있었다.

4. 영국 하원

사람들의 느낌이 하원에서 진실되게 반영되었다. 라우드의 가까운 친구이며, 알미니안 교리와 로마 카톨릭 교리를 가르치고 개혁교회들을 모독하고 왕실의 권세를 추앙했던 몬태그(Montague) 박사는 하원의 심판대에 소환되었다. 그는 유죄를 선고받았으나, 라우드에 의하여 보호되어졌고, 왕에 의하여 사면되어졌다.

시부토프(Sibthorp) 박사는 심지어 하나님의 율법에 위배되는 명령에까지도 수동적인 순종을 할 것을 요구하는 설교를 순회재판에서 했다. 그러나 로저 메인웨링(Dr. Roger Mainwaring)이 왕궁에서 한 설교에 비하면 그것은 아무것도 아니었다. 로저 메인웨링은 "왕실의 의지와 명령은 영원한 저주와 고통 위에 있는 백성의 양심에 은혜를 입힌다. 그리고 의회의 권위는 주저앉은 사람을 일으키는 데 아무런 도움도 주지 못하는 것이다"라고 설교했다. 왕국의 자유와 법을 멸망시키는 주장을 가르친 메인웨링은 유죄를 선고받고, 투옥되었고 라우드는 겨우 도망갔다. 그리고 그 유명한 권리청원이 그 땅의 법률이 되었던 것이었다. 그러나 라우드, 몬태그 그리고 메인웨링은 찰스에 의하여 다시 진급되었다.

라우드와 네일의 행위에 대한 특별한 참조로서 카알라일은 그들을 부르기를, "소름끼치는 한 쌍의 예식을 강조하는 감독들 그리고 교황주의의 바벨론의 낡은 제복을 향한 측량할 수 없는 경향을 가진 샘"이라고 했다. 의회를 통하여 결의라고 불리우는 제안을 내어 놓았는데 그것은 알미니안주의나 교황주의를 조장하거나, 의회의 허락없이 침묵을 조장하고, 세금을 징수하기를 충동하는 사람을 왕국의 중심된 적으로 강조한다는 것을 선포한 것이다. 의회는 왕에 의해 해산되었다. 그리고 지도적인 인물들, 이를테면 존 엘리어트 경(Sir John Eliot), 스트로드(Strode), 홀스(Holles), 셀든(Selden)과 같은 사람들이 투옥되었다. 그 위대한 의회의원이었던 존 경은 그가 죽을 때까지 런던탑에 구금되었다.

5. 불필요하게 된 의회

(1) 나이튼의 경우

1629~1640년까지의 11년 동안 왕은 라우드와 같은 사람들의 충고 아래서 의회없이 통치했다. 추밀원과 성실법원은 법의 일반적인 법정과 대체되었으며 무한 독재의 시대가 진행되었다. 그 실례로서 우리는 잘 알려진 대주교 라이튼(Leighton)의 아버지인 알렉산더 라이튼의 경우를 생각해 볼 수 있다.

라이튼 박사는 성 앤드류 대학에서 신학박사로 재직해왔으며 후에 런던에서 강의권을 취득했다. 그는 런던에서 화란으로 망명했었다. 화란에서 그는 고위성직자 계급에 대항하는 "시온의 열망"이라는 글을 썼는데 그 책을 읽은 메이슨은, 그것은 그의 아들에게 부여한 온화하고 점잖은 정신을 갖고 공정하게 쓴 글이라고 말했다.

런던으로 돌아와서 그는 체포되었고 타국에서 2년 전에 쓴 그 책 때문에 고문받게 되었다. 그는 정죄되었으며 면직되었다. 그러나 그는 간수의 묵인으로 감옥에서 탈출했다. 그러나 다시 체포되어 런던으로 송환되었는데 그곳 해충이 우글거리는 더러운 토굴에서 15주간 동안 머물렀고 몸의 머리털과 살갗이 벗겨지는 그러한 상태가 되어서 급기야는 재판정에 나올 수도 없었다.

그는 아직까지 들어보지 못한 비난을 받았다. 술이 잔뜩 취한 교수인에 의해서 채찍질을 당했는데 세 겹으로 꼰 채찍으로 36대를 맞았으며 그 후에 거의 두 시간을 웃음과 조롱 속에서 있었다. 그리고는 한쪽 귀를 절단당했으며 코의 한쪽을 가느다랗게 베임당했고 뺨에 빨갛게 달은 쇠로 S. S. 즉 '웃음거리의 선동자'라는 의미의 두 글자를 낙인으로 새겨짐을 당했던 것이다.

그는 다시 감옥으로 돌아갔으며 그의 등과 코와 귀와 얼굴의 쓰라림이 치료되기도 전인 7일 밤이 지난 날 다시 칩사이드에 있는 형틀이 있는 곳으로 끌려가서 매를 맞았다. 또한 나머지 한쪽 귀를 절단당하고 나머지 반쪽 코를 절단당하고 또 다른 뺨에 낙인을 찍히고는 다시 감옥으로 보내어졌다. 거기에서 그는 10년을 갇혀 있었고 장기의회가 그를 10년 후에 풀어주었다. 장기의회 때 살아 있던 라우드는 읽혀지는 고소장의 내용을 들었다. "그는 그의 모자를 벗고 하나님께 감사를 올렸다." 그에게 가해진 형벌의 간단한 진술이 의회에서 낭독되어졌을 때 의원들은 너무 참담한 감정을 진정하기 위해 수시로 서기의 낭독을 중지시키지 않을 수 없었다.

(2) 윌리엄 프린의 경우

라우드의 잔인한 기질을 경험한 또 다른 사람은 옥스포드를 졸업하고 링컨대학 법학원의 학생이며 변호사이고 가장 많은 책을 쓴 윌리엄 프린(W. Prynne)이었다.

1632년, 그는 그의 『히스틀리오 마스틱스』(*Histrio mastix*) 혹은 『기도자의 재난』이라고도 하는 책을 출판했다. 그것은 대단히 추잡했던 연극의 연기에 대한 고발을 내용으로 하는 책이었다. 그는 한 구절에서 개인적으로 행한 여왕에 대한 비방 때문에 비난을 당했고, 라우드의 의뢰를 받은 일반 변호인에 의하여 성실법원에서 기소당했다. 그는 일반적으로 사용되는 자기방어의 방법을 사용하도록 허락을 받지 못했다. 그에게는 오천 파운드의 벌금이 부과되었고 링컨의 법학원과 대학에서 쫓겨났으며 변호사의 직위를 파직당했다. 그는 웨스트민스터와 칩사이드에 있는 형장으로 가서 귀를 절단당하고 왕의 뜻에 따라 투옥되었다. 3년 후에 성직계급을 공격한 글 때문에 똑같은 고소장이 그에게 부과되었다. 그래서 처음에 잘려져서 겨우 꿰매 놓은 귀를 다시 베어 내었다. 다른 사람들도 이와 비슷한 고통을 당하였다. 그들의 극악무도한 처벌이 대중들의 동정과 최고조에 달한 흥분을 일으켰던 것은 의심할 여지가 없다.

6. 제니 기드스의 의자

여기에서 1640년 11월에 개정된 장기의회와 왕 사이에 일어났었던 투쟁에 대해서 세부적으로 기록한다는 것은 불가능하다. 그러나 그것에 따른 교회의 사건과 나아가서는 정치적인 사건들까지 이해하기 위해서 잠깐 이야기를 스코틀랜드로 돌리는 것이 필요할 줄 안다. 대주교 라우드는 찰스 왕이 그 지방을 방문하는 데 동반했었다. 그리고 그 때 영국에 그토록 가까운, 왕의 지배영역 안에 있던, 스코틀랜드 사람들이 그처럼 '성스러움의 미덕'에 대해 결핍되어 있는 사람들이었다는 사실을 발견하고는, 매우 충격을 받았다.

그래서 그는 장로교 예배의 모든 자취를 근절시키기로 결심했고 그 완강한 스코틀랜드 왕국에 매우 잘못된 성직제도의 형태인 고위성직자 제도를 강요하기로 결심했다. 이 목적에 의하여, "영어가 라틴어같이 될 만큼 로마 미사경본에 가까운" 것으로 묘사된 예배서와 기도서가 고안되었고, 그것을 사용하기 위한 준비로서 기준들을 제시하는 책이 출판되었고, 그것만이 허용된 예배의 유일한 양식이라는 것을 선포하고 그것만을 널리 쓰도록 하라고 요구했다. 그러나 오래 전에 제임스가 라우드에 대해 말했던 것처럼, 그는 "자신의 기도서를 강제로 쑤셔 넣어 삼키게 하려고 했었던 그 백성의 배짱을 파악할 만한 명민함이 없었다." 새 예배를 준비하는 예행 연습이 1637년 7월 23일 세인트

길스 교회에서 시작되었다.

하얀 제의를 입은 에딘버러의 목사는 독경대를 통과하여, 그날을 위한 특별 기도를 했는데, 그때 번화가에서 매점을 운영하고 있는 제니라는 이름의 한 영웅적인 여인이 "엉터리 같으니! 당신은 내 귀에 미사를 말해 줄 작정이냐?"라고 말하면서 그녀가 앉았던 의자를 그 목사에게 던졌다.

그 시대의 기록은, 그 의자가 그에게 날아갔을 때 목사는 웃음거리가 되었고, 창피한 순간을 급히 피해 도망쳤다고 한다. 제니의 의자는 잡지를 통하여 화약에 떨어진 불꽃과 같은 것이 되었고, 조용한 물결의 호수에 돌이 떨어져서 한 무리의 파문을 일으켜 그 흔들림이 해변에 닿을 만큼 넓게 퍼져 나간 것과 같은 것이 되었다. 최근의 영국 국교의 작가에 의하여 그녀의 업적은, "미친 편협한 신앙"의 행동으로 규정지어졌고, 그 혁명적인 운동은 "열광주의의 광포"로서 취급되어졌다. 그러나 그 사실에 대해 보다 깊은 통찰과 보다 광범위한 이해력을 가진 사람은 매우 다른 설명을 하고 있다.

맥콜리 경은, "그 미친 편협한 신앙"에서 영국의 자유의 발자취를 더듬고 있는 것이다. 카알라일은 말하였다. "인간사회에서의 실제적인 중요성에 있어서 트로이의 헬렌은 제니에 비교해 볼 때 오히려 작은 여주인공일 뿐인 것이다. 오직 제니만이 기록 속에서 소중한 사람이 되어왔던 것이다.

에딘버러와 스코틀랜드 전체, 그리고 영국과 아일랜드 전체에서 도저히 걷잡을 수 없는 동요가 제니의 의자가 날랐던 사건 때문에 일어나게 되었다. 그리고 캔터베리 주교의 영광과 심지어는 찰스 왕 그 자신까지도 평화를 부활시켜야 하는 전제 앞에 그들의 머리를 내어 놓아야만 했던 것이다."

스탠리(Stanley) 목사는, "프랑스 혁명이 일어났던 날들을 제외하고는 어떠한 것도 이보다 더 크게 그러한 중요한 결과를 낳는 소동을 일으키지는 않았다"라고 말하였다.

7. 그리스도의 면류관과 언약을 위하여

전체 스코틀랜드에서는 그토록 깊이 뒤흔들었던 그 일을 시작으로 해서 일련의 중대한 사건들이 계속해서 일어났다. 그 사건들은 프란체스코 수도회 소속의 교회와 교회 마당에서 있었던 국민언약의 정신, 그 국민언약에 나라 전체의 많은 사람들이 피로써 서명했던 일, 스코틀랜드 사람의 진실한 결의를 배경으로 하고 장로교를 재건립한 1638년 글라스코에서 있었던 총회, "그리스도의 면류관과 언약을 위하여" 라는 명목의 깃발을 따르는 레슬리(Leslie)의 스코틀랜드 군대에게 찰스와 그의 군대가 던슬로우 언덕에서 사로잡힌 일, 그리고 후에 바로 그 군대에 의하여 뉴캐슬(Newcastle)이 함락된 일, 교회와 시민 양쪽에서 일어나는 욕구와, 스코틀랜드와 같이 영국에서도 일어나는 공감의 물결 등이었다. 고교회와 성실법원의 박해에 의해 지하로 들어간 영국에서의 청교도의 장로교 운동이 다시 부활하여, 스코틀랜드에서 일어난 반란에 연합하는 힘을 보여 주었으며 장기의회를 통하여 시민의 자유와 권리에 대한 인식 뿐만 아니라 그들이 해외에서 본 것과 같은 종교의 개혁까지 요구했던 것이다. 교회행정과 예배의 개혁을 요구하는 깊고도 일반적인 욕망은 이 문제들에 대하여 영국과 스코틀랜드 시의회의 연합과 학식이 있고, 경건한 신학자들이 실행한 종교회의 때문에 의회에서도 강력하게 일어났다.

8. 웨스트민스터 신학회의

마침내 1642년 4월에 의회는 회의를 소집할 것을 결정했고, 영국의 모든 주마다 두 명의 신학자들을 지명하고, 모든 대학들에서 각 한 명씩, 그리고 런던에서는 네 명의 신학자들을 회의에 참석하도록 지명했다. 1642년 9월에 고위성직자 계급을 철폐한다는, 의회의 상, 하 양원을 통한 과감한 조항이 발표되었고, 마침내 1643년 5월에 회의를 웨스트민스터에서 1643년 7월 1일에 소집할 것을 가결하는 법령이 통과되었다.

이 회의는 총 인원 151명으로 구성되었는데, 121명의 신학자들과 30명의 평신도 입회인으로 구성되어 있었다. 그 30명 중에는 존 셀런, 존 핌, 올리버, 헨리 베인 경 그리고 저명한 여러 귀족들과 같은 학자들과, 정치가들이 포함되어 있었다. 그 회의의 서기를 맡은 사람들은 거의 대부분이 옥스포드나 케임브릿지를 졸업한 사람이던지, 아니면 그들 중의 많은 사람들이 대학 학부의 특별회원(Fellows)이었으며, 어떤 사람들은 대학의 학장들이었고, 프랑스 개혁신학자였던 두 사람을 제외한 모두가 영국교회 안의 감독교회적 질서 속에 있었던 사람들이었다. 의회의 요구는 성직존중주의자만을 제외한 총회회원들의 모든 다양한 의견을 듣는 것이었다.

대주교 엇셔(Ussher)와 두 명의 영국 감독들을 포함한 약 열두 명의 지명된 사람들만이 감독교파가 가지고 있는 양태가 채택하기를 원하고 있었다. 그러나 이들도 대부분이 그 회의에 참석하기를 원하고 있었다. '국교 반대의 형세들'로 알려진 다섯 명은 회중교회적 원리들을 신봉하고 있었다. 그리고 에라스티안파(Erastians)로 알려진 또 다른 무리의 사람들이 있었는데, 그들은 교회의 교리적인 면에서는 대부분 장로교도들이었다. 그리고 훈련의 모든 권세를 궁극적으로 국가에 속하게 한 사람들이었다. 이 매우 학구적이며 유능한 힌 무리외 사람들 중에는 케임브릿지의 캐더린 홀의 학장이 되었던 유명한 동양학자 존 라이트프드 박사(Dr. John Lightfoot)와 위대한 히브리주의자였던 토마스 콜맨(Thomas Colman) 그리고 존 셀던과 같은 사람들이 포함되어 있었다. 그러나 대다수의 사람들은 장로교 원리들을 신봉하고 있었다. 찰스의 독재적 절대주의와 탄압을 지지하는 고위 성직자들 즉 라우드를 따르는 고위성직자들이 취했던 과정의 교회정책에 대해 수년 동안 계속되어 왔던, "스멕튬누안(Smectymnvan)" 논쟁을 포함한 날카로운 토론과, 시민과 종교의 자유를 추구하는 스코틀랜드인의 투쟁에 의한 공감이 장로교 질서를 원하는 강하고 넓은 느낌을 산출해 내었다. 지금까지는 영국 교회에서 교구의 목회자였던 수백 명의 성직자들이 장로교 원리들을 적용하게 되었다.

메이슨 교수는, "런던의 모든 시민권을 가진 사람과 고위 고관은 장로교도들이었다. 그리고 그 회의에 참석한 120명의 교구목사들 가운데 확인할 수 있는 한도 내에서 볼 때 오직 세 명만이 엄격한 장로교 원리를 신봉하지 않는 사람들이었다"고 하였다.

알렉산더 핸더슨, 사무엘 루더포드, 조지 길레스비, 로버트 베일리, 아치볼드, 존 스톤 경, 메이틀랜드 경, 카실리스 백작들과 같은 스코틀랜드 위원들은 신성동맹 언약(the Solemn League and Covenant)이 서명된 9월 14일에야 도착했던 것이었으며 그 후에 아길(Argyll) 백작이 도착했다. 그렇게 해서 소집된 총회는 영원하고도 깊은 흔적을 이 섬나라 영국뿐 아니라 미국 대륙, 영국 식민지 그리고 전 세계에 남겨 놓았으며 메이슨이 암시한 것처럼 오늘날의 영국 사람에게 이 역사는 다른 종교회의의 역사보다 더욱 흥미있고 더욱 오래되고 더욱 교회 연합적인 이야기임에 틀림 없다. 이 총회는 5년 6개월 동안이나 계속되었다.

9. 총회에 의하여 되어진 일

그들의 노력의 결과에 대하여 이야기하는 것은 우리의 지면이 허락하지 않는다. 신앙고백이 그들에게서 나왔고 대요리문답과 소요리문답이 나왔다. 그리고 대중예배에 대한 방향, 그리고 그들에 의하여 움직여지는 교회행정의 모양들이 나왔던 것이었다. 신앙고백과 요리문답에 대해서는 간단한 서술이 되어야만 할 줄 안다. 그 기준들을 구성한 교리체계가 칼빈주의의 가장 철저하고도 엄격한 형태 중의 하나라는 것이 일반적인 인상이지만 그것은 완전한 오해이다.

알렉산더 미첼 박사(Dr. Alexander Mitchell)는 신앙고백과 요리문답이 가지고 있는 칼빈주의의 형태는 화란이나 프랑스의 상징적인 것들과 엇셔의 논설 가운데에 있는 것보다 매우 완화된 것이라는 것을 보여 주었다. 예를 들어 하나님의 섭리와 목적은 자유로운 행위의 의지에 의하여 초래되는 사건들에게 관심을 가지는 한에 있어서만 허용되는 것이며 특별히 죄에 대한 문제에 있어서는 더욱 그러하다는 사실을 미첼 박사와 다른 여러 사람들은 제시하고 있다.

가장 날카롭고 격렬하게 논의되었던 주제는 교회정치에 대한 것이었다. 5명의 조합교회파 사람들이 의회에 제출한 논문인 『변증적 해설』이라고 불리었던 출판물에 의해 그 논쟁은 더욱 격렬하여졌다.

장로교도들은 참으로 중요한 양보를 할 것을 준비했다. 그들이 가지고 있었던 견해는 "단일적인 국가교회"이며 그 목적에 부합시키기 위하여 그 속에 선한 고운 양심을 보여 주고 있는 "조화"라고 그들이 불렀던 화합의 안을 준비히려고 했었다. "장로교 정치조직과 목회사역의 옹호"라는 글 속에서 그들은 말하기를 "우리는 여러 종류의 상황에 있어서 통일을 지나치게 고집하는 주장을 거부한다"라고 했다. 그들의 생각은 만약 완전한 국가의 교회가 있다면 전체 국민은 그 속에 포함되어야만 하며 하나의 총회 안에 있는 두 개의 당파들이 그 교회에 조화되고 그것을 동의할 수 있어야만 될 것이라고 생각했었던 것이었다. 조합교회주의자들은 국가 교회를 벗어난 신앙의 자유를 가지는 것을 주장했다. 마침내 1645년 7월에 총회에 의해 고안된 교회정치기구의 설계가 의회에 보내어졌다.

10. 장로교질서가 영국에서 진행됨

생각해 보아야 할 한 가지 의문이 남아 있다. 어떤 실제적인 영향이 총회의 노력에 주어졌을까? 그리고 그들이 그토록 힘들여 쌓아놓은 그 조직이 실제 운용되고 있는 기구에 적용되었는가? 만약 그것이 영원한 영구성을 가지는데 실패한다면 그 실패의 원인이 어디에 있는 것인가? 그 대답은 다음과 같이 제시될 수 있을 것이다. 먼저 1645년 상, 하 양원은 장로교 조직의 주된 부분을 비준했다. 그리고 즉시 그 조직은 영국에 확대되어 적용되었다. 총회와 의회 간에 불화가 생긴 것은 이 상황에서였다. 장로교 조직을 세우는 마지막 법령을 통과시켰을 때, 상, 하 양원은 모든 지방과 종교회의에서 시민법정을 향하여, 또는 시민위원회의 법정에 탄원할 수 있는 권리를 언급했다. 수개월 동안 영적인 독립성에 대한 의문이 토론되었다. 마침내 아길(Argyll)의 중재에 의하여 하나의 타협이 체결되었다. 그리고 장로교 질서의 기구는 1646년 7월과 8월에 런던과 몇몇 지방의 기구가 되었고, 12,578명의 청원에 대한 응답으로 랭커셔에서도 확립되었다. 그리고 또한 에섹스, 써섹스, 써포크, 노포크 그리고 많은 다른 고장들을 포함한 동부의 주들에서도 역시 활용되었다. 마지막으로 1648년 1월에 "영국의 여러 주들에 독특한 고전적 장로회의와 회중적 장로권을 빠르게 구분하고 정착시키기 위한" 법령이 반포되었다.

11. 실패의 원인

이 기구의 승리는 대단히 단명한 것이었다. 참으로 이 기구는 완전히 실제적으로 적용되어지기 이전의 전망은 매우 밝았다. 그러면 이 기구가 그처럼 단명했던 원인은 무엇인가? 그 대답은 우리가 여전히 공부해야 할 문제로서 남아 있는 것이다.

(1) 첫번째로 자연스럽게 생각할 수 있는 것은 크롬웰과 그의 군대의 승리이다. 그 속에서 조합교회파의 이득과 그 군대 속에서 커다란 비중을 차지하고 있었던 그 신도들의 이득은 아주 특출한 것이었다. 그린(Green)이 지적한 것처럼 "교회정치기구의 장로교 조직으로의 변화"는 처음에 대부분의 영국 사람들에게 불쾌한 것은 아니었다. "감독의 필요성에 대한 독단은 소수의 사람들에 의하여 주장된 것이고 변화는 일반적으로 영국의 교회를 스코틀랜드의 교회와 대륙의 개혁교회에 가깝게 만들려는 사람들에게서 볼 수 있는 것 같은 찬성을 받는 것이었다.

그린은 말했다. "성 마가렛 성당에서 모든 사람들이 손을 들고 언약에 서원하던 순간에 변화가 만들어졌다면, 그 변화는 아마도 그 나라에 광범위하게 받아들여졌던 것이었음에 틀림없었다. 그러나 전쟁의 말기에 왔을 때 매우 다른 종류의 환영을 받았던 것이었다." 국교반대는 그 시점으로부터 커다란 세력으로 성장했던 것이었다. 그 속에는 조합교회파와 침례교파들뿐만 아니라 수많은 교파가 일어났고 그들은 크게 크롬웰 군대 속에서 재현되었던 것이었다. 그들은 당연히 장로교의 세력 아래에서 억압당하는 것을 두려워했다.

(2) 다른 방해물들을 살펴 보자. 장로교주의의 형태가 착수되기는 했지만 의회는 영적인 문제에 대한 교회법정의 결정을 인가하기를 거부했다.

의회는 탄원의 최고 법정으로서 종교는 국가에 복종해야 한다고 주장하는 에라스투스파(Erastian)의 세력을 유지시키기를 원했고, 시민 법정에 의한 결정이 없으면 어떤 사람이 영적인 범죄를 범하였을 때에라도 성찬상에서 추방되어지는 것을 허락하지 않았다.

(3) 그러나 장로교주의가 영국의 이러한 위기의 시대에 영원한 정착을 획득하는데 실패했던 중요한 원인은 의심할 바 없이 장로교가 취한 강압적인 형세 때문이지 그 조직 자체가 가지고 있는 고유한 성격 때문인 것은 결코 아니었다.

크롬웰과 밀턴은 둘 다 정치 형태의 장로교적 형태를 지지했으며 신성동맹 언약에 선서했다.

장로교 정책의 변증에 대하여 이때까지 쓰여진 것들 중 가장 훌륭한 작품 하나가 밀턴의 붓을 통해 나왔다. 밀턴이 그토록 분개하였던 점은 강압적인 장로교주의의 실천과 그 종교단체에 가입하지 않는 사람들을 관용하기를 거부하는 것이었다.

장로교도들과 조합교회파들 사이에 분열이 일어난 다음, 페어팍스(Fairfax), 크롬웰(Cromwell), 아이어톤(Ireton) 그리고 그 밖의 몇 사람들이 서명한 '군대 선언'이 발표되었는데 그것은 '이것이야말로 군대의 느낌이다'라고 하는 것을 증명해 보이는 것이었다.

군대에서 대부분의 영향력이 있는 지도자들, 이를 테면 프리트우드 하원의원(Deputy Fleetwood), 올리버 크롬웰의 양아들, 헤리슨(Harrison) 대장, 루드로우(Ludlow) 대장과 헛친슨(Hutchinson) 대령 같은 사람들이 침례교도들이었다. 그러한 사람들로 구성된 군대에게 그들이 원하든지, 원치 않든지 간에 장로교주의를 허락하고 기다려 줄 것을 강요할 수 있다고 기대할 수는 없는 것이었다. 조합교회파들과 장로교들이 역사 속에서 이러한 순간적인 위기의 시대에 일치에 이를 수 있는 생각이 불가능하다는 것은 분명한 일이다.

장로교주의가 일치의 시작에 매우 가깝게 접근했던 모든 것을 잃어 버린 것은 너무 많은 것을 한꺼번에 움켜잡으려고 했기 때문이었다.

12. 크롬웰의 정책

크롬웰은 세계가 이때까지 보아온 아주 위대하고 가장 힘있는 장군들과 정치가들 중의 한 사람으로 역사 속에 항상 탁월하게 서 있을 것이다. 그는 건전한 감각과 실제적인 지혜, 보기 드물게 크고 넓은 마음을 고루 갖춘 사람이었으며 측량할 수 없는 힘과 성격을 가진 열렬하게 경건한 사람이었다. 그는 계획을 세우는 데 있어서 전광석화와 같이 신속했고 그 계획을 실행하는 데에도 똑같은 민활성을 가지고 있었다.

크롬웰의 실제적인 무용담은 그에 의하여 추진된 교회정치에 매우 명백하게 나타나 있다. 그는 관용의 원리들이 지금 이해되고 있는 것처럼 배우지 못했다. 신앙의 기초를 약화시키는 사람들이나 무신론자들, 그리고 로마 카톨릭주의자들은 시민권을 박탈당해야 했다. 그러나 "어떤 사람도 형벌이나 다른 방법에 의하여 대중의 종교에 따를 것을 강요당하지 않으며 그 종교에 열심이 있는 자들은 다른 사람들을 끌어 들이기 위하여 건전한 교리를 사용하여야 되는데, 이를 테면 좋은 대화를 통한 방법과 같은 것이다"라는 내용의 선언이 위원회에 의하여 발표되었다.

장로교회 법정 대신에 '심문자'라고 불리우는 위원들의 회의가 발표 되었는데 이 회의는 성직의 녹을 받고 있는 목회자의 적합성을 시험해 보기 위해서 부분적으로 평신도들에 의하여 구성되었다. 이 회의는 장로교도들과 조합교회파들, 그리고 침례교도들에 의하여 구성되었다. 전체적인 면에서 볼 때 이 회의는 만족스럽게 활동했다. 그리고 신교의 교파들 중에서의 연합에 대한 문제점을 넓게 해결해 주었다. '나쁜 소문이 많고 무식하며 자격없는 목회자들과 학교 교사들'을 식별해 내기 위하여 각 주(county)의 법정과 더불어 또 다른 법정이 임명, 설립되었다.

13. 크롬웰 정부에 대하여 자라나는 불만

크롬웰은 선택에 의하여 뽑힌 지배자가 아니라 필요에 의하여 생겨난 지도자였다. 입헌적인 방법이 실용 가능할 때에는 크롬웰도 그 방법을 사용하기를 더 좋아했다. 그가 나라의 이익에 절대 필수불가결하다고 판단되어지는 것을 제외하고는 세력을 키우기에 노력했다는 증거가 없다. 그러나 장로교도들 간의 이간은 국민장로교회의 계획을 진보시키는 일을 저지하는 일을 기점으로하여 이미 시작되고 있었다.

'프라이드의 추방'으로 알리어지는 1648년 프라이드 대령과 그의 군대가 의회의 140명의 의원들을 추방한 것과 장로교도들의 많은 사람을 세력권에서 축출하고 군대의 정책을 실현하고 1649년 1월 왕에 대한 고문과 형벌집행을 행한 사람들만 놓아 준 사건은 장로교도들을 이간하고 더욱 충격을 주게 되었으며 그 밖의 다른 사건들도 그들의 이간을 깊게 해주었던 것이었다.

스코틀랜드의 귀족들은 언약을 받아들인다는 조건과 장로교도가 된다는 조건 위에서 선왕의 아들에게 스코틀랜드의 왕관을 주었다. 찰스는 그 말을 어렵지 않게 따랐으며 그의 서약을 실행하는데 적은 관심을 기울였던 것이다.

크롬웰과 그의 군대가 던바(Dunbar)로 진격하여 스코틀랜드 군대를 격멸시켰던 일은 영국에서의 장로교 국가설립의 희망에 치명타를 입혔고, 새로운 국가의 '언약'을 탄핵했던 장로교 목회자였던 크리스토퍼 러브(Christopher Love)의 고문과 처형은 장로교도들의 화해에 악영향을 끼쳤다.

박스터(Baxter)는 말하기를, "이 강풍은 새로운 국가의 근원으로 깊이 파고 들어 갔고 그 땅에서 조합교회파들을 제외한 모든 종교교파들을 증오하게끔 만들었다"고 하였다. 크롬웰은 1658년 9월 3일에 죽었다. 그가 죽기 바로 전에 나무를 쓰러 뜨리고 집의 지붕을 벗겨 버리는 강한 바람이 불었었다. 그 하늘을 뒤덮은 태풍은 "크롬웰의 강한 영혼이 떠나가는 것을 가르켜 준 전조"로서 표현되어졌다. 그리고 크롬웰의 자리는 그의 아들 리차드(Richard)에 의하여 계승되어졌다.

제 3 장

찰스 2세 치하의 청교도주의

1. 일반 수도승들

이때 막다른 골목에서 기회를 엿보고 있던 스코틀랜드 주둔 영국 군대의 지휘관이 1659년 2월 3일 5,000명의 군인을 거느리고 런던에 입성했다. 그리고는 의회를 장로교위원들이 축출되기 이전의 상태대로 만들 것을 선언했다. 의회는 다시 한 번 영국 교회의 확립된 질서로서의 확고한 장로교주의로 구축되었고, 국가교회를 따르지 않는 모든 사람들을 선한 양심으로 관용했다.

그러나 그 동안 찰스를 따르는 승려들이 찰스와 합의를 했다. 그들은 이 합의서, 즉 찰스의 유명한 "부레다 선언"(Breda declaration)을 의회에 제출했는데, "어떤 사람도 왕국의 평화를 교란하지 않는 종교의 문제에 있어서 의견의 차이로 불안함을 당하거나 의심을 받아서는 안될 것이다"라는 내용이었다. 매튜 헤일 경과 다른 장로교 위원들은 몇 가지 문제들에 대하여 분명한 이해와 충분한 보증을 원하였다. 그러나 그들은 위압을 당하였고 찰스는 1660년 5월 8일 그 선언을 선포하였으며, 같은 달 29일에 환영을 받으면서 런던에 들어 갔다.

말스톤 무어(Marston Moor)와 워체스터(Worcester)에서의 피로 자유를 가져온 그 국가는 왕권주의와 광란으로 취했고 실제적으로 '조건없이' 찰스에게로 돌아갔으며 노예상태보다 더 나쁜, 미치게 홀린, 상태로 돌아갔다.

2. 사보이 회의

약속을 성취하기 위해 왕실위원회는 1661년 3월 25일에 12명의 감독과 12명의 장로교 신학자들 그리고 각각 9명의 보좌관들을 지정하고 스트랜드(Strand) 가의 사보이 궁전에서 회합을 갖고 교회의 의문점들을 바로 잡을 것이라고 그 회합의 목적을 표명했다. 그러나 어떠한 양보도 받아들여지지 않을 것이라는 사실이 즉시 명백해졌고 그 회의는 제임스의 시대에 열렸던 햄프톤 법정의 회의만큼이나 우스꽝스러운 것이었음이 즉시 드러 났다.

3. 워체스터 의회선언

많은 숫자의 부감독들을 임명한 것을 약속히고 장로교도들이 감독교회의 결의에 참석할 것을 허락하여 기도서 개정의 희망을 제공할 것을 약속하는 왕실선언이 출현했다. 그러나 이 선언은 어떤 뚜렷한 목적이 없었다는 것이 분명해졌는데 그것은 단순히 시간을 벌자는 정책적인 방법으로 주어진 것에 불과했었다.

4. 왕당원 의회

타협의 모든 희망이 1661년 왕당원 혹은 평의원의회로 알려진 새 의회의 출현으로 흩어지게 되었는데 그것은 주로 스튜어트 왕가의 독재에 대한 기억이 없었던 젊은 사람들로 만들어졌다. 그 사람들에 대해서 페피스(pepys)는 "내가 내 생애에 들어본 적이 없는 가장 추악하고 불경스러운 사람들"이라고 묘사했다. 첫번째 회기의 시작에서 모든 의원들은 영국 국교도 양식으로 성찬을 받도록 명령되었으며 거룩한 동맹과 언약은 웨스트민스터에서 깨어졌다. 상원에서 감독들을 추방한다는 조항은 철폐되었고 기도서에서 만들어진 변화는 성직존중주의로 전향했다. 영국 국교주의의 의식에 따라 성찬을 받을 것을 요구하고 언약의 포기, 그리고 왕을 대항하는 군대를 징벌하는 것은 비합법적이라는 선언을 포함한 자치조항이 통과되었다. 장로교도들이 장악하고 있는 자치도시의 업무로부터 장로교도들을 추방하려는 사악한 시도가 그것들이었다.

5. 검은 바돌로매의 날

1662년 통과된 기도방식통일법령은 그들과 다른 사람들 가운데에 더욱더 치명적인 바람을 불어 넣었다. 그 법령은 모든 비감독교회적으로 제정된 것들은 다시 제정되어야 할 것을 명령하는 것이었다. 그것은 모든 사람이 기도서에 있는 모든 것들에 동의할 것을 요구하며, 고위성직자의 신성한 임명을, 또 세례에서의 성호와 성찬식에서의 무릎 꿇음을, 그리고 교회 기준에 대한 순종을 선언할 것과 거룩한 동맹과 언약을 포기할 것을 요구하는 법령이었다. 그리고 예배에 있어 다른 형식을 따르는 사람들에게 엄격한 형벌을 가할 것을 요구하는 법령이었다.

1662년 8월 24일 프랑스 위그노 신도들의 대량 학살을 기념하는 성 바돌로매의 날은 그 법령을 순응하기를 거부하는 것이 허락된 마지막 날이었다. 그날에 순응하지 않은 성직자들은 그들의 수입이 끊기게 되었는데 그날에 아무런 혐의도 없이 강사와 목사를 포함한 2,000명의 성직자들이 그들의 성직에서 물러났고 그들의 정든 목사관에 등을 돌려야 했으며, 자신들의 신념을 더럽히기보다는 하나님을 의지하고 추방당하는 것을 택하였다. 그때 추방된 사람들에 대해서 역사가 그린은 말하기를, "추방당한 목사와 강사들은 학식이 많고 활동적인 사람들이었다. 그들은 국가로부터 많은 봉록을 받고 있었고, 런던의 성직자들 중에서 수위에 있던 사람들이었다. 그리고 런던의 성직자들은 영국의 성직자들 중에서 수위를 하고 있었다. 그리고 이 추방당한 목사와 강사들은 옥스포드 대학과 케임브릿지 대학의 가장 높은 지위를 차지하고 있었다. 제레미 테일러(Jeremy Taylor)를 제외한 어떤 영국의 신학자들도 설교자로서의 호우(Howe)와 경쟁될 수 없었다.

어떤 목사도 박스터처럼 교구사제로서 그토록 성실하며 토론에 능한 사람으로 알려진 사람은 없었다. 그리고 이외에도 성직에 몸바친 50명의 사람들이 있었는데 그들의 열심과 노력은 예전에 진행된 것보다 더 큰 경건과 종교심으로 그 나라 전체에 확산되었다. 그러므로 이 사람들의 축출은 그들 개인의 봉사를 손실하는 것보다 영국 교회에 있어서 더 큰 손실을 의미하는 것이었다. 그것은 교회의 생명에 가장 능동적이고 보편적인 부분에서 이루어졌던 종교개혁의 시대로부터 있어 온 커다란 교회 부분의 명백한 축출이었다. 그것은 영국 교회를 대륙의 개혁교회와 밀접하게 연결시키고 최대한도로 국가의 종교적인 특징들을 조화시키려는 엘리자베스의 즉위 때부터 계속되어 온 노력을 결말짓는 것이었다. 영국 교회는 바로 그 순간부터 기독교세계의 모든 교회들 가운데에서 고립되어졌다. 종교개혁은 교황권에 순종하기 위해 매달리는 것에서 도저히 회복할 수 없게 되었다.

감독교회의 질서 이외의 모든 것을 거부하는 기도방식통일법령은 영국 교회를 루터교회나 개혁교회 같은 신교도교회들로 이루어지는 보편적 지체로부터 도저히 회복할 수 없게끔 단절시켰고, 모든 건강한 종교적인 교제를 잘라버렸고 정지된 상태로 침몰되어버렸다. 청교도 성직자들을 추방시킴으로 인하여 개혁 이후의 모든 노력과 모든 변화가, 또 모든 합리적인 진보가 갑자기 정지되었다. 그때로부터 지금까지 감독파 교회는 정치조직과 예배의 변경에 의하여 생기는 다양한 영적인 필요성을 충족시키는 것이 불가능해졌다. 감독파 교회는 200년 동안이나 새로운 기도와 찬양의 예배를 생각해 내는데 실패한 채로 서구 기독교세계의 모든 종교적인 유기체로부터 고립되어 있었던 것이다.

6. 축출된 성직자의 고난

지면관계로 추방된 성직자들이 당해야만 했던 재산의 압수에 대해서는 여기에서 다 말할 수가 없겠다. 그들의 추방이 결정된 날에 잔혹한 행위가 있었다. 그날은 그들의 한 해의 교구세가 지불되기 전날이었다. 그래서 일을 했던 사람들에게 돌아가야만 했던 12달의 수입이 아무런 노력도 하지 않은 후임자들에게 돌아갔다. 의회는 그들의 수입을 박탈하는 것에 만족하지 않고 그들을 박해로 괴롭히고 추적하기를 계속했다.

기도방식통일법령은 1664년 국교에 순응하기를 반대하는 자들이 개인적으로 갖는 모임에 참석한 16세 이상의 모든 사람들에게 엄격한 형벌이 가해진 '비국교도의 비밀집회에 대한 법령'에 의하여 진행되었다. 그리고 클라렌돈 법전으로 알려진 이 법령은 축출된 성직자들이 도시에서 5마일 이내에 살거나 학교 교사로 활동하는 것을 금지한다는 "5마일 조항"에 의하여 완성되어졌다. 칼라미(Calamy)의 그들에 대한 "전말서"나 칼라미의 작품의 "요약"이라는 팔머(Palmer)의 글 속에 기록된 바와 같이, 그리고 리차드 박스터가 지적해 준 바와 같은 그들의 고난에 대한 이야기는 어떠한 강퍅한 마음을 가진 사람들이라도 눈물을 흘리게 할 수밖에 없다.

7. 찰스 2세

이렇게 혼란된 통치가 영국 역사의 기록 중에서 가장 수치스러운 이야기라는 것은 두 말할 나위가 없다. 그리고 그 불명예의 시간 중에 아주 방탕하고 오명을 가졌던 사람들 중의 하나가 찰스 그 자신이었다. 그는 붙임성 있는 태도와 유쾌하고 재치있고 예민하고 싹싹한 데에 선천적인 재능을 갖고 있던 사람이었다. 임종 시에 그의 침대 주위에 둘러 서 있는 신하들을 향하여 그가 자신이 그토록 비양심적인 시간을 살았다고 하는데 대한 사과를 했다는 사실은 매우 흥미있다. 그리고 로체스터는, "결코 어리석은 것을 말하지 않았고 또한 현명한 짓을 하지 않은 찰스는 주목을 끌만한 부족한 사람이었다"라고 말하고 있다. 그가 보여 준 한 가지 흥미있는 진실성은 자신의 감각적인 즐거움과 그의 서자와 그의 왕비들에게 작위와 상급을 내리는 데 열중했다는 것이다. 그러한 시간 이외의 모든 여유 있는 시간은 도박과 술 마시는 일에 투자되었다. 그는 프랑스 왕 루이 14세에게 적의를 표명하면서도 매년 300,000파운드를 그에게 은밀하게 주었다. 맥콜리가 지적한 대로, "찰스는 젊었을 때 언약으로 왕관을 썼으며 교황주의와 쾌락주의 시이를 빈둥거리며 배회하면서 살다가 죽었다." 찰스는 "장로교는 신사를 위한 종교가 아니다"라고 말했다.

확실히 장로교는 찰스와 같은 '신사'를 위한 종교는 아니었다. 그리고 이 말은 찰스가 장로교에 동조하기로 약속은 했지만 찰스는 결코 장로교도가 될 수 없다는 사실을 제시한다.

8. 청교도주의는 분명히 패배를 당하였으나 실제적으로 승리하였다.

청교도들의 추방은 그 시대에는 불미스러운 일이었지만 오랫동안

열매맺는 많은 좋은 결과들을 영국과 세계에 남겨 놓았다. 그 시대를 겪은 위대한 비국교도 단체들은 국교 외부에서 조직되었고 형성되었으며 그들의 양심이 가르쳐 주는 대로 하나님을 예배할 수 있는 권리를 영국의 정치가와 통치자들로부터 겨우 얻어 냈으며, 그들은 국교 안에 남아 있기보다는 가능한 한 시민과 종교의 자유와 그리고 다른 고상한 일들에 커다란 공헌을 남겼다.

(1) 우리가 본 바와 같이 때가 이르렀을 때, 청교도들이 바라고 투쟁한 의회 입법정부의 원리들은 혁명의 정착 가운데 영국 헌법으로 구현되는 방향을 찾았다. 가디너가 지적한 것처럼, "1688년의 혁명에서 청교도주의는 1642년에 실패했던 시민의 자유를 이루었다." 이 일이 되어졌던 과정에 대해서는 브라이트 박사가 그의 책 『영국사』에서 잘 설명해 주고 있다. 그는 그 책 538페이지에서 말하였다. "종교개혁의 혼란은 장로교주의의 탄생을 가져다 주었으며, 신성하게 임명된 사제들에 의하여 조직된, 정치기구에 대조되는 회중에 의해 선출된 수행원들에 의하여 다스려지는 교회직을 낳았다. 그리고 종교의 범위에서의 대표정치에 대한 관념은 신성한 권리에 기초한 권위의 개념을 보충하기 시작했다. 그때 하나의 의문이 발생하였다. 즉 왕은 소유자이기보다는 수행원이 아닌가? 그렇다면 만약 그가 모든 수행원의 권리의 근원이 아니라면, 그의 권위는 어디서 나왔는가? 국민에게서 인가 하는 의문이 생겼다.

국가 영토의 권위 혹은 신성한 왕실의 권위가 달려 있는 수행원으로서의 왕권의 개념, 다른 말로 하면 입헌적 왕권에 대한 의문이 일어났던 것이었다.

입헌적 왕권이란 말은 청교도들에 의하여 취하여진 견해였었고 나중에는 휘그(Whig)당에 의하여 받아들여졌는데, 스튜어트 왕조의 통치기간 중에 일어났던 대부분의 사건은 이런 관념의 변화에 밀접하게 관계된 것들이었다."

(2) 18세기의 위대한 복음의 부흥
왕정복고로 중단되었던 신앙의 각성과 개혁운동은 18세기에 휫필드와 웨슬레가 주도적인 역할을 했던 복음적 대부흥 운동 가운데 재개되었다. 국교회 내에 복음적인 학문이 일어났고, 그 가운데에서 윌리엄 로메인(William Romaine), 헨리 벤(Henry Venn), 존 뉴턴(John Newton), 그리고 토마스 스코트(Thomas Scott) 같은 사람들이 탁월한 역할을 하며, 영국 국교회 내의 청교도주의의 부흥이라고 불리어졌던 일이 일어났다. 가디너는 다시 말한다. "청교도주의는 천천히, 그러나 침착하게, 엄격함과 순결함을 영국사회와 영국문학과, 영국정치에 소개했다. 왕정복고 이래로 전체 영국의 진보의 역사는 도덕과 영적인 측면에서 청교도주의의 역사였었다고 말할 수 있다."

(3) 도우덴(Dowden) 교수가 지적한 바와 같이 청교도주의는 "영국의 영혼과 마음속에 성경의 탁월성을 전달해 주었다." 어찌 영국 혼자만이겠는가? 세계의 영어를 말하는 모든 나라들이 청교도주의에 의해 성경으로 인도되었다고 말하는 것은 과대평가가 아닐 것이다. 청교도주의는 사람들을 보이지 않는 영적 세계와 더욱 밀접하게 접촉시켰으며, 높은 곳으로 끌어올렸던 것이었다. 미국의 한 산문은 "그들이 마차를 별나라로 인도했다"라는 말로 청교도를 칭송했다. 도우덴 교수가 매튜 아놀드에 반대하여 말하는 것처럼, 청교도주의의 중요한 관념은, 독단이 아니라 "보이지 않는 사람의 영혼과 보이지 않는 하나님의 관계는 간접적인 것보다 오히려 직접적인 것이다"라는 것이었다. 이 청교도주의의 사상을 강조하자면 청교도주의는 인간의 마음을 사제의 굴

레에서 자유케 하고 신분을 높여 고상하게 만들기 위하여 많은 일을 했다고 말할 수 있다.

(4) 그리고 마지막으로 청교도주의는 내면적인 근원으로서, 세계에 여전히 살아 있는 능력으로 남아 있다. 오늘날 생존하고 번영하는 비국교도의 거대한 복음교회들, 곧 장로교, 회중교회, 감리교, 침례교 그리고 영국 국교도의 수를 훨씬 능가하는 그 밖의 다른 여러 교회공동체에서 청교도주의의 전통은 여전히 보존되고, 유지되고 있다. 비록 청교도주의의 외부적인 형태나 세부적인 문제들이 사용되지는 않는다고 할지라도 청교도주의는 교회의 정신과 근본적인 원리들 속에서 여전히 능동적이고 살아 있는 것이다.

CHRISTIAN LITERATURE CRUSADE

기독교문서선교회는 청교도적 복음주의신학과 신앙을 선포하는 국제적, 초교파적, 비영리 문서선교기관입니다.

기독교문서선교회는 한국교회를 위한 교육, 전도, 교화에 힘쓰고 있습니다.

만일 당신이 예수 그리스도와 그리스도인의 생활에 대하여 알기를 원하시면 지체말고 서신연락을 주십시오. 주 안에서 기쁜 마음으로 도움을 드리겠습니다.

서울 서초구 방배동 983~2
Tel. 586-8761~3

기독교 문서 선교회

청교도 역사
A Short History of Puritanism

1982년 5월 5일 초판 발행
2015년 4월 30일 초판 5쇄 발행

지은이 | 제임스 헤론
옮긴이 | 박 영 호

펴낸곳 | 사)기독교문서선교회
등 록 | 제16-25호(1980. 1. 18)
주 소 | 서울시 서초구 방배로 68
전 화 | 02) 586-8761~3(본사) 031) 942 8761(영업부)
팩 스 | 02) 523-0131(본사) 031) 942-8763(영업부)
홈페이지 | www.clcbook.com
이메일 | clckor@gmail.com
온라인 | 기업은행 073-000308-04-020,
  국민은행 043-01-0379-646
  예금주: 사)기독교문서선교회

ISBN 978-89-341-0166-6 (93230)

* 낙장·파본은 교환해 드립니다.